개역 개정판에 맞춘
핵심 성경문제집
[구약 상편]

핵심 성경문제집[구약 상편]

· 1판 1쇄 발행 2007년 1월 25일
· 1판 7쇄 발행 2020년 4월 10일

· 엮은이 홍동표
· 펴낸이 민 상 기
· 편집장 이 숙 희
· 펴낸곳 도서출판 **드림북**
· 등록번호 제 65 호
· 등록일자 2002. 11. 25.
· 경기도 의정부시 가능1동 639-2(1층)
· Tel (031)829-7722, Fax(031)829-7723

· 잘못된 책은 교환해 드립니다.
· 이 출판물은 저작권법에 의해 보호를 받는
  저작물이므로 무단 복제할 수 없습니다.
· 독자의 의견을 기다립니다.
· saehan21@hanmail.net

개역 개정판에 맞춘

창세기 - 역대하

핵심

성경문제집

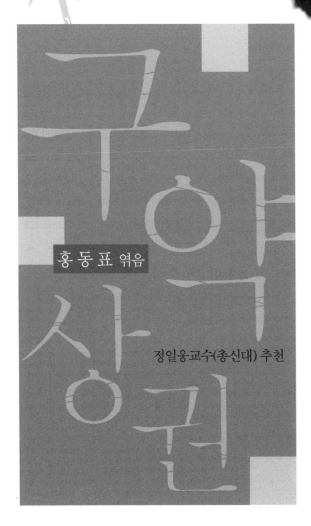

구약상권

홍동표 엮음

정일웅교수(총신대) 추천

드림북

추천서

세계에서 가장 많은 언어로 번역된 성경책.

세계에서 가장 많은 사람들로부터 읽혀지는 성경책.

이러한 성경책을 알고 또 읽는다는 것이 우리들에게는 얼마나 큰 행운인지 알 수가 없습니다. 그리고 이 성경을 읽고 연구하여 문제를 만들어 출판한다는 것은 더욱 큰 행운일 것입니다. 그런데 이 『핵심 성경문제집』은 지금까지 사용해오던 성경책으로 문제집을 만든 것이 아니라 새롭게 바뀐 개역개정 4판으로 문제집을 만들어 냄으로써 성경책이 바뀜으로 오는 혼란을 줄일 수 있었다는 것은 매우 고무적인 일이 아닐 수 없습니다. 또한 의도적으로 새롭게 바뀐 성경의 장과 절에 맞추어 일정한 순서에 따라 문제를 만들어 문제를 풀고 답을 달면서 자연히 정독하게 하였고, 더 나아가 성경 각 권의 전체 사상이나 주제의 흐름을 잃지 않게 하기 위하여 기록자, 연대, 장소, 대상, 핵심어, 내용 등을 수록하여 문제에 집중함으로서 전체를 보지 못하는 실수를 범하지 않게 하였을 뿐 아니라 각 권의 전체에 독자 생각이 머무르도록 기획, 구성한 점을 높이 평가하는 바입니다.

본 문제집은 기존의 여러 성경문제집들과 비교해 볼 때 보다 더 성경 속으로 깊이 인도하기에 조금도 손색이 없는 책으로 여겨집니다. 그리고 성경 전체를 각 권의 장과 절에 흐름에 따라, 성경의 말씀으로 질문을 만들어 성경을 읽어야만 답을 할 수 있도록 엮어 놓은 것은 다양한 영역에서 활용될 충분한 가치를 지니고 있는 것으로 판단됩니다.

부디 이 『핵심 성경문제집』이 성경을 깊이 연구하고 공부하려는 사람들에게 큰 도움이 되기를 바랍니다. 특별히 각 신학대학교나 신학대학원 입학생들의 성경시험 준비, 각 학교의 성경시험, 교회에서 행하여지는 크고 작은 성경퀴즈 대회 등에서도 유익하고 큰 도움이 될 수 있기에 이 책을 추천합니다.

다시 한번 저자의 수고를 높이 치하하는 바입니다.

총신대학교 부총장
정일웅 교수

머리글

지금까지 신앙생활하면서 한결같은 질문이 있어 왔습니다.

그 질문은 "어떻게 사는 것이 하나님께서 기뻐하는 것일까?" 라는 것입니다.

신앙인이라면 한결 같이 "하나님의 뜻대로 살아가는 것이라" 할 것입니다. 즉 하나님께서 원하시는 대로 살아드리는 것이라고 말할 것입니다. 그리고 많은 신앙인들이 이 일을 이루기 위하여 애쓰고 몸부림치며 살고 있을 것입니다. 그러나 안타까운 것은 많은 신앙인들이 그렇게 살지 못하고 믿지 않는 사람들을 향하여 영향력을 제대로 나타내지 못하고 있습니다. 왜! 일까요? 왜! 영향력을 나타내지 못하는 것일까요?

여기에는 여러 가지 문제들이 있을 수 있습니다. 그리고 다양한 이유들이 있을 수 있습니다. 그러나 여러 가지 문제들이나 다양한 이유들이 있다고 하여도 근본은 바로 하나님에 대한 지식의 부족 때문입니다. 쉽게 말하자면 성경을 바로 알지 못하고 있기 때문이라는 것입니다. 즉 하나님께서 원하는 것이 무엇인지를 바로 알지 못함으로 행하지 못하는 것입니다.

이로써 하나님의 거룩한 사람들이 체계적으로 성경을 알아간다는 것은 매우 복된 일이 아닐 수 없습니다. 이 복된 일은 소홀히 해서 되는 일이 아닙니다. 또한 게을리 해서 되는 일도 아닙니다. 하나님의 거룩한 백성들의 나아갈 이정표와 같은 것이기에 알아가는 일에 열심에 열심을 다해야 할 것입니다. 이러한 소중함을 느끼고 새롭게 바뀌게 된 성경책 개역개정(4판)으로 『핵심 성경문제집』을 쓰게 된 것입니다.

비록 기존에 사용하던 성경책과 의미와 내용이 많이 바뀌지 않았다 할지라도 단어와 용어들을 포함하여 70,000여 곳 내외가 바뀌었음으로, 학교에서의 성경시험과 교회에서 성경문제를 만들고 답을 하는데 많은 혼란을 초래 할 수 있음을 인지하고 미력하게나마 해소시키기 위하여 문제집을 만들어 세상에 내놓게 된 것입니다.

한 문제를 만들기 위하여 성경을 읽고 또 읽다가 저 자신이 바르게 알지 못하였던 것을 발견하고는 부끄럽고 죄스러움에 가슴을 치며 몸부림쳤을 뿐 아니라, 경제적인 어려움으로 교회의 문을 닫게 되는 아픔 속에 쓰러져 있는 나에게 성경책을 붙들고 도서관에서 씨름하게 하시고, 순간 순간 상한 마음으로 성경책만을 읽는 저에게 하나님의 말씀으로 위로하여 주시고 이끄심으로 10개월 만에 신구약 성경문제집을 모두 쓰게 하셨습니다. 이때 임했던 하나님 은혜의 감격을 함께 나누고 싶습니다.

끝으로 힘들고 아파할 때에 나보다 더 아팠음에도 내색하지 않고 용기 잃지 않게 해준 나의 동반자 유선옥 사모와 많은 아버지들처럼 해주지 못한 아빠였음에도 이제까지 잘 자라준 나의 사랑하는 성은, 성이,

성아, 성욱에게 고마움을 전합니다. 그리고 출판 시장의 어려운 여건에서도 출간을 허락하여 주신 드림북 대표 민상기 집사님에게 감사함을 드립니다. 특히 책의 내용이 미흡함에도 불구하고 제자를 신뢰하고 쾌히 추천하여 주신 총신대학교 부총장님이신 정일웅 교수님께 깊은 감사를 드립니다.

모쪼록 하나님을 바르게 알고자 하는 이들에게 좋은 도구가 되기를 소원해 봅니다.

이 책의 구성은 다음과 같습니다.
1. 개역개정 4판의 성경책으로 문제를 만들었습니다.
2. 성경의 총론과 개론 부분 중 꼭 알아야 할 내용을 간략하게 실음으로 예비적 지식을 갖도록 하였습니다.
3. 성경 각 권의 장과 절의 흐름에 맞추어 문제를 만들었습니다.
4. 문제의 질문조차도 대부분 성경의 말씀으로 만들었습니다.
5. 더 많은 정보를 요하는 문제에는 '참고'를 만들었습니다.
6. 표를 만들어 비교하는 것과 중요 내용을 숙지하는데 용이하게 하였습니다.
7. 정답을 하단에 기록하여 답을 찾는 수고를 덜게 하였습니다.

차 례

추천사(정일웅)/ 4
머리말 / 6

- 창 세 기 ·· 11
- 출애굽기 ·· 65
- 레위기 ·· 101
- 민수기 ·· 125
- 신명기 ·· 161
- 여호수아 ·· 189
- 사사기 ·· 207
- 룻기 ·· 231
- 사무엘상 ·· 237
- 사무엘하 ·· 269
- 열왕기상 ·· 289
- 열왕기하 ·· 321
- 역대상 ·· 351
- 역대하 ·· 373

창 세 기

창세기 개요

1. 기록자
모세

2. 기록연대
B.C. 1450~1400년 사이

3. 기록장소
일반적으로 보수주의 신학자들은 모세가 시내산에 머무는 동안 이 계시를 받았다고 생각한다.

4. 기록대상
창세기는 이스라엘 백성을 위해서 기록되었다. 그러나 하나님께서 족장들에게 하신 약속들과 예수 그리스도를 통하여 이루실 인류의 구속 및 하나님의 사랑에 대한 기초들이 제시되어 있는 것을 볼 때 역사를 초월하여 모든 인류를 대상으로 하고 있음을 알 수 있다.

5. 핵심어 및 내용

창세기의 핵심어는 '시작', '인간', '언약' 이다. 창세기는 하늘과 땅, 식물과 동물, 남자와 여자, 죄와 문명, 하나님의 구속사역이 어떻게 시작되었는지를 설명해 주고 있다. 또한 언약을 통하여서 인류에 대한 하나님의 영원한 구속 계획이 제시되었다. 하나님은 이 언약을 아브라함과 맺으셨다.

각 장의 내용들

1장

1. 첫째 날 : 빛(1~5)
2. 둘째 날 : 궁창(6~8)
3. 셋째 날 : 땅과 바다, 풀과 씨 맺는 채소, 열매 맺는 과일나무 (9~13)
4. 넷째 날 : 해, 달, 별들과 시간과 계절(14~19)
5. 다섯째 날 : 하늘의 새와 물에서 움직이는 모든 생물(20~23)
6. 여섯째 날 : 땅의 생물(짐승, 육축, 기는 것 모두)과 사람 창조(24~2:1)
7. 인간 창조와 주신 사명(26~28)
8. 인간에게 주신 식물(29~30)

2장

1. 하나님의 안식(2~3)
2. 인간 포함한 천지창조의 대략(4~25)
3. 에덴동산 창설(8~14)
4. 선악과에 대한 경고(15~17)
5. 아담의 돕는 배필(여자) 지으심(18~23)
6. 각종 들짐승과 새들과 아담은 흙으로 지으심(19)
7. 최초의 결혼 명령(24)
8. 타락 전 결혼 상태(25)

3장

1. 뱀의 유혹(1~5)
2. 여자의 유혹(6~8)
3. 범죄한 인간의 모습, 책임전가(9~13)
4. 뱀에게 내린 저주(14~15)

   5. 하와에게 내린 저주(16)

   6. 아담에게 내린 저주(17~19)

   7. 모든 산 자의 어머니가 된 하와(20)

   8. 긍휼을 베푸신 하나님(21)

   9. 아담과 하와가 에덴동산에서 추방됨(22~24)

4장

   1. 가인이 제사로 인해 아벨을 죽임(1~8)

   2. 가인에게 내린 저주(9~12)

   3. 가인에게 죽음을 면하는 표를 주심(13~15)

   4. 가인의 가계보(16~24)

   5. 셋과 에노스의 출생(25~26)

   6. 최초로 여호와의 이름을 부름(26)

5장

   1. 아담 — 셋 — 에노스 — 게난 — 마할랄렐 — 야렛 — 에녹 —
     므두셀라 — 라멕 — 노아 — 셈(아담에서 셈까지 11대)(1~32)

6장

   1. 인간의 부패와 네피림(1~5)

   2. 인간 지으심에 대한 한탄(6~7)

   3. 노아의 사적(8~10)

   4. 방주를 만들라는 이유(11~13)

   5. 방주의 재료와 크기(14~16)

   6. 생명 있는 것들을 멸하시는 하나님의 방법(17)

   7. 생명 보존 방법과 하나님의 언약(18~22)

7장

   1. 홍수심판

   2. 그 세대에서 의로운 노아(1)

   3. 정결한 짐승과 부정한 짐승, 공중의 새를 취하여 방주에 들이는

방법(2~3)

4. 비 내리는 기간 및 홍수가 시작된 때(4~12)

5. 홍수기간에 일어난 일 및 기간(13~24)

8장

1. 물을 줄이신 하나님(1~5)

2. 물이 줄어든 여부를 확인하는 노아(6~12)

3. 물이 걷히고 땅이 마름(13~14)

4. 노아가족과 생물들이 방주에서 나옴(15~19)

5. 노아의 번제를 받으시고 그 향기를 받으시고 사람으로 인하여 땅을 저주하지 않겠다고 하심(20~22)

9장

1. 생육하고 번성하도록 산 동물을 식물로 주심(1~6)

2. 피 채 먹지 말라고 하심(4~5)

3. 다시는 물로 생물을 심판하시지 않을 것을 언약하심(8~11)

4. 언약의 증거(12~17)

5. 노아의 후손과 향년(18~29)

6. 노아의 실수와 아들들의 처신(20~27)

10장

1. 야벳의 자손(2~5)

2. 함의 자손(6~20)

3. 셈의 자손(21~31)

11장

1. 시날 평지에 바벨탑을 쌓음(1~4)

2. 여호와가 그들의 언어를 혼잡케 해서 흩으심(5~9)

3. 셈의 후예(10~26)

4. 데라의 후예(27~32)

12장

　1. 여호와의 부르심과 복의 근원(1~3)

　2. 아브람의 순종(4~5)

　3. 세겜에서 땅에 대한 약속을 받고 단을 쌓고 여호와의 이름을 부름(6~8)

　4. 기근 때문에 애굽으로 내려감(9~10)

　5. 아브람의 거짓말과 애굽 왕의 후대(11~16)

　6. 사래로 인해 재앙 받은 애굽 왕 바로(17~20)

13장

　1. 아브람이 애굽에서 가나안으로 돌아옴(1~4)

　2. 요단 들로 분가하는 롯(5~13)

　3. 보이는 땅을 얻는 아브람(14~17)

　4. 헤브론에서 여호와께 단을 쌓음(18)

14장

　1. 소돔과 고모라의 패전으로 롯의 가족이 그돌라오멜에게 사로잡
　　혀 감(1~12)

　2. 아브람이 집에서 길리운 318명으로 롯의 가족 구출(13~16)

　3. 살렘 왕 멜기세덱의 축복(17~20)

　4. 아브람의 처음 십일조(20)

　5. 전리품을 취하지 않은 아브람(21~23)

　6. 아브람의 동맹군(24)

15장

　1. 아브람의 몸에서 후사가 날 것을 약속(1~5)

　2. 기업으로 주시는 가나안 땅에 대한 언약(6~21)

16장

　1. 애굽 여인 하갈을 아브람의 첩으로 준 사래(1~3)

　2. 하갈의 잉태와 교만의 결과(4~6)

　3. 도망 중에 광야에서 여호와의 사자를 만나 후손에 대한 약속을 얻

음(7~14)

4. 이스라엘의 출생(15~16)

17장

1. 언약을 통해서 아브라함을 열국의 아비로 삼으심(1~7)

2. 가나안 땅을 후손에게 영원한 기업으로 주심(8)

3. 언약의 표로써 할례를 명하심(9~14)

4. 열국의 어미가 된 사라(15~16)

5. 1년 후에 이삭의 탄생을 약속하심(17~22)

6. 아브라함의 온 식구들이 할례를 받음(23~27)

18장

1. 아브라함이 세 천사를 접대함(1~8)

2. 사라에게 아들이 있을 것을 약속(9~15)

3. 아브라함이 복의 근원임을 다시 확인하심(16~19)

4. 소돔과 고모라의 심판계획을 아브라함에게 알리시고 확인하러 가심(20~21)

5. 소돔을 위한 아브라함의 중보 기도(22~33)

19장

1. 롯의 대접(1~3)

2. 소돔 사람들의 죄악(4~9)

3. 소돔 성 사람들의 눈을 어둡게 하심(10~11)

4. 멸망의 통보와 롯의 가족들의 피신(12~22)

20장

1. 아브라함이 두 번째로 아내를 누이라고 그발 왕에게 속임(1~7)

2. 아브라함의 변명(8~13)

3. 아브라함의 기도로 아비멜렉 집의 여인들이 다시 잉태하게 됨(14~18)

21장
    1. 이삭의 출생과 할례(1~7)
    2. 이스마엘의 쫓겨남과 들에서 하나님의 사자를 만남(8~21)
    3. 아브라함과 아비멜렉의 브엘세바의 언약(22~32)
    4. 아브라함이 영생하시는 하나님의 이름을 부름(33~34)
22장
    1. 번제로 이삭을 드리라(1~2)
    2. 아브라함의 순종(3~10)
    3. 여호와 이레(11~14)
    4. 시험 후에 주신 하나님의 복(15~19)
    5. 나홀과 밀가의 자손(20~24)
23장
    1. 가나안 땅 기럇아르바에서 사라 죽음(1~2)
    2. 헷 족속 소할의 아들 에브론의 막벨라 굴을 사서 장사(3~20)
24장
    1. 이삭의 결혼을 위한 아브라함의 부탁(1~9)
    2. 이삭의 아내로 리브가를 만나게 하시는 하나님(10~27)
    3. 리브가가 이삭의 아내로 선택(28~60)
    4. 이삭과 리브가의 결혼(61~66)
25장
    1. 아브라함의 후처 그두라의 소생들(1~6)
    2. 아브라함의 죽음(7~18)
    3. 에서와 야곱의 출생(19~26)
    4. 야곱의 장자권 획득(27~34)
26장
    1. 흉년으로 이삭이 그랄로 이주(1~6)
    2. 블레셋 왕에게 아내를 누이라고 속임(7~11)

3. 거부가 된 이삭이 아비멜렉 왕에게서 떠남(12~16)

4. 그랄 목자들과 이삭의 종들이 다툼(17~22)

5. 브엘세바에서 단을 쌓음(23~24)

6. 이삭과 아비멜렉의 평화 계약(25~33)

7. 에서의 결혼(34~35)

27장

1. 에서를 축복하려는 이삭(1~4)

2. 축복을 가로챈 야곱(5~29)

3. 축복을 빼앗긴 에서의 분노(30~41)

4. 야곱을 피신시키려는 리브가(42~46)

28장

1. 외삼촌 집으로 대피하는 야곱(1~5)

2. 이스마엘 여자를 아내로 취하는 에서(6~9)

3. 벧엘에서 야곱의 서원(10~22)

29장

1. 하란에 도착한 야곱(1~8)

2. 외삼촌 라반의 가족과 만남(9~14)

3. 결혼을 위해 14년을 봉사한 야곱(15~30)

4. 레아에게서 얻은 야곱의 아들들(31~35)

30장

1. 라헬의 종 빌하가 두 아들을 낳음(1~8)

2. 레아의 종 실바가 두 아들을 낳음(9~13)

3. 레아가 두 아들과 딸 디나를 낳음(14~21)

4. 라헬이 요셉을 낳음(22~24)

5. 야곱의 품삯을 위한 계약(25~36)

6. 재물이 풍부하게 된 야곱(37~43)

31장
   1. 고향으로 돌아가려는 야곱(1~16)
   2. 몰래 밧단아람을 떠난 야곱(17~22)
   3. 뒤 쫓아온 라반(23~25)
   4. 드라빔으로 인해 언쟁을 벌이는 야곱과 라반(26~42)
   5. 야곱과 라반의 갈르엣 언약(43~55)

32장
   1. 하나님의 사자들을 만난 야곱(1~2)
   2. 화해를 위해 세일 땅 형에게 사람을 보냄(3~6)
   3. 두려워서 일행을 둘로 나누고 기도하는 야곱(7~12)
   4. 형에게 화해의 예물을 보냄(13~20)
   5. 얍복강을 건너는 야곱 가족(21~23)
   6. 강가에 홀로 남아 천사와 씨름한 야곱(24~32)

33장
   1. 자식들을 나누어 에서를 만나는 야곱(1~7)
   2. 야곱의 선물을 받은 에서(8~17)
   3. 가나안 땅 세겜에 정착하는 야곱(18~20)

34장
   1. 히위족속 세겜에게 강간을 당한 디나(1~2)
   2. 디나를 얻기 위해 청혼하는 세겜(3~12)
   3. 할례받을 것을 요구한 야곱의 아들들(13~17)
   4. 통혼을 위해 할례받은 세겜성 사람들(18~23)
   5. 레위와 시므온의 살인(24~31)

35장
   1. 벧엘로 올라가는 야곱의 가족(1~7)
   2. 리브가의 유모 드보라의 죽음(8)
   3. 벧엘에 도착한 야곱에게 하나님께서 이스라엘이라 부름(9~15)

    4. 라헬이 베냐민을 낳은 후 죽음(16~21)

    5. 야곱의 자녀들(22~26)

    6. 이삭의 죽음(27~29)

36장

    1. 에서의 아내와 자손들(1~14)

    2. 에서 자손 중의 족장들(15~19)

    3. 호리족속 세일의 자손들(20~30)

    4. 에돔의 왕들과 에서에게서 나온 족장들(31~43)

37장

    1. 형들의 미움 받는 요셉(1~4)

    2. 요셉의 두 번 꿈(5~11)

    3. 형들을 찾아서 도단으로 감(12~17)

    4. 요셉을 구덩이에 던진 형들(18~24)

    5. 미디안 상인에게 팔리는 요셉(25~28)

    6. 형들의 거짓말과 야곱의 통곡(29~35)

    7. 시위대장 보디발의 집으로 팔림(36)

38장

    1. 유다의 아들들(1~5)

    2. 다말의 결혼 생활(6~11)

    3. 유다의 실수와 다말의 잉태(12~26)

    4. 다말이 베레스와 세라 낳음(27~30)

39장

    1. 보디발 가정의 총무 요셉(1~6)

    2. 보디발 아내의 유혹과 믿음의 선택(7~12)

    3. 보디발 아내의 누명과 감옥 생활(13~23)

40장

    1. 감옥 속에서 바로의 두 관원장 만남(1~8)

2. 술 맡은 관원장의 꿈 해석(9~15)

3. 떡 굽는 관원장의 꿈 해석(16~19)

4. 꿈 해석 대로 된 두 관원장(20~23)

41장

1. 바로가 꾼 꿈(1~8)

2. 술 맡은 관원장의 요셉 추천(9~13)

3. 바로의 꿈을 해석하는 요셉(14~36)

4. 총리가 된 요셉(37~57)

42장

1. 곡식 사러 애굽에 온 요셉의 형들(1~15)

2. 삼일 동안 옥에 갇힌 형들(16~17)

3. 요셉의 제의로 시므온이 담보로 남게 됨(18~25)

4. 곡식을 가지고 가나안으로 돌아옴(26~38)

43장

1. 베냐민과 함께 다시 애굽을 방문한 형들(1~15)

2. 형들을 대접하는 요셉(16~34)

44장

1. 베냐민 자루의 은잔으로 형들을 시험(1~17)

2. 유다의 베냐민을 위한 간청(18~34)

45장

1. 자신을 밝히는 요셉(1~8)

2. 가족을 애굽으로 초청하는 요셉(9~15)

3. 바로의 동의를 얻음(16~20)

4. 요셉의 소식을 듣고 기뻐하는 야곱(21~28)

46장

1. 가나안을 떠남(1~7)

2. 애굽으로 내려간 야곱가족 70명(8~27)

3. 요셉과 야곱의 상봉(28~30)

4. 형들에게 바로 앞에서 할 말을 가르치는 요셉(31~34)

47장

1. 바로와 야곱의 만남(1~10)

2. 바로로부터 라암셋 땅을 기업으로 얻음(11~12)

3. 기근의 참상(13~19)

4. 요셉의 새로운 토지법(20~26)

5. 장례에 대한 야곱의 유언(27~31)

48장

1. 야곱의 병듦(1~7)

2. 에브라임과 므낫세를 축복하는 야곱(8~22)

49장

1. 아들들을 부른 야곱(1~2)

2. 아들들에 대한 축복(3~28)

3. 야곱의 죽음(29~33)

50장

1. 요셉이 유언대로 야곱을 가나안 땅에 장사함(1~14)

2. 형제를 안심시키는 요셉(15~21)

3. 요셉의 죽음(22~26)

1. 창세기

1. 창세기 1 장 1 절을 <u>외워</u> 쓰시오

2. 하나님은 <u>며칠</u>을 창조하시고 쉬셨나?
   ① 3일   ② 4일   ③ 5일   ④ 6일

3. 하나님의 창조 사역에서 "하나님이 이르시되"라는 말씀을 <u>몇 번</u> 하셨는가?
   ① 7번   ② 8번   ③ 9번   ④ 10번
   참조:3, 6, 9, 11, 14, 20, 24, 26, 28, 29

4. 하나님께서 "보시기에 좋았더라"라는 말씀이 1장에 <u>몇 번</u> 나오는가?
   ① 6번   ② 7번   ③ 8번   ④ 9번
   참조:4, 10, 12, 18, 21, 25, 31

5. 하나님의 6일 창조 중 "보시기에 좋았더라"는 말씀이 두 번 나오는 창조일은 <u>몇 번째와 몇 번째</u>인가?(1:10, 12, 25, 31)

---

1. 태초에 하나님이 천지를 창조하시니라 2. ④ 3. ④ 4. ②
5. 셋째 날과 여섯째 날

참조 : 칠일 창조

날	창조물	하나님이 이르시되	보시기에 좋았더라
첫째 날	빛	하나님이 이르시되	보시기에 좋았더라
둘째 날	궁창	하나님이 이르시되	없다
셋째 날	땅, 바다, 식물, 과일나무	하나님이 이르시되(2번)	보시기에 좋았더라(2번)
넷째 날	광명체, 해, 달, 별	하나님이 이르시되	보시기에 좋았더라
다섯째 날	새, 물고기	하나님이 이르시되	보시기에 좋았더라
여섯째 날	생물, 사람	하나님이 이르시되(4번)	보시기에 좋았더라(2번)
일곱째 날	안식	없다	없다
		총 : 10번	총 : 7번

참조 : 창조 순서 외우는 그림

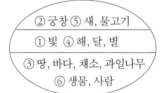

가운데(빛) - 위(궁창) - 아래(땅)
가운데(해~) - 위(새~) - 아래(동물~)

6. "하나님이 이르시되"라는 말씀이 <u>4번</u> 나오는 창조 날은?(1:24, 26, 28, 29)

　　① 첫째 날　② 셋째 날　③ 다섯째 날　④ 여섯째 날

7. 하나님께서 "보시기에 좋았더라"는 말씀이 <u>없는</u> 창조 날은?(1:6~8)

　　① 첫째 날　② 둘째 날　③ 셋째 날　④ 다섯째 날

---

6. ④　7. ②

8. 하나님께서 사람을 <u>누구</u>의 형상대로 창조하셨는가?(1:27)

9. 처음 남자와 여자에게 복을 주시며 말씀하신 내용이 <u>아닌</u> 것은?(1:28)
　① 땅에 충만하라　　② 모든 생물을 다스리라
　③ 땅을 정복하라　　④ 모든 동·식물을 다스리라

10. 하나님께서 사람을 <u>무엇</u>으로 지으셨나?(2:7)
　① 흙　　② 나무　　③ 물　　④ 공기

11. 하나님께서 사람을 지으시고 <u>무엇</u>을 그 코에 불어넣으시니 사람이
　생령이 되었는가?(2:7)
　① 생기　　② 성령　　③ 바람　　④ 흙

12. 하나님께서 동방의 <u>어디</u>에 동산을 창설하셨는가?(2:8)

13. 동산 가운데 있는 <u>두 나무</u>의 이름은?(2:9)

14. 에덴에서 흘러 나와 네 근원이 된 강이 <u>아닌</u> 것은?(2:10~14)
　① 비손　　② 기혼　　③ 유브라데　　④ 나일

────────────────────

8. 하나님의 형상　9. ④　10. ①　11. ①　12. 에덴
13. 생명나무, 선악을 알게 하는 나무　14. ④

참조 : 에덴동산의 네 근원된 강들

비손 강	금(순금, 베델리엄, 호마노도 있다)이 있는 하월라 온 땅에 둘렀다. * '분천' 이라는 의미다.
기혼 강	구스 온 땅에 둘렀다. * '경주자' 라는 의미다.
힛데겔 강	앗수르 동편으로 흐르며 *힛데겔은 티그리스 강의 히브리어 명칭(단 10:4)
유브라데 강	—

15. 누가 각 생물의 이름을 지어 주었는가?(2:19)

　① 하나님　　② 예수님　　③ 아담　　　④ 노아

16. 누가 한 말인가?(2:23)

　"이는 내 뼈 중의 뼈요 살 중의 살이라 이것을 남자에게서 취하였은
즉 여자라"

17. 하나님의 지으신 들짐승 중 가장 간교한 들짐승은?(3:1)

　① 뱀　　② 여우　　③ 곰　　④ 사자

18. 하와가 선악을 알게 하는 나무를 본 모습이 아닌 것은?(3:6)

　① 먹음직하다.　　　　　　　　　② 보암직하다.
　③ 지혜롭게 할 만큼 탐스럽다.　　④ 큼직하다.

19. 아담과 하와가 선악을 알게 하는 나무의 실과를 먹고 변화된 것은?
(3:7)

　① 마음　　② 양심　　③ 눈　　④ 머리

---

15. ③　16. 아담　17. ①　18. ④　19. ③

20. 아담과 하와가 벗은 줄 알고 <u>무슨</u> 나무의 잎으로 치마를 만들어 입었는가?(3:7)
   ① 감람나무   ② 무화과나무   ③ 싯딤나무   ④ 종려나무

21. 불순종으로 인하여 나타난 뱀의 결과가 <u>아닌</u> 것은?(3:14~15)
   ① 배로 다님   ② 흙을 먹음   ③ 흙으로 돌아감   ④ 여자와 원수 됨

22. '하와' 라는 이름의 <u>뜻</u>은?(3:20)

23. 하나님은 그룹들과 두루 도는 불 칼을 두어 <u>무엇</u>을 지키게 하셨는가?(3:24)
   ① 아담과 하와   ② 에덴동산
   ③ 생명나무의 길   ④ 선악을 알게 하는 나무의 길

24. 아담이 처음으로 낳은 <u>아들</u>은?(4:1)

25. 아담의 아들 중 양치는 자의 <u>이름</u>은?(4:2)

26. 아담의 두 아들의 제물 중 하나님은 <u>누구</u>의 제물을 받으셨나?(4:4)

27. 성경에 최초로 동생을 쳐 죽인 <u>사람</u>은?(4:8)

---

20. ② 21. ③ 22. 모든 산자의 어머니가 됨 23. ③ 24. 가인 25. 아벨
26. 아벨 27. 가인

28. 하나님은 가인을 죽이는 자는 벌을 몇 배나 받는다고 하셨나?(4:15)
    ① 사 배   ② 오 배   ③ 육 배   ④ 칠 배

29. 가인이 여호와 앞을 떠나서 에덴 동쪽 어느 땅에 거주하였나?(4:16)
    ① 소돔   ② 놋   ③ 하란   ④ 애굽

30. 성경에 최초로 성을 쌓은 사람은?(4:17)

31. 성경에 최초로 지은 성의 이름은?(4:17)

32. 가인의 자손 중 두 아내를 취한 사람은?(4:19)
    ① 에녹   ② 이랏   ③ 므후야엘   ④ 라멕

33. 가인의 자손 중 가축을 치는 자의 조상이 된 사람은?(4:20)
    ① 아다   ② 야발   ③ 유발   ④ 두발가인

    참조 : 각 조상들(4:20~22)
     1. 유발 - 수금과 퉁소를 잡는 자의 조상
     2. 두발가인 - 구리와 쇠로 여러 가지 기구를 만드는 자의 조상

34. 라멕이 아내들에게 말할 때 "가인을 위하여는 벌이 칠 배일진대 라
    멕을 위하여는 벌이 몇 배라고" 하였나?(4:24)
    ① 칠십칠 배   ② 팔십칠 배   ③ 구십칠 배   ④ 백 배

---

28. ④ 29. ② 30. 가인 31. 에녹 32. ④ 33. ② 34. ①

35. "하나님이 내게 가인이 죽인 아벨 대신에 다른 씨를 주셨다" 함으로 얻은 아담의 세 번째 아들은?(4:25)

36. 셋이 누구를 낳았을 때 사람들이 비로소 여호와의 이름을 불렀는가?(4:26)

37. 아담 계보는 창세기 몇 장에 나오는가?
    ① 3장　　② 4장　　③ 5장　　④ 6장

38. 아담 자손 중 가장 오래 산 사람은?(5:27)
    ① 야렛　　② 므두셀라　　③ 라멕　　④ 노아

   참조 : 향수(5:1~32)
   1. 아담(930세)　　2. 셋(912세)　　3. 에노스(905세) 4. 게난(910세)
   5. 마할랄렐(895세) 6. 야렛(962세) 7. 에녹(365세)　　8. 므두셀라(969세)
   9. 라멕(777세)　　10. 노아(950세)

39. 아담의 아들 중 땅에서 가장 적게 있었던 사람은?(5:23)
    ① 에녹　　② 라멕　　③ 마할랄렐　　④ 에노스

40. 삼백 년간 하나님과 동행하더니 데려가시므로 세상에 있지 않은 사람은?(5:21~24)

---

35. 셋　36. 에노스　37. ③　38. ②　39. ①　40. 에녹

41. 아담의 자손 중 이 아들은 <u>누구</u>를 말하는 것인가?(5:29)
    "여호와께서 땅을 저주하시므로 수고롭게 일하는 우리를 이 아들이 안위하리라 하였더라"

    ① 게난   ② 야렛   ③ 에녹   ④ 노아

42. 노아가 낳은 세 아들이 <u>아닌</u> 자는?(5:32)
    ① 셈   ② 야렛   ③ 함   ④ 야벳

43. 용사며 고대에 명성이 있는 <u>사람들은</u>?(6:4)

44. "의인이요 당대에 완전한 자"로 하나님께 은혜를 입은 <u>자는</u>?(6:8~9)
    ① 에녹   ② 므두셀라   ③ 라멕   ④ 노아

45. 하나님은 노아에게 방주를 <u>무슨</u> 나무로 만들라고 하셨나?(6:14)
    ① 상수리나무 ② 아카시아나무 ③ 고페르나무 ④ 소나무

46. 하나님께서 말씀하신 방주의 구조가 <u>아닌</u> 것은?(6:15~16)
    ① 길이 삼백 규빗   ② 너비 오십 규빗
    ③ 높이 삼십 규빗   ④ 층은 이층

    참조 : 방주의 구조
    1. 길이 - 삼백 규빗 2. 너비 - 오십 규빗   3. 높이 - 삼십 규빗
    4. 창 - 한 규빗   5. 층 - 삼층(상 중 하)

---

41. ④ 42. ② 43. 네피림 44. ④ 45. ③ 46. ④

47. 하나님께서 땅에 비를 <u>며칠 동안</u> 내렸는가?(7:4)
　① 이십 주야　　　② 삼십 주야
　③ 사십 주야　　　④ 오십 주야

48. 노아가 <u>몇 세</u> 되던 해에 홍수가 땅에 있게 되는가?(7:6)
　① 오백 세　② 육백 세　③ 칠백 세　④ 팔백 세

49. 방주에 들어간 사람은 모두 <u>몇 명</u>인가?(7:13)
　① 8명　　② 9명　　③ 10명　　④ 11명

　참조 : 방주에 들어간 사람
　노아, 아내, 세 아들(셈, 함, 야벳), 세 며느리

50. 물이 <u>며칠 동안</u> 땅에 넘쳤는가?(7:24)
　① 백 오십 일　　② 백 육십 일
　③ 백 칠십 일　　④ 백 팔십 일

51. 방주가 머무른 <u>산은</u>?(8:4)
　① 시내 산　② 에발 산　③ 아라랏 산　④ 호렙 산

52. 방주가 <u>몇째 달 며칠</u>에 산에 멈추었는가?(8:4)
　① 둘째 달 열이레　　　② 둘째 달 스무이레
　③ 일곱째 달 열이레　　④ 열째 달 초하루

---

47. ③　48. ②　49. ①　50. ①　51. ③　52. ③

참조 : 각 년과 달과 날들
1. 육백 년 둘째 달 열이렛날 - 비가 땅에 쏟아지기 시작.
2. 육백 년 일곱째 달 열이렛날 - 방주가 아라랏 산에 머뭄.
3. 육백 년 열째 달 초하룻날 - 산들의 봉우리가 보임.
4. 육백일 년 첫째 달 초하룻날 - 지면에 물이 걷힘.
5. 육백일 년 둘째 달 스무이렛날 - 땅이 마름.

53. 산들의 봉우리가 <u>몇째 달 며칠</u>에 보였는가?(8:5)
　　① 둘째 달 열이레　　　　　② 둘째 달 스무이레
　　③ 일곱째 달 열이레　　　　④ 열째 달 초하루

54. 노아의 홍수가 <u>몇 년</u>에 지면의 모든 물이 걷혔는가?(8:13)
　　① 오백일 년　② 육백일 년　③ 칠백일 년　④ 팔백일 년

55. 방주에서 나온 노아는 <u>무슨</u> 제사를 드렸는가?(8:20)
　　① 번제　　② 소제　　③ 화목제　　④ 속죄제

56. 모든 산 동물을 먹되 <u>무엇째</u> 먹지 말라 하셨나?(9:3~4)
　　① 뼈　　② 물　　③ 피　　④ 힘줄

57. 다시는 모든 생물을 홍수로 멸하지 않겠다는 언약의 증거는 <u>무엇인</u>가?(9:11~13)

58. 노아의 아들 중 <u>가나안</u>의 아버지는?(9:18)

---

53. ④　54. ②　55. ①　56. ③　57. 무지개　58. 함

59. 노아가 농사를 시작하여 <u>처음</u>으로 심은 나무는?(9:20)
　　① 무화과나무　② 감람나무　③ 포도나무　④ 상수리나무

60. 아버지의 하체를 보고 두 형제에게 알린 노아의 <u>아들</u>은?(9:22)

61. 구스의 아들로 세상에 <u>첫</u> 용사는?(10:8)
　　① 스바　　② 하윌라　　③ 삽다　　④ 니므롯

62. 니므롯이 건설한 <u>큰</u> 성읍은?(10:12)

63. 셈의 후손인 에벨이 <u>누구</u>를 낳았을 때 세상이 나뉘었는가?(10:25)
　　① 셀라　　② 벨렉　　③ 셀렙　　④ 하도람

64. 노아의 자손들이 <u>어느</u> 평지에서 성읍과 탑을 건설하고 하늘에 닿게 하여 이름을 내고 온 지면에 흩어짐을 면하자 하였나?(11:2~4)
　　① 시날　　② 소알　　③ 싯딤　　④ 모압

65. 여호와께서 언어를 혼잡하게 하심으로 도시 건설을 그침으로 불려진 <u>이름</u>은?(11:7~9)

66. 아브람의 아버지 이름은?(11:26)

_____

59. ③ 60. 함 61. ④ 62. 레센 63. ② 64. ① 65. 바벨 66. 데라

67. 아브람의 두 형제 이름은?(11:27)

68. "너로 큰 민족을 이루고 네게 복을 주어 네 이름을 창대하게 하리니 너는 복이 될지라" 는 여호와의 말씀은 누구에게 한 말인가?(12:2)

69. 아브람이 여호와의 말씀대로 하란을 떠날 때의 나이는?(12:4)
① 오십오 세   ② 육십오 세   ③ 칠십오 세   ④ 팔십오 세

70. 여호와께서 아브람 자손에게 주리라 한 땅에는 누가 살고 있었는가?
(12:6~7)
① 가나안 사람   ② 애굽 사람   ③ 아모리 사람   ④ 여부스 사람

71. 아브람이 처음으로 제단을 쌓고 여호와의 이름을 부른 곳은(12:7~8)

　참조 : 아브람이 두 번째로 쌓은 제단의 장소는 헤브론이다(13:18).

72. 아브람이 아내를 누이라고 어느 지역 사람에게 하였나?(12:12~13)
① 가나안   ② 소돔   ③ 벧엘   ④ 애굽

73. 아브람의 아내를 데려다가 자기 아내로 삼았던 자는?(12:19)

---

67. 나홀과 하란 68. 아브람(아브라함) 69. ③ 70. ① 71. 벧엘과 아이 사이
72. ④ 73. 바로

74. 물이 넉넉하고 여호와의 동산과 같고 애굽 땅과 같은 지역은?(13:10)

① 세겜　　② 요단　　③ 벧엘　　④ 아이

75. 롯이 장막을 옮겨 이른 곳이며 여호와 앞에 악하며 큰 죄인의 도시는?(13:12)

① 요단　　② 가나안　　③ 소돔　　④ 세겜

76. 롯이 떠난 후 아브람이 장막을 옮겨 어디에 있는 마므레 상수리 수풀에 이르러 거주하며 여호와를 위하여 두 번째 제단을 쌓은 곳은?(13:18)

77. 당시에 다섯 왕과 네 왕으로 나뉘어 서로 전쟁을 하였는데 네 왕의 왕들이 아닌 왕은?(14:8~9)

① 엘람 왕　　② 고임 왕　　③ 시날 왕　　④ 소알 왕

참조 : 다섯 왕들과 네 왕들

다섯 왕들	네 왕들
1. 소돔 왕 베라 2. 고모라 왕 비르사 3. 아드마 왕 시납 4. 스보임 왕 세메벨 5. 소알 왕 벨라	1. 엘람 왕 그돌라오멜 2. 고임 왕 디달 3. 시날 왕 아므라벨 '4. 엘라살 왕 아리옥

74. ② 75. ③ 76. 헤브론 77. ④

78. 아브람은 네 왕에게 조카 롯이 잡혀 갔다는 소식을 듣고 집에서 길리고 훈련된 자 몇 명을 데리고 가 구하였나?(14:14)
① 일백십팔 명 ② 이백십팔 명 ③ 삼백십팔 명 ④ 사백십팔 명

79. 조카 롯을 구하고 돌아오는 아브람에게 축복한 살렘 왕은?(14:18~19)

80. 아브람이 그 얻은 것에서 십분의 일을 누구에게 주었는가?(14:20)

81. 여호와의 말씀이 환상 중에 아브람에게 임하여 두려워말라 나는 네 방패요 너의 지극히 큰 상급이니라 하셨을 때 아브람은 상속자가 다메섹 사람 누구라고 하였나?(15:1~2)

82. 아브람이 땅을 소유로 받을 것을 무엇으로 알리이까?라는 물음에 여호와께서 가져오라 하신 것이 아닌 것은?(15:8~9)
① 삼 년 된 숫소   ② 삼 년 된 암염소
③ 삼 년 된 암소   ④ 산비둘기와 집비둘기 새끼

83. 여호와께서 아브람에게 네 자손이 이방에서 객이 되어 그들을 섬기고 그들은 몇 년 동안 괴롭게 할 것이라고 하셨나?(15:13)
① 백 년   ② 이백 년   ③ 삼백 년   ④ 사백 년

84. 아브람 자손이 다른 나라를 섬기다가 몇 대만에 돌아올 것이라고 하

---

78. ③ 79. 멜기세덱 80. 멜기세덱 81. 엘리에셀 82. ① 83. ④ 84. ②

셨나?(15:16)

① 삼대   ② 사대   ③ 오대   ④ 육대

85. 여호와께서 아브람과 더불어 언약을 세워 가나안 땅 어느 강에서 어느 강까지 네 자손에게 줄 것이라고 하셨나?(15:18)

86. 여호와께서 언약을 세워 주려한 땅의 족속이 아닌 것은?(15:19~21)

① 겐 족속   ② 그니스 족속   ③ 그랄 족속   ④ 갓몬 족속

참조 : 가나안 10 족속
1. 겐 족속 2. 그니스 족속 3. 갓몬 족속 4. 헷 족속 5. 브리스 족속
6. 르바 족속 7. 아모리 족속 8. 가나안 족속 9. 기르가스 족속 10. 여부스 족속

87. 아브람의 아내 사래가 그 여종 애굽 사람 누구를 아브람에게 첩으로 주었나?(16:3)

88. 하갈이 사래의 앞에서 도망하다가 어느 길에서 여호와의 사자를 만났나?(16:7)

① 싯딤   ② 술   ③ 세일   ④ 소알

89. 하갈이 낳은 아들의 이름은?(16:11)

참조 : 이스마엘은 '하나님이 들으심' 의 뜻이다.

---

85. 애굽 강에서부터 큰 강 유브라데까지 86. ③ 87. 하갈 88. ② 89. 이스마엘

90. 하갈이 여호와의 사자를 만난 샘을 무엇이라 불렀나?(16:13~14)

참조 : 브엘라해로이
'나를 살피시는 살아계신 이의 우물' 이라는 뜻이다.

91. 하갈이 이스마엘을 낳았을 때에 아브람의 나이는?(16:16)
   ① 팔십오 세   ② 팔십육 세   ③ 팔십칠 세   ④ 팔십팔 세

92. 여호와께서 아브람이 몇 세 때 이름을 바꾸어 주셨나?(17:1~5)
   ① 칠십오 세   ② 구십구 세   ③ 백 세   ④ 백이십 세

93. 여호와께서 아브람의 이름을 무엇으로 바꾸어 주셨나?(17:5)

참조 : 아브람과 아브라함의 뜻
 1. 아브람 - '존귀한 아버지'
 2. 아브라함 - '많은 무리의 아버지'

94. 여호와와 아브라함 사이 언약의 표징은?(17:10~11)

95. 할례는 난지 며칠 만에 받아야 하는가?(17:12)
   ① 삼 일   ② 오 일   ③ 칠 일   ④ 팔 일

---

90. 브엘라해로이 91. ② 92. ② 93. 아브라함 94. 할례 95. ④

96. 여호와는 아브라함의 아내 사래 이름을 무엇으로 바꾸셨나?(17:15)

참조 : 사래와 사라의 뜻
  1. 사래 - '왕비' 2. 사라 - '여주인'

97. 하나님은 아브라함의 아내 사라가 낳은 아들 누구와 언약을 세운다고 하셨나?(17:19)

98. 하나님께서 이스마엘에게 대하여는 몇 두령을 낳아 큰 나라가 되게 한다고 하셨나?(17:20)
  ① 열 두령   ② 열한 두령   ③ 열두 두령   ④ 열세 두령

99. 아브라함이 할례를 받았을 때의 나이는?(17:24)
  ① 칠십오 세   ② 구십구 세   ③ 백 세   ④ 백오 세

100. 이스마엘이 할례를 받았을 때의 나이는?(17:25)
  ① 십일 세   ② 십이 세   ③ 십삼 세   ④ 십오 세

101. 여호와께서 소돔과 고모라를 멸하려 하실 때 아브라함이 의인을 악인과 함께 죽이심은 부당하다며 몇 번 의인의 수를 말하였나? (18:22~32)
  ① 5번   ② 6번   ③ 7번   ④ 8번

참조 : 아브라함이 말한 의인 수
  1. 오십 명 2. 사십오 명 3. 사십 명 4. 삼십 명 5. 이십 명 6. 십 명

96. 사라 97. 이삭 98. ③ 99. ② 100. ③ 101. ②

102. 아브라함이 말한 의인의 수가 아닌 것은?(18:22~23)
　① 오십오 명　　② 오십 명　　③ 사십오 명　　④ 이십 명

103. 소돔과 고모라를 멸망시킬 때 주의 천사가 손을 잡아 이끌어 성 밖에 둔 사람은 모두 몇 명인가?(19:16)
　① 3명　　② 4명　　③ 5명　　④ 6명

104. 롯이 주의 천사들에게 어느 성으로 도망가겠다고 하였나?(19:20~22)

105. 여호와께서 유황과 불을 비같이 내려 멸망시킨 두 성은?(19:24~25)

106. 롯의 아내는 뒤를 돌아본 고로 무슨 기둥이 되었는가?(19:26)
　① 소금　　② 구름　　③ 돌　　④ 불

107. 롯의 두 딸이 아버지와 동침하여 아들을 얻었는데 큰 딸 아들의 이름은?(19:37)

참조 : 두 딸의 아들
1. 큰 딸 : 모압 - 모압 자손의 조상
2. 작은 딸 : 벤암미 - 암몬 자손의 조상

108. 작은 딸의 아들은 어느 자손의 조상이 되었는가?(19:38)
　① 모압　　② 암몬　　③ 가나안　　④ 블레셋

102. ①　103. ②　104. 소알　105. 소돔과 고모라　106. ①　107. 모압　108. ②

109. 아브라함이 남방으로 이사하여 가데스와 술 사이 어디에 거류하였
    는가?(20:1)
    ① 그랄　　② 소알　　③ 소돔　　④ 하란

110. 아브라함이 두 번째로 누구에게 자기 아내 사라를 누이라 하였나?
    (20:2)
    ① 멜기세덱　　② 그돌라오멜　　③ 아비멜렉　　④ 바로

111. 이 일로 왕은 사라에게 은 몇 개를 주었는가?(20:16)
    ① 열 개　　② 백 개　　③ 천 개　　④ 만 개

112. 아브라함이 사라에게서 낳은 아들의 이름은?(21:3)
    ① 이스마엘　　② 모압　　③ 벤암미　　④ 이삭

    참조 : 성태(成胎)치 못하는 여인이 자녀를 낳은 여인들
    1. 사라(11:30) 2. 리브가(25:21) 3. 라헬(30:1~2) 4. 마노아의 아내(삿 13:2)
    5. 한나(삼상 1:5~6) 6. 수넴여인(왕하 4:16~17) 7. 엘리사벳(눅 1:7)

113. 아내 사라로부터 아들을 낳았을 때 아브라함의 나이는?(21:5)
    ① 백 세　　② 백오 세　　③ 백십오 세　　④ 백이십 세

114. 하갈이 아들 이스마엘과 사라에게 쫓겨 어느 광야에서 자식의 죽
    는 것을 차마 보지 못하겠다고 소리 내어 울었는가?(21:14~16)
    ① 가데스　　② 브엘세바　　③ 소알　　④ 그랄

109. ① 110. ③ 111. ③ 112. ④ 113. ① 114. ②

115. 하갈이 바란 광야에 거주할 때 아들 이스마엘을 위하여 어느 땅 여
인을 아내로 얻어 주었는가?(21:21)
① 모압   ② 암몬   ③ 소알   ④ 애굽

116. 아비멜렉의 군대 장관의 이름은?(21:22)

117. 아비멜렉과 아브라함이 우물 판 증거를 삼기 위하여 따로 놓은 암
양 새끼의 수는?(21:29~30)
① 다섯   ② 여섯   ③ 일곱   ④ 여덟

118. 아브라함과 아비멜렉이 맹세한 곳을 무엇이라 이름 하였나?(21:31)
① 브엘세바   ② 그랄   ③ 헤브론   ④ 벧엘

119. 아브라함은 브엘세바에서 무슨 나무를 심고 영원하신 여호와의 이
름을 불렀는가?(21:33)
① 감람나무   ② 포도나무   ③ 무화과나무   ④ 에셀나무

120. 아브라함에게 독자 이삭을 번제로 드리라는 하나님의 시험은 몇
장에 기록되었는가?
① 20장   ② 21장   ③ 22장   ④ 23장

121. 하나님께서 아브라함에게 독자 이삭을 번제를 드리기 위하여 가라
고 지시한 땅은?(22:2)
① 헤브론   ② 모리아   ③ 브엘세바   ④ 가데스

---

115. ④ 116. 비골 117. ③ 118. ① 119. ④ 120. ③ 121. ②

122. 이삭 대신에 번제로 드려진 짐승은?(22:13)

　　① 숫양　　　② 암양　　　③ 숫소　　　④ 암소

123. 아브라함이 아들을 번제로 드리려 했던 땅을 무엇이라 하였
　　나?(22:14)

　　참조 : 땅의 이름들

여호와 이레	"여호와의 산에서 준비 되리라"는 뜻으로 아브라함이 하나님께서 아들 이삭을 번제로 드리라는 말씀에 순종하여 드리려 할 때 하나님께서 멈추게 하시고 숫양을 준비하여 대신 번제를 드린 곳을 아브라함이 이름 한 곳.
여호와 닛시	"여호와는 나의 깃발"의 뜻으로 모세가 르비딤에서 아말렉과 싸울 때 모세의 손이 내려오면 아말렉이 이기고 올리면 이스라엘이 이기고 하자 손이 내려오지 않도록 아론과 훌이 좌우에서 모세의 손을 붙들어 올려 승리한 것을 기억하기 위하여 단을 쌓고 이름 한 곳(출17:8~16).
여호와 살롬	"여호와는 평강이시다"는 뜻으로 기드온이 여호와의 사자를 대면하였음에도 불구하고 죽지 않음으로 인하여 단을 쌓고 이름 한 곳 (삿 6:22~24).
여호와 삼마	"여호와께서 거기 계시다"라는 뜻으로 에스겔이 각 지파의 이름을 따서 부른 성읍을 말한다(겔 48:35).

124. 사라가 백이십칠 세에 죽은 곳은?(23:2)

　　① 헤브론　　② 브엘세바　③ 가데스　　④ 술

참조 : 헤브론
옛 명칭으로는 기럇아르바(수 15:54)로 이 이름은 '네 구역의 성읍' 또는 '유명한 네 사람의 성읍'이라는 의미다.

125. 아브라함이 매장지로 산 땅 밭머리에 있는 굴의 이름은?(23:9)

_____

122. ① 123. 여호와 이레　124. ① 125. 막벨라

126. 아브라함의 소유 매장지를 <u>어느</u> 족속으로부터 샀는가?(23:16)
　　① 겐 족속　　② 브리스 족속　　③ 헷 족속　　④ 여부스 족속

127. 아브라함이 산 땅 주인의 <u>이름</u>은?(23:16)

128. 아브라함은 땅값으로 <u>얼마</u>를 주었나?(23:16)
　　① 은 이백 세겔　　　　② 은 삼백 세겔
　　③ 은 사백 세겔　　　　④ 은 오백 세겔

129. 아브라함의 아내 사라가 가나안 땅 마므레 앞 막벨라 밭 굴에 장사
　　되었는데 마므레는 <u>어디</u>를 말하는 것인가?(23:19)

　　참조 : 아브라함의 소유 매장지
　　아브라함은 헤브론과 세겜(행 7:16) 두 곳을 자신의 소유 매장지로 구입하였다.
　　세겜은 유대인들의 전승 가운데만 나타난다(Leupold).

130. 창세기에서 가장 많은 절이 들어있는 <u>장</u>은?
　　① 21장　　　② 22장　　　③ 23장　　　④ 24장

　　참조 : 가장 많은 절이 들어있는 장의 내용
　　이삭이 리브가를 만나기까지 아브라함의 늙은 종이 취한 행동을 중심으로 기록하
　　고 있다.

131. 아브라함이 아들 이삭의 아내를 얻기 위하여 한 종을 고향으로 보

---

126. ③　127. 에브론　128. ③　129. 헤브론　130. ④　131. ④

내는데 그 종은 메소보다미아에 있는 <u>누구</u>의 성에 이르게 되었나?
(24:10)

① 암몬　　② 에돔　　③ 가인　　④ 나홀

132. 아브라함의 종이 리브가에게 <u>준</u> 것은?(24:22)

133. 리브가의 아버지 <u>이름</u>은?(24:24)

① 브두엘　② 나홀　③ 라반　④ 하란

134. 리브가의 오라버니 <u>이름</u>은?(24:29)

135. 네게브 지역에 거주하던 이삭이 리브가를 처음 만난 <u>곳</u>은?
(24:62~65)

① 헤브론　② 브엘세바　③ 브엘라해로이　④ 헤스본

참조 : 브엘라해로이
하갈이 사라를 피해 도망가 하나님의 사자를 만난 우물의 장소로 '나를 감찰하시는 살아계신 분의 우물이라' 는 뜻을 가진 곳이다(16:13~14).

136. 이삭의 아내 <u>이름</u>은?(24:67)

---

132. 반 세겔 무게의 금 코걸이 한 개, 열 세겔 무게의 금 손목고리 한 쌍
133. ① 134. 라반 135. ③ 136. 리브가

137. 아브라함의 처와 첩과 후처가 <u>아닌</u> 사람은?(24:67)
　　① 사라　　② 리브가　　③ 하갈　　④ 그두라

138. 아브라함이 낳은 아들은 총 <u>몇 명</u>인가?(25:1~2, 16:15~16, 21: 5)
　　① 5 명　　② 6 명　　③ 7 명　　④ 8 명

참조 : 아브라함의 부인들과 아들들
1. 사라 - 이삭
2. 하갈 - 이스마엘
3. 그두라 - 시므란, 욕산, 므단, 미디안, 이스박, 수아

139. 막벨라 굴에 장사 되지 <u>않은</u> 사람은?(25:10, 49:30~31, 50:13)
　　① 아브라함　　② 사라　　③ 이삭　　④ 요셉

참조 : 막벨라 굴에 장사된 사람들
1. 아브라함 2. 사라 3. 이삭 4. 리브가 5. 야곱 6. 레아
*요셉은 세겜에 장사되었다(수 24:32).

140. 이삭의 아내 리브가는 <u>어느</u> 족속인가?(25:20)
　　① 아람　　② 헷　　③ 아모리　　④ 여부스

141. 이삭의 아내 리브가가 낳은 아들 <u>쌍둥이</u>는?(25:24~26)

참조 : 이름의 뜻
1. 에서 - '붉고 전신이 털옷 같다' 는 뜻으로 형이다.
2. 야곱 - '발꿈치를 잡았다' 는 뜻으로 아우다.

137. ②　138. ④　139. ④　140. ①　141. 에서와 야곱

142. 에서의 <u>별명</u>은?(25:30)

참조 : '붉다' 는 뜻이다.

143. 야곱이 에서에게 떡과 팥죽을 주며 <u>무엇</u>을 팔라 하였나?(25:31-14)

144. 에서가 야곱으로부터 떡과 팥죽을 먹으며 마신 것은 <u>무엇</u>을 가볍게 여김인가?(25:34)
　　① 하나님의 언약　　② 하나님의 말씀
　　③ 장자의 명분　　　④ 장자의 축복

참조 : 장자의 명분
어머니의 지위(아내 혹은 첩)에 관계없이 처음으로 난 아들에게 자연적으로 주어지는 권리이다. 맏 아들은 아버지의 유산에서 두 몫을 상속 받았다(신 21:15~17). 여기서 명심할 점이 있는데 그것은 장자권에는 지상적 혜택뿐 아니라 영적인 것도 포함되었다는 사실이다. 레위 족속이 이스라엘의 모든 장자권을 대신해서 하나님 앞에 바쳐지기 전까지는 한 집안의 장자가 그 집안의 우두머리이면서 '제사장' 이었다. 아마 에서는 장자권의 이점을 특별히 멸시한 듯하다. 이러한 에서를 성경은 '망령된 자' 로 말하고 있다(히 12:16).

145. 아버지와 같이 자기 아내를 누이라고 <u>한</u> 사람은?(26:6~7)
　　① 이삭　　② 야곱　　③ 에서　　④ 이스마엘

참조 : 12:10~13, 20:1-2

---

142. 에돔　143. 장자의 명분　144. ③　145. ①

146. 아내를 누이라고 거짓을 말한 이삭을 책망한 사람은?(26:10~11)
　　① 바로　　② 아비멜렉　　③ 엘리에셀　　④ 멜기세덱

　　참조 : 아비멜렉
　　아내를 누이라고 거짓을 말하는 것과 관련이 있는 사람은 모두 아비멜렉이지만
　　동일인이 아니다. 20:2절의 아비멜렉은 애굽의 왕을 바로라고 부르는 것처럼 블
　　레셋왕에게 사용했던 명칭이고 26:1절의 아비멜렉은 앞의 아들이거나 손자이다.

147. 이삭의 종들이 골짜기를 파서 샘 근원을 얻었더니 어느 지역의 목
　　자들이 자기들의 것이라고 하며 이삭의 목자들과 다투었는
　　가?(26:20)
　　① 가데스　　② 술　　　③ 그랄　　④ 소알

148. 이삭이 판 우물이 아닌 것은?(26:20~22)
　　① 에섹　　② 싯나　　③ 브엘라해로이　　④ 르호봇

149. 이삭이 판 세 우물 중 다툼이 없던 우물은?(26:22)

　　참조 : 이삭의 우물들
　　에섹은 '다툼', 싯나는 '대적함', 르호봇은 '장소가 넓다' 는 뜻이다.

150. 그랄 골짜기를 떠나 브엘세바에 거하는 이삭과 맹세를 세워 계약
　　을 맺으려고 그랄에서부터 온자들이 아닌 자는?(26:26~28)
　　① 아비멜렉　　② 엘리에셀　　③ 아훗삿　　④ 비골

146. ② 147. ③ 148. ③ 149. 르호봇 150. ②

151. 그랄 왕 아비멜렉과 화해의 맹세를 세워 계약을 맺은 이삭의 마지막 정착지인 우물을 세바라 하고 오늘날 그 성읍의 이름은?(26:33)

참조 : 브엘세바
이곳은 하갈이 사라에게 쫓겨 단을 쌓은 곳이고(21:14), 아브라함이 아비멜렉과 맹세하고 에셀나무를 심고 여호와를 부른 곳이다(21:33).

152. 에서가 아내로 취한 여인이 아닌 자는?(26:34, 28:9)
① 유딧　　② 바스맛　　③ 마할랏　　④ 그두라

153. 야곱의 외조부 이름은 무엇인가?(28:2)

154. 이삭의 아내 리브가의 오라비요, 야곱의 외삼촌 이름은 무엇인가?(27:43, 28:5)

155. 야곱이 브엘세바를 떠나 하란으로 가는 도중에 꿈에 하나님의 사자를 보고 베개 하였던 돌로 기둥을 세우고 그 위에 기름을 붓고 그곳을 무엇이라 하였나?(28:18~19)

**참조 : 벧엘은 '하나님의 집' 이라는 뜻이다.

---

151. 브엘세바　152. ④　153. 브두엘　154. 라반　155. 벧엘

156. 벧엘의 옛 성의 <u>이름</u>은 무엇인가?(28:19)

157. 야곱이 기둥으로 세운 돌이 하나님의 전이 될 것과 하나님께서 내
게 주신 모든 것에서 십분의 일을 드리겠다고 <u>한 곳</u>은?(28:22)
① 밧단아　　② 브엘세바　　③ 벧엘　　④ 브엘라해로이

158. 라반의 두 딸의 <u>이름</u>은 무엇인가?(29:16)

159. 야곱이 라헬을 아내로 들이기 위하여 라반을 위하여 섬긴 <u>년 수</u>
는?(29:18, 30)
① 칠 년　　② 십 년　　③ 십사 년　　④ 이십 년

160. 야곱의 아내들과 첩들이 <u>아닌</u> 자는?(29:23, 29, 30:4, 9)
① 레아　　② 라헬　　③ 실바　　④ 마할랏

참조 : 야곱의 아내들과 첩들의 이름과 뜻
1. 레아 - 암소 2. 라헬 - 암양 3. 실바 - 친근함 4. 빌하 - 공포
*마할랏은 에서의 아내(28:9)

161. 레아가 낳은 아들이 <u>아닌</u> 자는?(29:32~35)
① 르우벤　　② 요셉　　③ 시므온　　④ 유다

---

156. 루스 157. ③ 158. 레아와 라헬 159. ③ 160. ④ 161. ②

참조 : 야곱의 아내들, 첩들의 자녀와 이름의 뜻
1. 레아 - ① 르우벤(보라 아들이다) ② 시므온(들으심) ③ 레위(연합함) ④ 유다
   (찬송함) ⑤ 잇사갈(값) ⑥ 스불론(거함) 그리고 딸 디나.
2. 빌하 - ① 단(억울함을 푸심) ② 납달리(경쟁함)
3. 실바 - ① 갓(복됨) ② 아셀(기쁨)
4. 라헬 - ① 요셉(더함) ② 베냐민(오른손의 아들)
   아들 12명과 딸 1명 모두 13명의 자녀를 낳았다.

162. 야곱이 낳은 자녀의 <u>총수</u>는?

참조 : 161 문제

163. 레아가 자녀 생산을 멈추었을 때 르우벤이 어머니에게 <u>무엇</u>을 주어 야곱과 동침하게 하였고 자녀를 더 낳게 되었는가?(30:16~17)

참조 : 합환채
이 식물은 토마토보다 조금 작은 노란색 열매를 맺는다. 당시 사람들은 이 식물의 뿌리가 사람의 신체의 하반부와 같은 모양을 가졌기 때문에 이것을 먹으면 임신의 능력을 얻을 수 있다고 믿었다.

164. 합환채로 인하여 레아가 더 낳은 자녀가 <u>아닌</u> 자는?(30:17~21)
   ① 유다   ② 잇사갈   ③ 스불론   ④ 디나

165. 야곱이 외삼촌 라반의 양과 염소 중에 자신의 품삯인 아롱진 것, 점 있는 것, 검은 새끼들을 낳게 하기 위하여 사용한 3종류의 <u>나무</u>는?(30:37)

---

162. 13 명 163. 합환채 164. ① 165. 버드나무, 살구나무, 신풍나무

166. 야곱은 외삼촌 라반이 자신을 속여 품삯을 몇 번 변경하였다고 하였나?(31:7)
① 다섯 번 ② 여섯 번 ③ 일곱 번 ④ 열 번

167. 야곱이 외삼촌 라반의 집에서 도망할 때 아내 라헬이 아버지의 무엇을 도둑질 하였나?(31:19)

참조 : 드라빔
문자적으로 '수호신들' 이란 뜻이고 일종의 우상이다. 바벨론 왕들은 점을 치는데 사용하였다(겔 21:21). 미가의 어머니가 집에 신당을 만들기도 하였다(삿 17:4~5).

168. 야곱이 외삼촌 라반의 집에 거한 총 년 수는?(31:41)

참조 : 두 딸을 위하여 14년(레아 7년, 라헬 7년), 양 떼를 위하여 6년이다.

169. 야곱과 외삼촌 라반이 돌을 가져다가 기둥으로 세우고 그 형제들에게 돌을 모으라하여 무더기를 만들어 언약을 맺으며 칭한 이름이 아닌 것은?(31:44~49)
① 브엘세바 ② 여갈사하두 ③ 갈르엣 ④ 미스바

참조 : 각 의미들
1. 여갈사하두 - '증거의 무더기' 라는 뜻인 아람어.
2. 갈르엣 - '증거의 무더기' 라는 뜻인 히브리 방언.
3. 미스바 - '망대' 라는 뜻이다.

---

166. ④ 167. 드라빔 168. 이십 년 169. ①

170. 야곱이 고향으로 오는 중에 하나님의 사자들을 만나 하나님의 군대라 하고 그 땅의 이름을 무엇이라고 하였나?(32:2)

참조 : 마하나임
'두 진영' 이라는 뜻이다.

171. 사자들이 야곱에게 돌아와 형 에서가 야곱을 만나려고 몇 명을 거느리고 온다 하였나?(32:6)
① 이백 명　　② 삼백 명　　③ 사백 명　　④ 오백 명

172. 야곱이 홀로 남아 천사와 씨름한 곳은?(32:22~24)

173. 야곱의 이름이 바뀌는 기사는 몇 장에 나오는가?

174. 씨름하여 이긴 야곱에게 천사는 어떤 이름을 주었는가?(32:28)

참조 : 이스라엘의 뜻
'네가 하나님과 및 사람들과 겨루어 이기었다'

175. 야곱이 "내가 하나님과 대면하여 보았으나 내 생명이 보전되었다" 하여 부른 그 곳 이름은 무엇인가?(32:30)
① 브니엘　　② 마하나임　③ 미스바　④ 벧엘

참조 : 브니엘
'하나님의 얼굴'

---

170. 마하나임　171. ③　172. 얍복　173. 32 장　174. 이스라엘　175. ①

176. 천사와 씨름할 때 천사가 야곱을 친 고로 이스라엘 사람들이 지금
까지 먹지 <u>않는</u> 것은?(32:32)

177. 야곱이 밧단아람에서 출발하여 가나안 땅 <u>무슨</u> 성에 이르러 장막
을 쳤는가?(33:18)
① 숙곳   ② 세겜   ③ 소알   ④ 모압

178. 야곱이 장막을 친 밭을 세겜의 아버지 하몰의 아들들 손에서 얼마
에 샀나?(33:19)
① 십 크시타   ② 오십 크시타   ③ 백 크시타   ④ 이백 크시타

참조: '크시타'는 히브리어로 화폐단위이다.

179. 야곱이 세겜의 아버지 하몰의 아들들의 손에서 산 밭에 제단을 쌓
고 그 <u>이름</u>을 무엇이라 하였나?(33:20)

참조 : 제단의 이름들

브엘세바	이삭이 그랄 족속과 우물 문제로 다투어서 옮겨 다니다가 제단을 쌓은 곳(26:23~25).
엘엘로헤 이스라엘	야곱이 세겜 성에 정착하여 하몰의 아들들에게 산 밭에 제단을 쌓은 곳(33:18~20).
엘 벧엘	야곱이 형 에서를 피해 외삼촌 라반의 집으로 도망하던 때에 하나님이 꿈에 나타났던 곳(35:7).

---

176. 허벅지 관절에 있는 둔부의 힘줄 177. ② 178. ③ 179. 엘엘로헤 이스라엘

180. 야곱의 딸 디나를 더럽힌 까닭으로 할례를 받고 고통 중에 있는 모
든 남자를 죽이고 하몰과 아들 세겜을 죽인 야곱의 두 아들은?
(34:25~26)

181. 리브가의 유모 이름은 무엇인가?(35:8)

182. 리브가의 유모 드보라가 죽어 벧엘 아래에 있는 상수리나무 밑에
장사하고 그 나무 이름을 무엇이라고 불렀나?(35:8)

참조 : 알론바굿
'곡함의 상수리나무' 라는 뜻이다.

183. 라헬이 난산으로 아들을 낳고 혼이 떠나려할 때에 부른 아들의 이
름은 무엇인가?(35:18)

참조 : 베노니
'슬픔의 아들' 이라는 뜻이지만 야곱은 베냐민(오른손의 아들)이라 불렀다.

184. 라헬이 장사된 곳은 어디인가?(35:19)
① 벧엘   ② 에브랏   ③ 헤브론   ④ 막게디 굴

참조 : 에브랏의 다른 이름
'베들레헴' 이다.

---

180. 시므온과 레위 181. 드보라 182. 알론바굿 183. 베노니 184. ②

185. 야곱의 아들들 중에 아버지의 첩 빌하와 동침한 자는 누구인가?
(35:22)
① 르우벤　　② 시므온　　③ 잇사갈　　④ 스불론

186. 에돔 족속이 거주한 산은?(36:8)
① 호르 산　　② 호렙 산　　③ 시내 산　　④ 세일 산

참조 : 에돔은 에서의 별명이다(25:30).

187. 에돔 족속의 조상은 누구인가?(36:43)

188. 요셉의 일생 이야기는 몇 장에서 시작하여 창세기 마지막장까지
이르는가?
① 37장　　　② 38장　　　③ 39장　　　④ 40장

189. 야곱의 아들들이 요셉을 미워하는 이유가 아닌 것은?(37:4, 5~11)
① 아버지의 편애　　　　　　② 곡식단 의 꿈
③ 해와 달과 열한 별의 꿈　　　④ 용모가 준수함

190. 야곱의 아들들이 "꿈꾸는 자가 오는 도다"라고 하였는데 누구를
말하는 것인가?(37:19)

191. 형제들이 요셉을 죽이려할 때 "그의 생명은 해치지 말자"라고 말

---

185. ①　186. ④　187. 에서　188. ①　189. ④　190. 요셉

한 형제는 <u>누구</u>인가? (37:21)

① 르우벤　　② 시므온　　③ 레위　　④ 유다

192. 요셉을 이스마엘 사람에게 팔자고 제안한 형제는 <u>누구</u>인가?(37:27)

① 르우벤　　② 시므온　　③ 레위　　④ 유다

193. 형제들은 요셉을 <u>얼마</u>에 팔았는가?(37:28)

① 은 열　　② 은 열다섯　　③ 은 이십　　④ 은 삼십

194. 상인들은 요셉을 <u>누구</u>에게 팔았는가?(37:36)

195. 창세기에서 유다와 다말의 사건은 <u>몇 장</u>에 기록되었는가?

① 37장　　② 38장　　③ 39장　　④ 40장

참조 : 주의할 점
　　요셉의 일생을 이야기 하는 가운데 한 장이 다른 이야기가 들어 있는데 바로
　　38장으로 유다와 다말의 사건 이야기다.

196. 유다가 수아의 딸을 취하여 거십에서 낳은 아들이 <u>아닌</u> 자는?
(38:2~5)

① 엘　　② 오난　　③ 셀라　　④ 베레스

197. 시아버지 유다가 며느리 다말에게 준 담보물이 <u>아닌</u> 것은?(38:18)

① 지팡이　　② 도장　　③ 겉옷　　④ 끈

---

191. ①　192. ④　193. ③　194. 보디발　195. ②　196. ④　197. ③

198. 유다가 다말을 통하여 낳은 쌍둥이 아들의 이름은?(38:27~30)

199. 유다가 다말을 통하여 낳은 쌍둥이 아들 중에 예수님의 조상이 된 자는?(마 1:3)

200. 요셉이 꿈을 해석해 준 사람이 아닌 자는?(40:9~19, 41:14~36)
① 술 맡은 관원장　② 떡 굽는 관원장　③ 야곱　④ 바로

201. 요셉이 꿈을 해석해 준 내용이 아닌 것은?(40:9~19, 41:14~36)
① 세 가지 포도나무의 꿈　② 흰 떡 세 광주리의 꿈
③ 일곱 암소와 일곱 이삭의 꿈　④ 곡식 단이 절하는 꿈

202. 요셉의 꿈 해석대로 사흘 안에 죽은 자는?(40:19)
① 술 맡은 관원장　② 떡 굽는 관원장　③ 야곱　④ 바로

203. 바로의 꿈을 요셉이 해석한 내용으로 바르지 못한 것은?(41:25~31)
① 일곱 좋은 암소 - 일곱 해
② 일곱 좋은 이삭 - 일곱 달
③ 파리하고 흉한 일곱 소 - 칠 년
④ 동풍에 말라 속이 빈 일곱 이삭 - 일곱 해 흉년

204. 바로가 두 번 겹쳐 꿈을 꾼 이유를 요셉은 무엇이라 하였나?(41:32)

---

198. 베레스, 세라　199. 베레스　200. ③　201. ④　202. ②　203. ②
204. 하나님이 이 일을 정하셨음이라 속히 행 하신다.

205. 바로가 요셉을 애굽의 총리로 다스리게 하고 지어준 <u>이름</u>은?(41:45)

206. 바로가 요셉에게 아내로 준 온의 제사장 보디베라의 <u>딸</u>은?(41:45)

207. 요셉이 애굽 왕 바로 앞에 설 때의 <u>나이</u>는?(41:46)
    ① 삼십 세   ② 삼십오 세   ③ 사십 세   ④ 오십 세

208. 요셉이 형제들에 의하여 애굽에 팔려온 지 <u>몇 년</u> 되어 총리가 되었는가?(37:2, 41:46)
    ① 십 년   ② 십삼 년   ③ 십오 년   ④ 이십 년

   참조 : 요셉은 십칠 세에 이스마엘 사람들에게 팔려 애굽에 가게 되었고 삼십 세에 바로 앞에 총리로 서게 되었다.

209. 요셉이 온의 제사장 보디베라의 딸 아스낫으로부터 낳은 <u>두 아들의 이름</u>은?(41:50~52)

   참조 : 이름의 의미
   1. 므낫세 - '하나님이 나로 나의 모든 고난과 나의 아버지의 온 집일을 잊어버리게 하셨다' 는 의미.
   2. 에브라임 - '하나님이 나로 나의 수고한 땅에서 창성하게 하셨다' 는 의미.

---

205. 사브낫바네아   206. 아스낫   207. ①   208. ②   209. 므낫세, 에브라임

210. 요셉이 데려 오라고 한 형제는 <u>누구</u>인가?(42:15)
　　① 베냐민　　② 스불론　　③ 잇사갈　　④ 아셀

211. 요셉은 형제 중 한 사람만 옥에 갇히게 하고 다른 형제들은 곡식을
　　가지고 가서 집안의 굶주림을 구하고 막내 아우를 데려 오라 제의
　　하여 <u>누가</u> 남았나?(42:18~25)
　　① 르우벤　　② 시므온　　③ 레위　　④ 유다

212. 베냐민을 대신하여 종이 되겠다고 말한 형제는 <u>누구</u>인가?(44:14~33)
　　① 르우벤　　② 시므온　　③ 레위　　④ 유다

213. 이스라엘이 모든 소유를 이끌고 떠나 <u>어디</u>에 이르러 그의 아버지
　　이삭의 하나님께 희생 제사를 드렸는가?(46:1)

　　참조 : 브엘세바
　　'맹세의 우물' 이라는 뜻으로 하나님이 나타나신 장소이다.
　　　1. 하갈에게 나타나심(21:14~19).
　　　2. 이삭에게 나타나심(26:23~24).
　　　3. 야곱에게 나타나심(46:1~4).
　　　4. 엘리야에게 나타나심(왕상 19:3~7).

───────────────

210. ① 211. ② 212. ④ 213. 브엘세바

214. 야곱의 집 사람으로 애굽에 이른 자가 모두 <u>몇 명</u>인가?(46:27)

　　① 사십 명　　② 오십 명　　③ 육십 명　　④ 칠십 명

215. 요셉은 바로가 "너희의 직업이 무엇이냐"고 묻거든 <u>무슨</u> 직업이라고 말하라 하였나?(46:33~34)

　　① 농업　　　② 목축업　　③ 임업　　　④ 수산업

216. 요셉의 형제들이 바로에게 <u>어느</u> 땅에 살기를 청하였나?(47:4)

217. 요셉이 바로의 명령대로 애굽의 좋은 땅 <u>어느 곳</u>을 주었나?(47:11)

　　① 라암셋　　② 에돔　　　③ 하란　　　④ 모압

참조 : 라암셋
고센, 소안(시 78:12, 43)이라고도 부르는 곳으로 나일강 델타의 동쪽 지역으로 생각되어 진다.

218. 요셉이 세운 토지법이 <u>아닌</u> 것은?(47:20~26)

　　① 땅이 바로의 소유다.　　　② 제사장의 전지는 예외다 .
　　③ 수확량의 오분의 일 상납　　④ 이방인의 전지는 예외다.

---

214. ④　215. ②　216. 고센　217. ①　218. ④

219. 야곱은 오른 손을 요셉의 아들 중 <u>누구</u>의 머리에 얹고 축복하였는
가?(48:14)

220. 야곱의 아들들이 후일에 당할 일을 기록한 장은?
① 47장   ② 48장   ③ 49장   ④ 50장

221. 야곱이 말한 아들들에 대한 후일의 일이 <u>아닌</u> 것은?(49:1~27)
① 르우벤 - 물의 끓음 같다.
② 유다 - 형제의 찬송, 사자 새끼다.
③ 요셉 - 샘 곁에 무성한 가지다.
④ 베냐민 - 길섶의 뱀, 샛길의 독사다.

참조 : 야곱이 말한 아들들의 후일 일
1. 르우벤 - 물의 끓음 같다.
2. 시므온, 레위 - 칼은 폭력의 도구이다.
3. 유다 - 형제의 찬송, 사자 새끼다.
4. 스불론 - 해편에 거한다.
5. 잇사갈 - 건장한 나귀다.
6. 단 - 길섶의 뱀, 샛길의 독사다.
7. 갓 - 군대의 추격을 받으나 도리어 그 뒤를 추격한다.
8. 아셀 - 기름진 것으로 왕의 수라상을 차린다.
9. 납달리 - 놓인 암사슴이다.
10. 요셉 - 샘 곁의 무성한 가지다.
11. 베냐민 - 물어뜯는 이리다.

---

219. 에브라임 220. ③   221. ④

222. 다음은 야곱의 예언 중 <u>누구</u>의 예언인가?(49:10)

"규가 (   ) 떠나지 아니하며 통치자의 지팡이가 그 발 사이에서 떠나지 아니하기를 실로가 오시기까지 이르리니 그에게 모든 백성이 복종하리로다"
① 르우벤   ② 시므온   ③ 유다   ④ 요셉

223. 야곱의 몸에 향으로 처리하는 데에 걸린 <u>날수</u>는?(50:3)
① 삼십 일   ② 사십 일   ③ 오십 일   ④ 육십 일

224. 야곱을 위하여 애굽 사람들은 <u>며칠</u>을 곡 하였나?(50:3)
① 오십 일   ② 육십 일   ③ 칠십 일   ④ 팔십 일

225. 요셉이 아버지를 장사하러 올라가 요단강 건너편 <u>어디</u>에 이르러 크게 울고 애통하며 칠 일 동안 애곡하였나?(50:10)

226. 가나안 백성들이 애곡하는 애통을 보고 그 땅 이름을 <u>무엇</u>이라 하였나?(50:11)

---

222. ③ 223. ② 224. ③ 225. 아닷 타작마당 226. 아벨미스라임

227. 요셉은 몇 세를 살았는가?(50:22)
　　　　① 백십 세　　② 백이십 세　③ 백삼십 세　　④ 백사십 세

228. 창세기는 모두 몇 장으로 기록되었는가?

---

227. ①　228. 50장

출 애 굽 기

출애굽기 개요

1. 기록자

모세

2. 기록연대

B.C. 1450~1400년 사이

3. 기록장소

일반적으로 보수주의 신학자들은 모세가 시내산에 머무는 동안 이

계시를 받았다고 생각한다.

4. 기록대상

이스라엘 백성

5. 핵심어 및 내용

> 출애굽기의 핵심어는 '구출', '구속', '계명' 등이다. 노예의 신분
> 으로 억압 받고 있던 이스라엘 민족을 구출해 낸 사건은 하나님께서
> 택하신 백성을 완전히 구속하시기 위하여 행하신 많은 이적들 가운데
> 하나이다. 또한 십계명과 다른 율법들은 어떻게 사는 것이 하나님께서
> 바라는 삶인가를 가르쳐 주고 있다.

각 장의 내용들

1장

  1. 애굽 이주와 이스라엘 자손들의 번성(1~7)

  2. 바로의 학정으로 이스라엘 백성들의 고역(8~14)

  3. 남자아이 살해 명령을 어기는 히브리 산파(15~22)

2장

  1. 모세의 출생과 교육(1~10)

  2. 애굽인을 죽인 모세 미디안 도피(11~15)

  3. 미디안의 생활과 결혼(16~22)

  4. 고역으로 인한 탄식소리를 들으신 하나님(23~25)

3장

  1. 호렙산에서 모세를 부르심(1~6)

  2. 출애굽에 대한 소명을 주심(7~10)

  3. 모세의 거절과 하나님의 확신(11~12)

  4. 스스로 있는 자 하나님(13~14)

  5. 이스라엘 장로들에게 전할 말씀(15~18)

  6. 재앙 후 이스라엘을 보낼 것(19~22)

4장

  1. 세가지 표징(1~9)

  2. 변명하는 모세(10~17)

  3. 이드로와 작별(18)

  4. 바로에게 전할 경고(19~23)

  5. 십보라가 할례를 행함으로 죽음을 면한 모세(24~26)

  6. 출애굽에 대한 하나님의 말씀을 장로들에게 전함(27~31)

5장

  1. 바로에게 거절 당한 모세(1~5)

2. 모세로 인해 더 큰 고역을 당하는 이스라엘 백성들(6~14)

3. 이스라엘 기록원들이 바로에게 호소(15~18)

4. 백성들의 원망을 들은 모세의 기도(19~23)

6장

1. 하나님의 강한 손 때문에 바로가 이스라엘을 쫓아 낼 것임(1)

2. 백성들에게 하나님의 뜻을 전하기 위해 모세를 보내심(2~9)

3. 모세의 거절과 하나님의 명령(10~13)

4. 르우벤과 시므온의 족장(14~15)

5. 레위의 아들들(16~27)

6. 하나님의 명령을 거절하는 모세(28~30)

7장

1. 바로의 신이 되는 모세(1~2)

2. 하나님께서 바로의 마음을 강퍅케 할 것임(3)

3. 애굽 사람이 여호와를 알 때(4~6)

4. 순종으로 지팡이가 뱀으로 변함(7~13)

8장

1. 애굽 온 땅에 개구리가 덮힘(1~7)

2. 개구리를 떠나게 하면 희생제를 드리게 하겠다고 거짓말한 바로
   (8~15)

3. 이가 애굽 온 땅의 사람과 생축에 오름(16~19)

4. 무수한 파리 떼가 애굽 전국에 넘침(20~24)

5. 희생을 드리라고 허락하지만 없어지자 다시 거절하는 바로
   (25~32)

9장

1. 심한 돌림병으로 애굽의 모든 생축이 죽음(1~9)

2. 애굽 모든 사람과 짐승에게 악성종기가 발함(10~12)

3. 애굽 개국이래로 없던 우박을 내리신다고 경고하심(13~21)

4. 들에 있는 모든 것들을 우박으로 치심(22~26)

5. 우박을 면하기 위해서 또 거짓말하는 바로(27~34)

10장

1. 메뚜기 재앙에 대한 경고(1~6)

2. 남자만 가라고 허락하는 바로(7~11)

3. 온 지면에 메뚜기가 덮힘(12~15)

4. 이번만 용서하고 이 죽음만을 떠나게 하라(16~20)

5. 애굽 온 땅의 흑암 재앙(21~23)

6. 제사드릴 양과 소를 가지고 가지 못하게 함(24~29)

11장

1. 생축의 처음 난 것은 다 죽을 것을 경고(1~8)

2. 여전히 강퍅한 바로(9~10)

12장

1. 유월절 규례(1~14)

2. 무교절 규례(15~20)

3. 유월절의 준비(21~28)

4. 장자의 죽음, 10재앙(29~36)

5. 출애굽(37~42)

6. 유월절에 참여할 수 있는 자(43~51)

13장

1. 초태생은 하나님의 것(1~16)

2. 하나님의 인도하심(17~22)

14장

1. 바로의 추격(1~9)

2. 이스라엘 백성들의 원망과 하나님의 약속(10~20)

3. 홍해가 갈라지고 이스라엘 백성들이 육지를 건넘(21~22, 28)

4. 애굽 군대의 수장(23~28)

5. 이스라엘을 애굽 사람의 손에서 구원하심(29~31)

15장

　　1. 모세의 노래(1~18)

　　2. 미리암과 모든 여인들의 찬송(19~21)

　　3. 홍해에서 수르광야를 거쳐 엘림까지(22~27)

16장

　　1. 백성들의 원망과 하나님의 약속(1~12)

　　2. 메추라기와 만나 주심(13~21)

　　3. 만나와 안식일(22~30)

　　4. 만나를 항아리에 보관(30~36)

17장

　　1. 르비딤 반석에서의 물(1~7)

　　2. 아말렉을 물리침(8~16)

18장

　　1. 모세의 가족을 데리고 광야로 찾아온 이드로(1~12)

　　2. 재판에 대한 이드로의 충고(13~27)

19장

　　1. 율법을 부여하실 것을 약속(1~6)

　　2. 이스라엘 백성들의 준비(7~15)

　　3. 시내산에 임재하신 하나님(15~25)

20장

　　1. 십계명을 주신 하나님(1~17)

　　2. 여호와의 영광을 보고 떠는 백성들(18~21)

　　3. 제사와 제단에 대한 말씀(22~26)

21장

　　1. 종에 대한 법(1~11)

　　2. 상해 법(12~32)

3. 재산 배상 법(33~36)

22장

   1. 도둑질에 대한 배상(1~4)

   2. 농작물에 대한 피해 보상(5~6)

   3. 이웃에 맡긴 것이나 빌린 물건에 대한 배상(7~15)

   4. 행위와 공의에 대한 율법(16~31)

23장

   1. 재판을 공정히 할 것(1~9)

   2. 안식년과 안식일을 지킬 것(10~12)

   3. 삼대 절기를 지킬 것(14~19)

   4. 여호와께 순종하면(20~33)

24장

   1. 하나님과 이스라엘 간의 언약(1~8)

   2. 모세를 비롯한 70인이 하나님을 봄(9~11)

   3. 40일 동안 시내산에 거한 모세(12~18)

25장

   1. 성막을 위해서 이스라엘 자손들이 드릴 예물(1~7)

   2. 성소를 지으라(8~9)

   3. 증거궤와 속죄소를 만드는 방법(11~22)

   4. 떡상 만드는 방법(23~30)

   5. 등대를 만드는 방법(31~40)

26장

   1. 성막을 만드는 재료, 열 폭 휘장(1~14)

   2. 성막의 구조, 널판과 띠(15~30)

   3. 성소와 지성소를 구별하는 휘장(31~35)

   4. 성막 입구의 문장(36~37)

27장

1. 제단(1~8)
2. 성막의 뜰(9~19)
3. 성막의 등(20~21)

28장
1. 대 제사장 복장(1~5)
2. 에봇의 규례(6~14)
3. 판결 흉패의 규례(15~30)
4. 에봇 받침 겉옷의 규례(31~35)
5. 정금 패 및 속옷의 규례(36~39)
6. 제사장의 예복(40~43)

29장
1. 제사장의 위임식 규례(1~37)
2. 매일 단 위에 드릴 제사(38~46)

30장
1. 분향단의 규례(1~10)
2. 속전의 규례(11~16)
3. 물두멍의 규례(17~21)
4. 관유에 관한 규례(22~33)
5. 향품에 관한 규례(34~38)

31장
1. 성막 건축을 위해 브사렐과 오홀리압을 선택(1~11)
2. 안식일을 거룩히 지키라(12~17)
3. 하나님께서 친히 기록한 두 돌판을 모세에게 주심(18)

32장
1. 금 송아지를 만듦(1~6)
2. 하나님의 진노와 모세의 기도(7~14)
3. 대노해서 돌판을 깨뜨리는 모세(15~20)

4. 이스라엘 백성들의 변명과 레위 자손들의 도륙(21~29)

5. 백성의 죄사함을 위한 모세의 중보기도(30~35)

33장

1. 약속의 땅으로 올라가라(1~3)

2. 단장품을 제하라(4~6)

3. 진 밖에 하나님과 만나는 회막 설치(7~11)

4. 모세의 중보기도(12~23)

34장

1. 모세가 두 돌판을 준비함(1~4)

2. 여호와의 강림(5~9)

3. 언약을 세우심(10~27)

4. 하나님께서 다시 두 돌판에다 십계명을 기록하심(28)

5. 모세의 얼굴의 광채(29~35)

35장

1. 안식일에 하지 말 것(1~3)

2. 성막을 위하여 백성들이 여호와께 드릴 것(4~9)

3. 지혜로운 자들이 만들 성막 재료(10~19)

4. 백성들이 자원하여 헌납(20~29)

5. 공교한 일을 위하여 브사렐과 오홀리압을 지명함(30~35)

36장

1. 성막 제작을 위한 예물이 넘침(1~7)

2. 성막의 열 폭 휘장과 덮개(8~19)

3. 성막의 골조(30~34)

4. 성막의 문장(35~38)

37장

1. 법궤(증거궤)(1~5)

2. 속죄소(6~9)

   3. 떡상(10~16)

   4. 등대(17~24)

   5. 분향단과 거룩한 향(25~29)

38장

   1. 번제단(1~7)

   2. 물두멍(8)

   3. 성막 뜰(9~10)

   4. 성막의 비용(21~31)

39장

   1. 아론을 위한 거룩한 옷과 에봇(1~7)

   2. 흉패(8~21)

   3. 에봇받침 긴옷(22~26)

   4. 제사장들의 속옷과 두건, 관, 고의, 띠(27~30)

   5. 거룩한 패(31)

   6. 성막의 완성(32~43)

40장

   1. 성막을 거룩하게 함(1~11)

   2. 대제사장과 제사장을 거룩하게 함(12~16)

   3. 하나님의 명령대로 성막을 세움(17~33)

   4. 성막에 충만한 여호와의 영광(34~38)

2. 출애굽기

1. 애굽에서 이스라엘 백성들이 바로를 위하여 건축한 국고성은?(1:11)

   참고 : 비돔과 라암셋
   1. 비돔 - '신 아툼의 집' 이라는 뜻인 신전을 말한다.
   2. 라암셋 - 애굽왕의 신전

2. 하나님을 두려워하여 애굽 왕의 명령을 어기고 이스라엘의 남자 아이를 살려 준 히브리 산파 두 사람의 이름은?(1:15~17)

3. 바로가 그의 모든 백성에게 명령하여 아들이 태어나거든 어느 강에 던지라고 하였나?(1:22)
   ① 힛데겔 강   ② 유브라데 강   ③ 나일 강   ④ 요단 강

4. 모세의 아버지, 어머니 이름은?(6:20, 민 26:59)

5. 모세의 아버지 어머니는 어느 가족인가?(2:1)
   ① 르우벤   ② 레위   ③ 유다   ④ 갓

---

1. 비돔, 라암셋 2. 십브라, 부아 3. ③ 4. 아므람, 요게벳 5. ②

6. 갈대 상자에 담겨져 나일 강가 갈대 사이에 있다가 바로의 딸에 의해 자란 자는?(2:5~10)
① 노아　　② 아브라함　　③ 요셉　　④ 모세

7. 모세가 애굽 사람을 죽인 것이 탄로나 바로의 낯을 피하여 어느 땅 우물곁에 앉았는가?(2:14~15)
① 미디안 땅　　② 모압 땅　　③ 에돔 땅　　④ 헤브론 땅

8. 미디안 제사장에게 딸 몇 명이 있었는가?(2:16)
① 다섯　　② 여섯　　③ 일곱　　④ 여덟

9. 모세가 그와 동거하기를 기뻐하매 미디안 제사장 르우엘이 딸 중 누구를 주었는가?(2:21)
① 리브가　　② 십보라　　③ 사라　　④ 하갈

10. 모세가 십보라로 인하여 얻은 두 아들의 이름은?(2:22, 18:4)

참조 : 두 아들
1. 게르솜 - '내가 이방에서 객이 되었다' 는 뜻이다.
2. 엘리에셀 - '하나님께서 나를 구원하셨다' 는 뜻이다.

11. 미디안의 제사장으로 모세의 장인 이름은?(3:1)

참조 : '르우엘' 이라고도 불려졌다.

---

6. ④ 7. ① 8. ③ 9. ② 10. 게르솜, 엘리에셀 11. 이드로

12. 여호와의 사자가 떨기나무 가운데로부터 나오는 불꽃 안에서 나타나는 것을 본 산은?(3:1~2)
   ① 호렙   ② 시내   ③ 아라   ④ 헤르몬

13. 하나님께서 떨기나무 가운데서 모세를 부르시며 네가 선 곳은 거룩한 땅이니 무엇을 벗으라고 하셨나?(3:4~5)
   ① 옷   ② 모자   ③ 신   ④ 허리 띠

14. 하나님께서 나는 네 조상의 하나님이라고 하시면서 말씀하신 조상이 아닌 것은?(3:6)
   ① 아담   ② 아브라함   ③ 이삭   ④ 야곱

15. 하나님께서 이스라엘 백성들을 애굽인의 손에서 건져내어 아름답고 광대한 땅 젖과 꿀이 흐르는 땅으로 데려가려 한다고 하셨는데 이때 말씀하신 땅의 여섯 족속이 아닌 것은?(3:8)
   ① 가나안   ② 헷   ③ 아모리   ④ 미디안

   참조 : 여섯 족속
   1. 가나안 2. 헷 3. 아모리 4. 브리스 5. 히위 6. 여부스

16. 모세가 하나님께 이스라엘 백성들이 그의 이름이 무엇이냐고 하면 무엇이라고 말하리까 라는 질문에 어떻게 말하라고 하셨나?(3:13~14)

   참조 : 히브리어로 번역하면 '나는 나다' 이다.

---

12. ① 13. ③ 14. ① 15. ④ 16. 스스로 있는 자이니라

17. 하나님께서 모세에게 나의 영원한 이름이요 대대로 기억할 나의 칭호라고 말씀하셨는데 무엇을 말하는 것인가?(3:15)

18. 하나님이 호렙산 떨기나무 가운데서 사람들이 모세의 말을 듣게 하기 위하여 보인 세 이적이 아닌 것은?(4:1~9)
    ① 모세의 지팡이가 뱀으로 변함 ② 모세의 손에 나병이 생김
    ③ 모세의 얼굴이 해같이 빛남   ④ 나일 강 물이 땅에서 피로 변함

19. 모세가 나는 입이 뻣뻣하고 혀가 둔한자니 보낼만한 사람을 보내소서 라고 하자 하나님께서 누가 모세의 입을 대신한다고 하셨나?
    (4:10~16)
    ① 갈렙   ② 아론   ③ 홀   ④ 여호수아

20. 애굽으로 내려가는 모세를 하나님께서 죽이려 하신 이유는 무엇인가?(4:24~26)
    ① 이적을 더 보여 달래서   ② 말을 못한다고 하여서
    ③ 아들에게 할례를 주지 않아서   ④ 하나님을 직접 보아서

21. 십보라가 모세를 무엇 때문에 피 남편이라고 하였나?(4:26)

22. 하나님은 모세에게 이름이 무엇이라고 하셨나?(6:2~3)

---

17. 아브라함의 하나님, 이삭의 하나님, 야곱의 하나님 18. ③ 19. ②
20. ③ 21. 할례 22. 여호와

23. 레위의 아들들이 <u>아닌</u> 자는?(6:16)
    ① 게르손　　② 고핫　　　③ 헤스론　　④ 므라리

24. 아론의 아들들이 <u>아닌</u> 자는?(6:23)
    ① 나답　　　② 아비후　　③ 엘르아살　④ 엘리세바

25. 애굽 땅에서 인도하라 하신 명령을 받은 자요, 애굽 왕 바로에게 애
    굽에서 내보내라고 말한 <u>두 사람</u>의 이름은?(6:26~27)

26. 모세와 아론이 애굽 왕 바로에게 말할 때의 나이로 <u>맞는</u> 것은?(7:7)
    ① 모세 - 팔십 세, 아론 - 팔십삼 세
    ② 모세 - 팔십삼 세, 아론 - 팔십 세
    ③ 모세 - 팔십오 세, 아론 - 팔십팔 세
    ④ 모세 - 팔십팔 세, 아론 - 팔십 오세

27. 모세가 애굽에게 행한 열 재앙이 <u>아닌</u> 것은?(7:8~12:36)
    ① 물이 피가 되다.　　　　　② 티끌이 이가 되다.
    ③ 악성 종기가 생기다.　　　④ 새가 하늘을 덮다.

---

23. ③　24. ④　25. 모세, 아론　26. ①　27. ④

참조 : 열 재앙

재앙	내 용	애굽 왕 바로	애굽 요술사	고센 땅
첫째	물이 피가 되다	듣지 않음	행함	재앙 임함
둘째	개구리가 올라오다	재앙이 있을 때 : 보낸다 재앙이 없을 때 : 보내지 않음	행함	재앙 임함
셋째	티끌이 이가 되다	듣지 않음	못함	재앙 임함
넷째	파리가 가득하다	재앙이 있을 때 : 보낸다 재앙이 없을 때 : 보내지 않음	못함	재앙 임하지 않음
다섯째	가축의 죽음	보내지 않음	못함	재앙 임하지 않음
여섯째	악성 종기가 생기다	듣지 않음	못함	재앙 임하지 않음
일곱째	우박이 내리다	재앙이 있을 때 : 보낸다 재앙이 없을 때 : 보내지 않음	못함	재앙 임하지 않음
여덟째	메뚜기가 땅을 덮다	재앙이 있을 때 : 보낸다 재앙이 없을 때 : 보내지 않음	못함	재앙 임하지 않음
아홉째	흑암이 땅에 있다	재앙이 있을 때 : 보낸다 재앙이 없을 때 : 보내지 않음	못함	재앙 임하지 않음 빛이 있었음
열째	처음 난 것들의 죽음	보냄	못함	재앙 임하지 않음

28. 모세와 아론이 행한 이적을 애굽 요술사들도 행하였는데 그 중 아닌 것은?(7:11, 22, 8:7)

① 지팡이를 뱀이 되게 하다.　② 물이 피가 되게 하다.

③ 개구리가 올라오게 하다.　④ 티끌이 이가 되게 하다.

29. 모세와 아론이 바로와 그의 신하의 목전에서 어느 강을 침으로 물이 다 피로 변하였나?(7:20)

30. 바로가 열 재앙 중에서 백성을 보낸다고 처음으로 말한 재앙은?(8:8)

① 개구리　② 이　　③ 파리　　④ 메뚜기

---

28. ④　29. 나일강　30. ①

31. 애굽의 요술사들이 몇째 재앙부터 모세와 아론처럼 이적을 행하지 못하였는가?(8:18)
   ① 둘째　　② 셋째　　③ 넷째　　④ 다섯째

32. 애굽 땅이면서 넷째 재앙부터 임하지 않도록 하나님께서 구별한 땅은?(8:22)

33. 애굽 땅이면서 이스라엘이 거주하는 고센 땅에 임하지 않은 재앙은?(8:22)
   ① 피　　② 개구리　　③ 이　　④ 파리

34. 바로가 모세와 아론을 불러 애굽에서 하나님께 제사를 드리라는 말에 모세가 어느 재앙 때 부당함을 말하였는가?(8:25~26)
   ① 개구리　② 이　　③ 파리　　④ 메뚜기

35. 여덟째 재앙 때 여호와께서 어느 쪽 바람을 일으켜 메뚜기를 불러 드렸는가?(10:13)
   ① 동풍　　② 서풍　　③ 남풍　　④ 북풍

36. 이스라엘이 거주하고 있는 고센 땅에 빛이 있던 재앙은 몇 번째인가?(10:23)
   ① 여섯　　② 일곱　　③ 여덟　　④ 아홉

37. 유월절 절기의 제정은 몇 장에 기록되었는가?

   참고 : 유월절 절기가 기록된 곳
   1. 레 23:4~8 2. 민 28:16~25 3. 신 16:1~8

---

31. ②　32. 고센　33. ④　34. ③　35. ①　36. ④　37. 12장

38. 유월절 제정 내용이 <u>틀린</u> 것은?(12:1~11)
　　① 해의 첫 달 열흘에 어린양을 잡는다.
　　② 해의 첫 달 열나흗날까지 간직하였다가 해 질 때에 잡는다.
　　③ 그 밤에 고기를 불에 구워 무교병과 쓴 나물과 아울러 먹는다.
　　④ 아침까지 남겨두지 말며 아침까지 남은 것은 땅에 묻는다.

참고 : 유월절 제정

내　　　　　　용	먹는 모습
1. 해의 첫 달이 되어야 한다. 2. 해의 첫 달 열흘에 어린양을 잡는다. 　1) 각 가족대로 그 식구를 위하여 잡는다. 　2) 식구가 너무 적으면 그 집의 이웃과 함께 사람 수를 따라서 　　하나를 잡는다. 　3) 각 사람이 먹을 수 있는 분량에 따라서 어린양을 계산한다. 　4) 흠 없고 일년 된 수컷으로 양이나 염소 중에 취한다. 4. 해의 첫 달 열나흗날까지 간직하였다가 해 질 때에 잡는다. 5. 피를 양을 먹을 집 좌우 문설주와 인방에 바른다. 6. 그 밤에 고기를 불에 구워 무교병과 쓴 나물과 아울러 먹는다. 　1) 날것으로나 물에 삶아서 먹지 않는다. 　2) 머리와 다리와 내장을 다 불에 구워 먹는다. 7. 아침까지 남겨두지 말며 아침까지 남은 것은 불사른다.	1. 허리에 띠를 띠고 2. 발에 신을 신고 3. 손에 지팡이를 잡고 4. 급히 먹는다.

39. 어린양을 잡을 때의 방법으로 옳지 <u>않은</u> 것은?(12:4~5)
　　① 각 가족대로 그 식구를 위하여 잡는다.
　　② 식구가 너무 적으면 그 집의 이웃과 함께 사람 수를 따라서 하나를 잡는다.
　　③ 각 사람이 먹을 수 있는 분량에 따라서 어린양을 계산한다.
　　④ 흠 없고 일년 된 암컷으로 양이나 염소 중에 취한다.

---

38. ④　39. ④

40. 먹는 모습으로 바르지 <u>못한</u> 것은?(12:11)
    ① 허리에 띠를 띠고 먹는다.   ② 발에 신을 신고 먹는다.
    ③ 천천히 먹는다.   ④ 손에 지팡이를 잡고 먹는다.

41. 무교병을 <u>얼마 동안</u> 먹어야 하는가?(12:15)
    ① 이레   ② 두 이레   ③ 세 이레   ④ 네 이레

42. 첫날부터 일곱째 날까지 <u>무엇</u>을 먹는 자는 이스라엘에서 끊어진다
고 하셨나?(12:15)

43. 무교절을 지키는 이레 중에 <u>몇째 날과 몇째 날</u>이 성회가 된다고 하
셨나?(12:16)
    ① 첫째 날, 셋째 날   ② 셋째 날, 일곱째 날
    ③ 첫째 날, 다섯째 날   ④ 첫째 날, 일곱째 날

44. 유월절 양을 잡고 그릇에 담은 피를 <u>무슨</u> 묶음에 적셔서 문인방과
좌우 문설주에 뿌렸는가?(12:22)

45. 유월절 절기와 관련이 있는 재앙은 <u>몇 번째</u>인가?(12:27)
    ① 일곱   ② 여덟   ③ 아홉   ④ 열

46. 이스라엘이 애굽 땅에서 나와 처음으로 이른 <u>곳</u>은?(12:37)
    ① 라암셋   ② 숙곳   ③ 가나안   ④ 시내산

---

40. ③ 41. ① 42. 유교병 43. ④ 44. 우슬초 45. ④ 46. ②

47. 이스라엘에서 나온 장정의 수는?(12:37)

　　① 오십만 명　　② 육십만 명　　③ 칠십만 명　　④ 팔십만 명

48. 이스라엘 자손이 애굽에 거한지 몇 년 만에 나왔는가?(12:40~41)

　　① 사백 년 ② 사백삼십 년 ③ 사백오십 년 ④ 오백 년

49. 유월절 규례가 아닌 것은?(12:43~51)

　　① 할례 받은 이방인　　　② 할례 받은 거류인
　　③ 할례 받지 않은 본토인　　④ 할례 받은 타국인

참조 : 유월절 규례
1. 이방 사람은 먹지 못한다.
2. 돈으로 산 종은 할례를 받은 후에 먹는다.
3. 거류인과 타국 품꾼은 먹지 못한다.
4. 한 집에서 먹되 고기를 조금도 집 밖으로 내지 말고 뼈도 꺾지 말라.
5. 타국인의 모든 남자는 할례를 받은 후 지킨다.
6. 이방인도 할례를 받은 후 지킨다.

50. 이스라엘이 애굽에서 몇 월에 나왔는가?(13:4)

　　① 아빕 월　　② 이야르 월　　③ 시완 월　　④ 담무스 월

참조 : 히브리 월력
1. 니산 월(포로기 전에는 아빕 월) - 1 월(현대의 양력으로는 3월이다)
2. 이야르 월 - 2월　　　　　3. 시완 월 - 3월
4. 담무스 월 - 4월　　　　　5. 압 월 - 5월
6. 엘룰 월 - 6월　　　　　　7. 타쉬리 월 - 7월
8. 마르헤쉬안 월 - 8월　　　9. 기슬로 월 - 9월
10. 데벳 월 - 10월　　　　　11. 스밧 월 - 11월
12. 아달 월 - 12월

---

47. ② 48. ② 49. ③ 50. ①

51. 이스라엘 자손이 애굽에서 나올 때에 모세는 <u>누구</u>의 유골을 가지고 나왔나?(13:19)
    ① 아브라함   ② 이삭   ③ 야곱   ④ 요셉

52. 애굽에서 나온 이스라엘 백성들의 뒤를 따르던 바로의 선발된 병거는 <u>몇 대</u>였나?(14:7)
    ① 오백   ② 육백   ③ 칠백   ④ 팔백

53. 이스라엘 백성들이 홍해를 앞에 두고 광야에서 죽게 한다고 모세에게 원망하던 <u>곳은</u>?(14:9~11)
    ① 라암셋   ② 숙곳   ③ 가나안   ④ 비하히롯

54. 바로의 병거와 그의 군대를 바다에 던진 홍해의 일로 모세와 이스라엘 사람들이 노래한 것은 <u>몇 장</u>에 기록되었는가?
    ① 13장   ② 14장   ③ 15장   ④ 16장

55. 아론의 누이로 여선지자의 <u>이름</u>은?(15:20)
    ① 미리암   ② 드보라   ③ 훌다   ④ 노야다

참조 : 여선지자
1. 랍비돗의 아내 사사 드보라 (삿 4:4~11) 2. 이사야의 아내
3. 살룸의 아내 훌다(왕하 22:14) 4. 노아댜(느 6:14)
5. 안나(눅 2:36) 6. 빌립의 딸(행 21:9) 등이 있다.

56. 아래는 <u>누가</u> 부른 화답의 노래인가?(15:21)

---

51. ④ 52. ② 53. ④ 54. ③ 55. ①

"너희는 여호와를 찬송하라 그는 높고 영화로우심이요 말과 그 탄 자를 바다에 던지셨음이로다"

① 노아　　② 모세　　③ 미리암　　④ 여호수아

참조 : **여자들의 노래**
1. 사무엘의 어머니 한나의 노래(삼상 2:1~10)
2. 드보라의 노래(삿 5:1~31)
3. 세례요한의 어머니 엘리사벳의 노래(눅 1:39~45)
4. 마리아의 노래(눅 1:46~55) 등이 있다.

57. 이스라엘 백성들이 수르 광야로 들어가서 사흘 길을 걸었으나 물이 써서 마시지 못하여 모세를 원망하였던 곳은?(15:22~26)

① 숙곳　　② 마라　　③ 엘림　　④ 르비딤

58. 물 샘 열 둘과 종려나무 일흔 그루가 있는 곳은?(15:27)

59. 하늘에서 양식을 비 같이 내림으로 만나와 메추라기를 어느 광야에 서 먹었는가?(16:1~4)

60. 메추라기와 만나를 거두는 방법이 아닌 것은?(16:13~27)
① 한 사람에 한 오멜씩 거두라
② 아침까지 남겨두지 말라
③ 여섯째 날에는 두 오멜을 거두라
④ 일곱째 날에는 세 오멜을 거두라

참조 : **오멜**
에바의 십분의 일에 해당하는 것으로 곡식의 건량 2.3 리터의 분이다.

---

56. ③　57. ②　58. 엘림　59. 신 광야　60. ④

61. 깟씨 같이 희고 맛은 꿀 섞은 과자 같은 것은?(16:31)

62. 이스라엘 백성들이 모세를 원망하던 곳이 아닌 것은?
　　① 비하히롯　　② 마라　　③ 엘림　　④ 신광야

참조 : 모세를 원망하던 곳

장 소	내　　　　용
비하히롯	홍해 바다를 앞에 두고 뒤에서 애굽 군대가 따라오자 모세를 원망하며 애굽의 생활을 그리워 한 곳(14:1~14).
마라	수르 광야에 들어가서 사흘 길을 걸었으나 물을 얻지 못하고 얻었으나 써서 마시지 못함으로 모세를 원망하였고, 모세는 한 나뭇가지를 던져 단물로 변하게 한 곳(15:22~25).
신광야	애굽에서 고기와 떡을 먹었을 때를 회상하면서 모세를 원망하자 하나님께서 만나와 메추라기를 하늘로부터 내려 주신 곳(16:1~36).
르비딤	마실 물이 없어 모세를 원망하고 여호와를 시험하였던 곳으로, 맛사 또는 므리바라 부른 곳(17:1~16)
시내산	모세가 하나님의 부르심으로 산에 올라가 더디 내려옴으로 금송아지를 만들어 우상숭배를 하여 하나님의 진노를 받은 곳(32:1~10)

63. 이스라엘 자손이 몇 년 동안 만나를 먹었는가?(16:35)
　　① 십 년　　② 이십 년　　③ 삼십 년　　④ 사십 년

64. 호렙 산에 있는 반석을 쳐 물이 나오게 하고 그 곳을 이스라엘 자손이 다투었음이요 또는 여호와를 시험하였던 곳이라 하여 무엇이라고 불렀는가?(17:6~7)

65. 이스라엘은 르비딤에서 누구와 싸움을 하였는가?(17:8)
　　① 모압　　② 아말렉　　③ 에돔　　④ 가나안

61. 만나 62. ③ 63. ④ 64. 맛사(므리바) 65. ②

66. 모세가 손을 들면 이스라엘이 이기고 내리면 아말렉이 이김으로 좌우에서 모세의 손을 붙들어 올린 두 사람은?(17:11~12)

67. 모세가 이곳에 제단을 쌓고 무엇이라고 불렀나?(17:15)
① 여호와 이레 ② 여호와 삼마 ③ 여호와 살롬 ④ 여호와 닛시

68. 모세의 장인 이드로가 작은 일은 스스로 재판하도록 백성의 우두머리를 삼도록 제안 한 것이 아닌 것은?(18:24~26)
① 천부장 ② 백부장 ③ 오십부장 ④ 부장

69. 백성을 재판하는 부장들의 자격이 아닌 것은?(18:21)
① 능력 있는 사람들 ② 하나님을 두려워하는 사람들
③ 성실한 사람들 ④ 불의의 이익을 미워하는 사람들

70. 이스라엘 자손이 애굽 땅을 떠난 지 몇 개월에 시내 광야에 이르렀는가?(19:1)
① 삼 개월 ② 사 개월 ③ 오 개월 ④ 육 개월

참조 : 출애굽의 여정 지명과 내용

순서	여 정	내 용
1	라암셋	출발.
2	숙곳	출애굽하여 처음 이른 곳, 유월절 규례, 무교절, 요셉의 유골을 가지고 나옴.
3	에담	구름 기둥과 불 기둥이 떠나지 않음.

---

66. 아론, 훌 67. ④ 68. ④ 69. ③ 70. ①

순서	여 정	내 용
4	비하 히롯	바알스본 맞은편 바닷가, 바로가 병거 육백 대로 추격, 두려워하며 여호와께 부르짖음, 광야에서 죽게 한다고 모세에게 처음으로 원망, 홍해를 가름, 바다가 다시 합쳐져 애굽의 군사 모두 죽음, 모세와 이스라엘 자손이 노래함, 미리암이 노래함.
5	수르광야	사흘 길을 걷지만 물을 얻지 못함.
6	마라	물이 써서 마시지 못함, 쓴 물을 모세가 한 나무 가지를 던져 달게 함.
7	엘림	물 샘 열 둘과 종려나무 일흔 그루 있음.
8	신광야	애굽에서 나온 지 둘째 달 십오일, 주려 죽게 한다고 모세와 아론을 원망함, 애굽 땅에서 고기와 떡을 먹었던 것을 그리워함, 메추라기와 만나를 주심, 만나 항아리를 간수하라 하심.
9	르비딤	마실 물이 없어 모세와 다툼, 모세가 여호와를 시험한다고 책망함, 호렙산에 있는 반석을 쳐 물을 냄, 맛사 또는 므리바라 부름, 아말렉과 싸움, 모세의 손이 올라가면 이김, 아론과 훌이 모세의 손을 들어 올림, 이곳을 여호와 닛시라 함, 모세의 장인 이드로의 방문, 이드로가 재판장 세울 것을 제안함.
10	시내 광야	애굽을 떠난 지 삼 개월 됨, 하나님께서 시내 산에 오심, 시내 산으로 모세를 부르심, 십계명, 제단의 법, 종에 관한 법, 폭행에 관한 법, 배상에 관한 법, 공평에 관한 법, 안식년과 안식일에 관한 법, 세 가지 절기에 관한 법, 성소 건축에 관한 것들, 성막에 관한 것들, 제사장에 관한 것들, 금송아지 만듦, 십계명 돌판 깨트림, 우상숭배자 삼천 명 죽음, 모세의 기도 등이 있다.

71. 우레와 번개와 빽빽한 구름이 산 위에 있고 나팔 소리가 크게 들리며 여호와께서 모세를 부른 산은?(19:16~20)

① 시내 산   ② 호렙 산   ③ 호르 산   ④ 에발 산

72. 십계명은 몇 장에 기록되었는가?

참조: 신명기에는 5장에 기록되었다.

73. "나 외는 다른 신들을 네게 두지 말라"는 계명은 몇 번째 계명인가?(20:3)

① 첫 번째   ② 두 번째   ③ 세 번째   ④ 네 번째

71. ① 72. 20 장 73. ①

74. "안식일을 기억하여 거룩하게 지키라"는 계명은 <u>몇 번째</u> 계명인가?
(20:8)
　① 첫 번째　② 두 번째　③ 세 번째　④ 네 번째

75. 마지막 열 번째 <u>계명</u>을 써라(20:17)

76. 인간과 인간과의 관계는 <u>몇 번째</u> 계명에서부터 인가?
　① 네 번째　② 다섯 번째　③ 여섯 번째　④ 일곱 번째

참조 : 십계명의 구분

구 분	순 서	계 명
하나님과 인간과의 관계	첫 번째 계명	나 외에는 다른 신들을 두지 말라
	두 번째 계명	우상을 만들지 말라
	세 번째 계명	여호와의 이름을 망령되게 부르지 말라
	네 번째 계명	안식일을 기억하여 거룩하게 지키라
인간과 인간과의 관계	다섯 번째 계명	부모를 공경하라
	여섯 번째 계명	살인하지 말라
	일곱 번째 계명	간음하지 말라
	여덟 번째 계명	도둑질하지 말라
	아홉 번째 계명	거짓 증거하지 말라
	열 번째 계명	이웃의 소유를 탐내지 말라

77. 종에 관한 법에서 히브리 종이 <u>몇 년</u>이 되어 자유인이 되는가?(21:2)
　① 오 년　　② 육 년　　③ 칠 년　　④ 팔 년

78. 폭행에 관한 법에서 죽임을 면하지 못하는 것이 <u>아닌</u> 것은?(21:12~17)
　① 고의로 이웃을 죽인 자　　② 아버지나 어머니를 저주하는 자
　③ 아버지나 어머니를 치는 자　④ 임신한 여인을 낙태시킨 자

---

74. ④　75. 네 이웃의 소유를 탐내지 말라　76. ②　77. ③　78. ④

79. 배상에 관한 법에서 <u>틀린</u> 것은?(22:1~6)
  ① 소 한 마리를 도둑질하여 잡거나 팔면 다섯 마리로 갚는다.
  ② 양 한 마리를 도둑질하여 잡거나 팔면 네 마리로 갚는다.
  ③ 도둑질 한 것이 살아 그의 손에 있으면 갑절을 배상한다.
  ④ 곡식이나 밭을 태우면 불 놓은 자가 갑절을 배상한다.

80. 도덕에 관한 법에서 <u>틀린</u> 것은?(22:16~25)
  ① 무당을 살려두지 말라.
  ② 짐승과 행음하는 자는 반드시 죽인다.
  ③ 내 백성의 가난한자에게 돈을 꾸어주면 적당한 이자를 받아라.
  ④ 여호와 외에 다른 신에게 제사하는 자는 멸한다.

81. 하나님께서 <u>누구</u>의 부르짖음을 반드시 듣는다고 하셨나?(22:23)

82. 공평에 관한 법에서 <u>틀린</u> 것은?(23:6~9)
  ① 가난한 자의 송사를 이기게 하라.
  ② 무죄한 자와 의로운 자를 죽이지 말라.
  ③ 뇌물을 받지 말라.
  ④ 이방 나그네를 압제하지 말라.

83. 안식년은 <u>몇째</u> 해를 말하는 것인가?(23:11)
  ① 삼 년   ② 칠 년   ③ 칠십 년   ④ 오십 년

84. 이스라엘이 매년 세 번 지켜야 할 절기가 <u>아닌</u> 것은?(23:14~16)
  ① 무교병의 절기   ② 맥추절   ③ 유월절   ④ 수장절

---

79. ④ 80. ③ 81. 과부, 고아 82. ① 83. ② 84. ③

참조 : 각 절기의 의미

절 기	의 미
무교병의 절기	유월절 다음 날인 1월 15일부터 21일까지 7일간 지키는 것으로 출애굽을 기념하는 것이다.
맥추절	무교절이 끝난 후 49일이 지난 다음 50일째에 지키는 것으로, 이 명칭은 추수한 보리의 처음 것을 바치기 때문에 생긴 것이다. 칠칠절, 오순절, 초실절이라고도 한다.
수장절	이 절기는 7월 15일부터 22일까지 8일간 지키는 것으로 광야에서 장막에 거하던 일을 기억하기 위한 것이다. 장막절, 초막절이라고도 한다.

85. 이스라엘이 지켜야 할 세 절기 중 애굽에서 나온 것을 기념하는 절기는?(23:15)

86. 하나님께서 왕벌을 보내어 가나안에서 쫓아내겠다는 족속이 아닌 것은?(23:28)

① 히위 족속   ② 가나안 족속   ③ 헷 족속   ④ 아모리 족속

87. 모세와 함께 시내 산에 오른 사람들이 아닌 것은?(24:1)

① 아론   ② 훌   ③ 나답   ④ 아비후

88. 모세와 함께 시내 산에 올라간 사람의 총 수는?(24:1)

① 칠십 명   ② 칠십일 명   ③ 칠십이 명   ④ 칠십삼 명

89. 모세는 시내 산에 올라 며칠 몇 야 있었는가?(24:18)

① 30   ② 40   ③ 50   ④ 60

85. 무교병의 절기 86. ④ 87. ② 88. ④ 89. ②

90. 성소를 지을 예물 중 지정해 준 광물이 <u>아닌</u> 것은?(25:3)
    ① 금   ② 은   ③ 구리   ④ 놋

91. 증거궤는 <u>무엇</u>으로 만들었는가?(25:10)
    ① 순금   ② 백향목   ③ 조각목   ④ 잣나무

    참조 : 조각목
    시타(단수) '쉬팀' (복수)로 싯딤나무, 아카시아 나무이다. 이 나무는 건조한 지역에서 무성하게 자라는데 6~7m 까지 자란다.

92. 증거궤의 제도가 <u>아닌</u> 것은?(25:10)
    ① 길이 두 규빗 반   ② 너비 한 규빗 반
    ③ 높이 한 규빗 반   ④ 층 이층

93. 순금으로 만든 것이 <u>아닌</u> 것은?(25:17, 29, 31)
    ① 증거판   ② 등잔대   ③ 속죄소   ④ 병과 붓는 잔

94. 등잔대의 여섯 줄기에는 <u>무슨</u> 형상이 들어가게 만들었는가?(25:33)
    ① 불   ② 비둘기   ③ 포도나무   ④ 살구꽃

95. 성막을 만드는데 사용한 실이 <u>아닌</u> 것은?(26:1)
    ① 베 실   ② 백색 실   ③ 청색 실   ④ 홍색 실

    참조 : 성막
    성막은 베 실, 청색 실, 자색 실, 홍색 실로 그룹을 정교하게 수놓은 열 폭의 휘장으로 크게 성막, 성막을 덮는 막(염소 털로 만든다), 막의 덮개(붉은 물들인 숫양의 가죽), 윗덮개(해달의 가죽)의 4 중으로 되어 있다.

---

90. ③ 91. ③ 92. ④ 93. ① 94. ④ 95. ②

96. 성막을 덮는 막들의 재료로 <u>잘못</u> 짝지어진 것은?(26:7, 14)

　① 성막을 덮는 막 - 염소 털　② 막의 덮개 - 숫양의 가죽

　③ 윗덮개 - 해달의 가죽　　　④ 윗덮개의 막 - 수소의 가죽

97. 성막을 위하여 조각목 널판은 모두 <u>몇 개</u>를 만들었는가?

　① 마흔 개　② 마흔다섯 개　③ 마흔여덟 개　④ 오십 개

참조 : 조각목 수
1. 남쪽 - 스무 개(26:18)　　　2. 북쪽 - 스무 개(26:20)
3. 서쪽 - 여섯 개(26:22)　　　4. 모퉁이 쪽 - 두 개(26:23)

98. 지성소에 <u>있는</u> 것은?(26:33~34)

　① 등대　　　② 상　　　③ 증거궤　　　④ 진설병

참조 : 지성소
성막 안을 양털로 짠 휘장을 쳐서 성소와 지성소로 구분하고 성소에는 등대, 상, 진설병 등이 있고 지성소에는 금향로, 증거궤가 있으며 그 안에는 만나를 담은 금항아리, 아론의 싹난 지팡이, 모세 십계명의 두 돌판이 있었다. 성소에는 제사장들이 항상 들어갈 수 있지만, 지성소에는 대제사장만이 일년에 한번 속죄일에 들어갈 수 있었다.

99. 휘장 문을 위하여 조각목으로 기둥 <u>몇 개</u>를 만들었는가?(26:37)

　① 세 개　　　② 네 개　　　③ 다섯 개　　　④ 여섯 개

100. 다음 중 조각목으로 만들지 <u>않은</u> 것은?

　① 증거궤　② 진설병을 두는 상　③ 휘장 문기둥　④ 등잔대

96. ④　97. ③　98. ③　99. ③　100. ④

101. 등대의 등불은 <u>무슨</u> 기름을 사용하는가?(27:20)

　　① 염소의 기름　② 소의 기름　③ 감람 기름　④ 양의 기름

102. 등대의 등불은 <u>누구</u>와 그의 아들들이 관리하는가?(27:21)

　　① 모세　　② 아론　　③ 훌　　④ 여호수아

103. 제사장을 위하여 지을 옷이 <u>아닌</u> 것은?(28:4)

　　① 두루마기　　② 흉패　　③ 겉옷　　④ 관

104. 제사장의 옷인 에봇을 만들기 위하여 쓰여진 실이 <u>아닌</u> 것은?(28:5)

　　① 금 실　　② 청색 실　　③ 홍색 실　　④ 백색 실

참조 : 제사장 옷 제조 방법

옷 종류	제 조 방 법
에봇	조끼의 모양으로 금 실, 청색 실, 자색 실, 홍색 실, 베실을 사용하여 짜며, 그 위에 호마노 두 개를 각각에 이스라엘 아들들의 이름을 여섯씩 새겨 만든다.
흉패	에봇과 같은 실들로 네 줄로 만들고 각 줄마다 세 가지의 보석을 박아 열두 개의 보석에 열두 지파의 이름을 새겼다. 그리고 우림과 둠밈을 넣었다.
겉옷	청색으로 갑옷 깃 같이 짜서 옷 가장자리로 돌아가며 한 금방울, 한 석류 순으로 단다. 제사장의 생사를 알 수 있는 것이다.
패	순금으로 만들어 '여호와께 성결' 이라고 새겨 관 전면에 맨다.
반포속옷	베실로 짜서 만든다.
관	베실로 짜서 만들고 띠를 수 놓는다.

101. ③　102. ②　103. ①　104. ④

105. 제사장의 옷인 에봇에 부착하는 것으로 이스라엘 아들들의 이름을
     어디에 새기는가?(28:9)

106. 판결 흉패에 네 줄의 세 개씩 달린 보석이 아닌 것은?(28:17~20)
     ① 첫째 줄 - 홍보석, 황옥, 녹주옥
     ② 둘째 줄 - 금강석, 백보석, 흑마노
     ③ 셋째 줄 - 호박, 백마노, 자수정
     ④ 넷째 줄 - 녹보석, 호마노, 벽옥

107. 제사장의 옷 판결 흉패 안에 무엇을 넣어두게 하였는가?(28:30)

     참조 : 우림과 둠밈
     흔들어 꺼내거나 땅 위에 던지는 방법으로 하나님의 판결을 얻어낼 때 사용하는 것
     을 말한다.

108. 제사장의 관 위에 청색 끈으로 매어 단 패에는 무엇이라고 쓰여 졌
     는가?(28:36~37)

109. 다음 중 만드는 재료가 서로 맞지 않은 것은?
     ① 에봇 - 금 실, 청색 실, 자색 실, 홍색 실, 베 실
     ② 흉패 - 금 실, 청색 실, 자색 실, 홍색 실, 베 실
     ③ 패 - 순금
     ④ 관 - 순금

105. 호마노 106. ② 107. 우림과 둠밈 108. 여호와께 성결 109. ④

110. 제사장 위임 식의 내용이 <u>아닌</u> 것은?(29:1~9)
    ① 어린 수소 하나와 흠 없는 숫양 둘을 택한다.
    ② 아론과 그의 아들들을 회막 문으로 데려가다 물로 씻긴다.
    ③ 유교병과 기름 섞인 유교 과자를 고운 가루로 만든다.
    ④ 아론에게 제사장 의복을 가져다가 입히고 머리에 관유를 부어
       바른다.

    참 조 : 제사장 위임식
    1. 어린 수소 하나와 흠 없는 숫양 둘을 택한다.
    2. 무교병과 기름 섞인 무교 과자와 기름 바른 무교 전병을 모두 고운 밀가루로 만든다.
    3. 과자와 전병을 한 광주리에 담아 송아지와 두 양을 함께 가져온다.
    4. 아론과 그의 아들들을 회막 문으로 데려가다 물로 씻긴다.
    5. 아론에게 제사장 의복을 가져다가 입히고 머리에 관유를 부어 바른다.
    6. 아론의 아들들을 데려다가 속옷을 입히고 띠를 띠우고 관을 씌운다.

111. 아론의 제사장 위임식 때 머리에 부은 <u>기름</u>은?(29:7)

    참조 : 관유
    제사장 위임식 때 머리에 붓는 것으로 감람유, 창포, 육계, 계피 등을 혼합하여 만든
    기름이다.

112. 제사장 위임식에 있어서 수송아지로 드리는 <u>첫 제사</u>는?(29:10~14)
    ① 속건제   ② 속죄제   ③ 화목제   ④ 요제

113. 위임식에 사용하는 제물들 중에 여호와께 드리는 거제물로 아론과
     그의 자손의 영원한 분깃은 <u>무엇</u>인가?(29:27~28)
       ① 수송아지의 가슴과 넓적다리   ② 수송아지의 가슴과 머리
       ③ 숫양의 가슴과 넓적다리   ④ 숫양의 가슴과 다리

---

110. ③ 111. 관유 112. ② 113. ③

114. 아론의 성의를 후에 아론의 아들들에게 돌릴 때 아들들은 회막에 들어가서 <u>얼마 동안</u> 성소를 섬겨야 하는가?(29:29~30)
    ① 나흘   ② 닷새   ③ 엿새   ④ 이레

115. 위임 식은 <u>얼마 동안</u> 거행되는가?(29:35)
    ① 나흘   ② 닷새   ③ 엿새   ④ 이레

116. 여호와 앞 회막 문에서 매일 드리는 제사에 일년 된 어린양이 <u>몇 마</u>리가 필요한가?(29:38)
    ① 한 마리   ② 두 마리   ③ 세 마리   ④ 네 마리

117. 성소에 있는 기물이 <u>아닌</u> 것은?
    ① 등대   ② 전설병을 두는 상   ③ 분양할 제단   ④ 증거궤

참조 : 성막 기물의 위치
1. 지성소 - 증거궤, 금향로
2. 성소 - 진설병의 상, 등대, 향단
3. 뜰 안 - 번제단, 물두멍

118. 생명의 속전은 <u>무엇</u> 때문에 하나님께 드렸는가?(30:12)
    ① 홍수   ② 전쟁   ③ 질병   ④ 기근

참조 : 속전
계수에 든 이스라엘 백성이 질병을 면하기 위하여 드리는 것이다.

114. ④ 115. ④ 116. ② 117. ④ 118. ③

119. 이스라엘 자손은 자기 생명의 속전을 얼마를 내야 하는가?(30:13)
　　① 반 세겔　　② 한 세겔　　③ 두 세겔　　④ 세 세겔

참조 : 세겔
중량을 측정하는 단위로서 약 10g에 해당하는 것으로 십 게라(0.5g) 이다.

120. 이 속전은 어느 곳에 봉사하기 위하여 쓰여 지는가?(30:16)

121. 관유에 넣는 향품이 아닌 것은?(30:23)
　　① 몰약　　　② 육계　　　③ 창포　　　④ 유향

참조 : 위의 3 가지와 계피, 감람 등 5가지다. 관유는 회막과 회막의 기구들을 발라 거룩하게 하며 제사장의 위임식에도 사용했다.

122. 거룩한 향을 만들 때 들어가는 향품이 아닌 것은?(30:34)
　　① 감람　　　② 소합　　　③ 나감　　　④ 풍자

123. 향을 만들 때 무엇을 쳐서 성결하게 하라고 하셨나?(30:35)
　　① 물　　　② 기름　　　③ 소금　　　④ 누룩

124. 회막의 기구를 만든 두 사람의 이름은?(31:2, 6)

참조 : 브살렐은 유다 지파 훌의 손자요 우리의 아들이다. 오홀리압은 단 지파 아히사막의 아들이다.

---

119. ① 120. 회막 121. ④ 122. ① 123. ③ 124. 브살렐, 오홀리압

125. 금송아지 우상 숭배를 한 백성들에게 여호와의 편에 있는 자는 내
게로 나오라 하매 모세의 곁으로 나온 자손은?(32:26)
① 시므온   ② 유다   ③ 레위   ④ 요셉

126. 레위 자손이 모세의 말대로 행하매 이 날에 몇 명이 죽임을 당했
나?(32:28)
① 천 명   ② 이천 명   ③ 삼천 명   ④ 사천 명

127. 밑줄 친 사람은 누구를 말하는 것인가?(32:32)
"이제 그들의 죄를 사하시옵소서 그렇지 아니하시오면 원하건대
주께서 기록하신 책에서 내 이름을 지워 버려 주옵소서"
① 노아   ② 아브라함   ③ 모세   ④ 여호수아

128. 이스라엘 백성이 호렙 산에서부터 떼어 낸 것은?(33:6)

129. 사람이 자기의 친구와 이야기함 같이 여호와와 대면하여 이야기를
나누었을 뿐 아니라 여호와의 등을 본 사람은?(33:11, 23)

130. 여호와와 대면하여 이야기를 하던 모세는 진으로 돌아왔으나 회막
을 떠나지 않은 사람은?(33:11)
① 아론   ② 훌   ③ 여호수아   ④ 갈렙

131. 모세가 돌판 둘을 처음 것과 같이 깎아 두 번째 돌 판을 만들어 시
내 산에 올랐을 때 인자를 몇 대까지 베푼다고 하셨나?(34:7)

---

125. ③ 126. ③ 127. ③ 128. 장신구 129. 모세 130. ③ 131. 천대

132. 아버지의 악행을 자손 <u>몇</u> 대까지 보응하신다고 하셨나?(34:7)

133. 가나안에 들어가서 제단을 헐고 깨뜨리고 찍어야 할 것은 <u>무엇</u>인가?(34:13)

134. 여호와께서 다른 신들에게 절하지 말라 하시며 <u>어떤</u> 하나님이라고 말씀 하셨나?(34:14)

135. 모세가 시내 산에서 내려왔으나 아론과 이스라엘 자손들이 가까이 하기를 두려워한 이유는?(34:30-35)
  ① 머리에 뿔이 있어서　　　② 눈에 불이 있어서
  ③ 얼굴 피부에 광채가 나서　　④ 옷이 빛나서

136. 성막 곧 증거막을 위하여 레위 사람이 쓴 재료의 물목은 제사장 아론의 아들 <u>누가</u> 모세의 명령대로 계산하였는가?(38:21)

137. 성전을 지을 때 이십 세 이상으로 계수된 자는 모두 <u>몇</u> 명인가?(38:26)
  ① 오십만 삼천오백 오십 명　　② 육십만 삼천오백 오십 명
  ③ 칠십만 삼천오백 오십 명　　④ 팔십만 삼천오백 오십 명

138. 출애굽기는 모두 <u>몇</u> 장으로 기록되었는가?

---

132. 삼사 대 133. 주상, 아세라 상 134. 질투의 하나님 135. ③
136. 이다말 137. ② 138. 40장

레 위 기

레위기 개요

1. 기록자

   모세

2. 기록연대

   B.C. 1450~1400년 사이

3. 기록장소

   일반적으로 보수주의 신학자들은 모세가 시내산에 머무는 동안 이 계시를 받았다고 생각한다.

4. 기록대상

   이스라엘 백성

5. 핵심어 및 내용

> 레위기의 핵심어는 '성별', '거룩' 등이다. 레위인들 가운데에서 특별히 제사장들은 온전한 예배를 위하여 구별되었고 모든 백성들에게 거룩한 삶의 본보기를 보여 주기 위하여 성별 되었다.

각 장의 내용들

1장
  1. 서언(1~2)
  2. 소의 번제(3~9)
  3. 양과 염소의 번제(10~13)
  4. 새의 번제(14~17)
2장
  1. 고운 가루의 소제(1~3)
  2. 구운 것의 소제(4~13)
  3. 첫 이삭의 소제(14~16)
3장
  1. 소의 화목제(1~5)
  2. 양의 화목제(6~11)
  3. 염소의 화목제(12~17)
4장
  1. 서언(1~2)
  2. 제사장을 위한 속죄제(3~12)
  3. 온 회중의 속죄제(13~21)
  4. 족장의 속죄제(22~26)
  5. 평민의 속죄제(27~35)
5장
  1. 증인, 부정, 맹세에 대한 속건제(1~6)
  2. 양을 드리지 못할 경우의 속건제물(7~13)
  3. 성물에 대한 속건제(14~16)
  4. 여호와의 금령 중 하나를 어긴 경우의 속건제(17~19)

6장

    1. 타인 재산의 배상과 속건제(1~7)

    2. 번제, 소제 제사 규례(8~30)

7장

    1. 속건제 규례(1~10)

    2. 화목제 규례(11~36)

    3. 명한 날에 제사를 드리라(37~38)

8장

    1. 제사장의 성별법(1~13)

    2. 속죄제(14~17)

    3. 번제(18~21)

    4. 위임식 수양을 드림(22~29)

    5. 위임식이 마치는 날까지 지킬 것(30~36)

9장

    1. 아론과 백성들을 속죄하라는 여호와의 명령(1~7)

    2. 자신을 위해 제사를 드린 아론(8~14)

    3. 백성들을 위해 제사를 드린 아론(15~21)

    4. 아론의 축복과 여호와의 불(22~24)

10장

    1. 첫 제사장의 죽음(1~7)

    2. 제사장은 포도주와 독주를 금할 것(8~11)

    3. 제사장이 소제, 화제, 요제의 제물 먹는 법(12~15)

    4. 엘르아살과 이다말의 실수(16~20)

11장

    1. 먹을 만한 정결한 짐승(1~3)

    2. 먹지 못하는 부정한 짐승(4~8)

    3. 먹을 수 있는 물고기(9)

    4. 먹지 못 하는 물고기(10~12)

    5. 먹지 못할 새(13~19)

    6. 먹을 곤충과 먹지 못할 곤충(20~23)

    7. 부정한 것을 만질 때 부정하게 됨(24~40)

    8. 땅에 기어다니는 부정한 것(41~43)

    9. 너희 몸을 구별하라(44~47)

12장

    1. 산모가 부정한 기간(1~5)

    2. 산모의 정결법(6~8)

13장

    1. 나병에 관한 규례

    2. 사람에게 발생한 나병 판별법(1~46)

    3. 옷에 발생한 나병 판별법(47~59)

14장

    1. 나병자의 정결 의식(1~9)

    2. 하나님께 드릴 정결 제물들(10~32)

    3. 집에 생긴 나병(33~53)

    4. 나병에 대한 결론(54~57)

15장

    1. 남자의 유출병과 속죄법(1~15)

    2. 설정한 자의 부정(16~18)

    3. 여자의 유출병과 속죄법(19~30)

    4. 유출병에 대한 결론(30~33)

16장

    1. 속죄소에 대한 명령(1~2)

    2. 성소에 들어 갈 아론이 준비할 것들(3~5)

    3. 아론의 가족과 자신을 위한 속죄 제사(6~14)

  4. 제사 후에 할 것(23~28)

  5. 속죄일을 영원히 지키라(29~34)

17장

  1. 회막문으로 끌어다가 제사를 드릴 것(1~7)

  2. 제사로 인해 백성 중에서 끊쳐질 자(8~9)

  3. 피를 먹음으로 백성 중에서 끊쳐질 자(10~14)

  4. 죽은 짐승을 먹음으로 부정케 될 것(15~16)

18장

  1. 이방인의 관습을 좇지 말라(1~5)

  2. 근친 상간 금지(6~18)

  3. 동성연애 및 우상숭배 금지(19~30)

19장

  1. 너희는 거룩하라는 명령(1~2)

  2. 부모를 경외하고 안식일 성수(3)

  3. 화목제 희생 제물을 먹는 법(5~8)

  4. 도둑질과 거짓말을 말라(11~12)

  5. 이웃 압제, 늑탈, 품군의 삯, 귀먹은 자 저주, 소경 앞에 장애물 놓지 말라(13~14)

  6. 재판관이 지킬 규례, 재판을 공의로 하라(15~16)

  7. 이웃을 미워하지 말고 견책하라(17~18)

  8. 종자 혼합 및 두 재료로 직조한 옷을 입지 말라(19)

  9. 주인과 속량 되지 못한 종 사이의 음행에 대한 규례(20~22)

  10. 과목을 심어 먹는 규례(23~25)

  11. 이방 풍속을 따르지 말라(26~28)

  12. 딸을 기생이 되게 말라(29)

  13. 안식일과 성소 귀히 여기라(30)

  14. 신접한 자와 박수를 믿지 말라(31)

15. 노인을 공경, 하나님을 경외하라(32)

16. 타국인을 자기 같이 사랑하라(33~34)

17. 재판과 도량형을 공평히 하라(35~36)

18. 모든 규례와 법도를 지켜 행하라(37)

20장

1. 죽음에 처할 죄(1~5,9)

2. 백성 중에서 끊어질 죄(6~8)

3. 금지된 성 범죄(10~21)

4. 이방 풍속을 좇지 말고 거룩 하라(22~27)

21장

1. 제사장이 지킬 것(1~9)

2. 대제사장이 지킬 것(10~15)

3. 육체에 흠이 있는 자녀는 제단에 가까이 못함(16~24)

22장

1. 제사장들이 성물을 가까이 하지 못하는 경우(1~9)

2. 성물을 먹을 자와 먹지 못할 자(10~13)

3. 성물을 더럽힌 죄에 대한 처벌(14~16)

4. 온전한 제물(17~25)

5. 하나님의 계명을 지켜 행하라(31~33)

23장

1. 성회공포와 안식일(1~3)

2. 유월절과 무교절(4~8)

3. 초실절(9~14)

4. 오순절(15~22)

5. 나팔절(23~25)

6. 속죄일(26~32)

7. 초막절(33~44)

24장

    1. 회막 안 등잔에 불을 항상 켜 놓을 것(1~4)

    2. 떡 12덩이를 순결한 상 위에 진설 할 것(5~9)

    3. 여호와의 이름을 훼방한 자를 죽일 것(10~16)

    4. 살인과 상해에 대한 처벌(17~23)

25장

    1. 땅의 안식년(1~7)

    2. 희년제도(8~22)

    3. 부동산에 대한 희년(23~38)

    4. 품군과 우거하는 자에 대한 희년(39~55)

26장

    1. 우상숭배 금하라(1)

    2. 순종에 대한 축복(2~13)

    3. 불순종에 대한 형벌(14~39)

    4. 경고와 약속(40~46)

27장

    1. 사람의 서원에 관한 규례(1~13)

    2. 가옥과 토지에 관한 규례(14~25)

    3. 헌납된 예물과 십일조에 관한 규례(26~34)

3. 레위기

1. 다음은 <u>어떤</u> 제사를 말하는 것인가?(1:3~17)
   - 숫소의 내장과 정강이를 물로 씻어 전부를 불살라 드린다.
   - 숫양이나 숫염소의 내장과 정강이를 물로 씻어 전부를 불살라 드린다.
   - 산비둘기나 집비둘기 새끼로 모이 주머니와 더러운 것을 제거하여 제단 동쪽 재 버리는 곳에 던지고 불살라 드린다.

2. 번제에 쓰이는 제물이 <u>아닌</u> 것은?(1:3~17)
   ① 수소   ② 숫양   ③ 숫염소   ④ 들비둘기

   참조 : 번제의 제물
   소, 양, 염소의 수컷들과 산비둘기, 집비둘기다.

3. 소제의 종류가 <u>아닌</u> 것은?(2:1~7)
   ① 화덕에 구운 것   ② 철판에 부친 것
   ③ 볶은 것   ④ 가루로 드리는 것

   참조 : 소제의 종류
   5대 제사 중 피 없는 제사로 곡식으로 드리는 것으로 위의 것과 냄비의 것으로 4가지가 있다.

4. 소제물에 넣지 말아야하는 <u>두 가지</u>는?(2:11)

---

1. 번제 2. ④ 3. ③ 4. 누룩, 꿀

5. 모든 소제물에 하나님의 언약인 <u>무엇</u>을 치라 하셨나?(2:13)

6. 볶아 찧어 드리는 소제는 <u>무엇</u>의 소제인가?(2:14)

7. 화목제로 드리는 예물이 <u>아닌</u> 것은?(3:1~17)
　① 소　　　② 양　　　③ 염소　　　④ 비둘기

8. 화목제에 있어서 <u>무엇과 무엇</u>을 먹지 말라 하셨나?(3:17)

9. 계명 중 하나라도 그릇 범하여 드리는 <u>제사</u>는?(4:2~3)
　① 번제　　　② 소제　　　③ 속죄제　　　④ 속건제

10. 속죄제를 드리는 사람들 중 <u>아닌</u> 것은?(4:2~31)
　① 왕　　② 제사장　　③ 이스라엘 온 회중　　④ 족장

　　참조 : 속죄제를 드리는 사람들과 제물들
　　1. 제사장 - 수송아지　　2. 이스라엘 온 회중 - 수송아지
　　3. 족장 - 숫염소　　　　4. 평민 - 암염소, 어린 암양

11. 속죄제를 드려야 하는 허물들이 <u>아닌</u> 것은?(5:1~6)
　① 저주하는 소리를 듣고서도 증인이 되어 알리지 않는 경우
　② 부정한 것들의 사체를 만졌을 경우
　③ 어떤 사람의 부정에 닿았을 경우
　④ 여호와의 성물에 대하여 부지중에 범죄 하였을 경우

　　참조 : 속죄제를 드리는 허물들
　　위의 3가지 외 '함부로 맹세했을 경우' 가 있다.

---

5. 소금　6. 첫 이삭의 소제　7.④　8. 기름, 피　9.③　10.①　11.④

12. 속죄제를 드려야 하지만 힘이 미치지 못하여 드리는 예물이 <u>아닌</u> 것
　은?(5:7, 11)
　① 산비둘기 두 마리　　　② 집비둘기 새끼 두 마리
　③ 어린 암양　　　　　　④ 고운 가루 십분의 일
　참조 : 10 번 문제

13. 속죄제로 드리는 예물이 <u>아닌</u> 것은?(4장, 5:7~13)
　① 수송아지　　② 숫양　　③ 숫염소　　④ 암염소
　참조 : 양으로 속죄제를 드리려면 어린 암양으로 드려야 한다.

14. 5대 제사의 종류가 <u>아닌</u> 것은?(6장~7장)
　① 번제　　　② 화제제　　　③ 속죄제　　　④ 속건제

참조 : 5 대 제사 종류

제사	내　　　용	의　　미	예물
번제	예물을 가져온 헌납자는 번제물 머리에 안수를 했다. 그리고 제단 북편에서 제물을 죽인 다음 피를 제사장에게 주었다. 헌납자는 계속하여 제물의 각을 뜨고 내장과 다리를 물로 씻어서 제사장에게 주었다. 제사장은 헌납자에게 받은 피를 제단에 뿌리고 고기들을 제단 위에서 불살랐다. 번제의 특징은 제물 모두를 불살랐다는 것이다.	우리 죄를 대신하여 십자가에 달려 죽으신 예수님의 예표이다.	소 양 염소 비둘기 종류
소제	소제는 곡식으로 드리는 제사로 유일하게 피가 없는 제사이다. 대개 다른 제사들과 함께 드렸다(민 6:17, 28:3~6). 소제에는 곡식가루 이외에 구운 것, 부친 것, 냄비의 것으로 드려졌고 누룩과 꿀을 섞을 수 없으며 반드시 소금을 쳐야 한다.	이 제사는 생명을 주신 하나님께 모든 삶을 드리는 것을 의미하며 또한 완전하신 그리스도를 의미하며 (엡 4:13), 그리스도인의 성화와 관련된 제사이다(롬 12:1).	곡식가루 구운 것 부친 것 냄비의 것

12. ③　13. ②　14. ②

제사	내　　용	의　　미	예물
화목제	드려진 제물의 콩팥과 기름만을 취하여 제단위에서 불살랐다. 다른 제사들과는 달리 바쳐진 제물의 고기를 이웃과 나누어 먹을 수 있었다. 이 제사는 주요 세 절기(무교절, 맥추절, 수장절) 때마다 드렸는데 이때는 온 백성이 성전에 모여 화목제의 음식을 나누어 먹으며 절기를 즐겼다. 예물은 암수를 구별하지 않았다.	하나님과 인간 사이, 또한 인간과 인간 사이의 화평을 위한 제사로 그리스도께서 하나님과 인간 사이의 화평과 친교를 위하여 화목 제물이 되셨다(롬 5:1).	소 양 염소
속죄제	주로 여호와의 계명을 어겼을 경우에 드렸다. 크게 네 가지로 구분할 수 있는데 1) 제사장의 속죄제 2) 온 백성의 속죄제 3) 족장의 속죄제 4) 백성 개개인의 속죄제가 있다. 제사장과 온 백성을 위한 속죄제의 경우에는 제물의 피를 성소의 휘장과 향단 뿔에 발랐으나, 족장과 백성 개인을 위한 속죄제의 경우에는 번제단의 불에만 발랐다. 속죄 제물은 콩팥과 기름만을 번제단에서 살랐다. 제사장과 온 회중을 위한 속죄제의 나머지 부분은 재 버리는 곳에서 모두 불살랐으나, 족장과 개인을 위한 속죄제의 제물은 제사장들이 먹었다. 또한 나쁜 방법으로 묵비권을 행사할 때, 부정한 것들과 접촉했을 때, 무심코 거짓 맹세를 했을 때도 드렸다.		―

15. 여호와의 성물에 대하여 부지중에 범죄하여 드리는 제사는?(5:15)
　　① 소제　　　② 화목제　　　③ 속죄제　　　④ 속건제

16. 여호와께 신실하지 못하여 범죄하면 그 본래 물건에 얼마를 더하여 돌려보내고 숫양으로 속건 제물을 드려 사함을 받는다고 하셨나? (6:2, 5, 6)
　　① 삼분의 일　② 오분의 일　③ 칠분의 일　④ 십분의 일

17. 제사의 규례에서 먹으라는 말씀이 없는 제사는?(6:8~18)
　　① 번제　　　② 소제　　　③ 화목제　　　④ 속죄제

---

15. ④　16. ②　17. ①

18. 불이 끊임이 없이 제단 위에 피워 꺼지지 않게 하는 제사는?(6:12~13)
   ① 번제　　　② 화제　　　③ 소제　　　④ 화목제

19. 아론과 그의 자손이 기름 부음을 받는 날에 항상 드리는 소제물은
   얼마인가?(6:20)
   ① 고운가루 오분의 일 에바　　② 고운가루 십분의 일 에바
   ③ 고운가루 이십의 일 에바　　④ 고운가루 삼십분의 일 에바

20. 유교병을 화목제의 감사제물과 함께 예물을 드리는 제사 방법
   은?(7:13~14)
   ① 화제　　　② 요제　　　③ 거제　　　④ 전제

참조 : 제사 방법

제 사	방　　　　　법
화제	제물을 불로 태우는 제사로 5대 제사(번제, 소제, 화목제, 속죄제, 속건제)가 사용한 방법이다. 이 중 번제는 모두 태우는 대표적 화제이다.
요제	제물을 흔들어서 드리는 방법으로 화목제의 가슴 부분의 제물을 이 방법으로 드렸다.
거제	제물을 높이 들어올렸다가 내리는 제사로 화목제의 감사제 중 유교병과 무교병 그리고 우편 뒷다리는 이 방법으로 드렸다.
전제	번제단 위에 부어서 드리는 제사로 물, 기름, 포도주를 이용하여 드렸다.

21. 화목제로 드리는 예물의 규례가 아닌 것은?(7:11~18)
   ① 감사함으로 드리는 예물　　② 서원으로 드리는 예물
   ③ 자원함으로 드리는 예물　　④ 율례대로 드리는 예물

---

18. ①　19. ②　20. ③　21. ④

22. 이스라엘 자손의 화목제물 중 <u>무엇과 무엇</u>을 제사장 아론과 그의 자손에게 주어 영원한 소득이 되게 하셨나?(7:33~34)

23. 이와 같이 제사의 규례는 여호와께서 모세에게 <u>어느</u> 산에서 명령하셨는가?(7:38)

24. 아론과 그의 아들들의 위임식은 <u>며칠</u> 동안 행하였나?(8:33)
   ① 사흘   ② 닷새   ③ 이레   ④ 열흘

25. 아론이 제사장으로 첫 제사를 드리는 순서가 <u>아닌</u> 것은?(9:8~24)
   ① 자기를 위한 속죄제   ② 번제
   ③ 백성을 위한 속죄제   ④ 족장을 위한 속죄제

   참조 : 아론이 드린 제사의 순서
   자기를 위한 속죄제 · 번제, 백성을 위한 속죄제 · 번제 · 소제 · 화목제였다.

26. 아론이 제사장으로 첫 제사를 드릴 때 가슴들과 오른쪽 뒷다리는 <u>어떤</u> 제사의 방법을 사용하였나?(9:21)
   ① 요제   ② 전제   ③ 거제   ④ 화제
   참조 : 20 번 문제

27. 여호와께서 명령하시지 않은 불을 담아 분향하다가 죽임을 당한 아론의 <u>두 아들</u>은?(10:1~2)

28. 죽임을 당한 아론의 두 아들을 메고 나간 <u>사람</u>은?(10:4)

---

22. 가슴과 오른쪽 뒷다리 23. 시내 산 24. ③ 25. ④ 26. ① 27. 나답, 아비후
28. 미사엘, 엘사반

29. 아론과 아론의 자손들이 회막에 들어갈 때 지켜야 할 영영한 규례는 무엇인가?(10:9)

30. 부정한 짐승이 아닌 것은?(11:1~30)
　　① 낙타　　　② 토끼　　　③ 돼지　　　④ 귀뚜라미

　　참조 : 정한 짐승과 부정한 짐승
　　1. 굽이 갈라져 쪽발이 되고 새김질하는 것
　　2. 강과 바다와 물에서 사는 지느러미와 비늘 있는 것
　　3. 날개가 있고 네 발로 기어 다니며 뛰는 다리가 있어 땅에서 뛰는 것 - 메뚜기, 베짱이, 귀뚜라미, 팥중이 종류
　　• 이외에 레위기에 나타난 모든 짐승과 생물들은 부정한 것으로 보면 된다.

31. 여인이 임신하여 남자 아이를 낳으면 이레 동안 부정하지만 여자 아이를 낳으면 얼마 동안 부정하는가?(12:5)
　　① 두 이레　　② 세 이레　　③ 네 이레　　④ 다섯 이레

　　참조 : 산혈이 깨끗해지는 기간
　　남자아이 낳은 여인은 33일, 여자 아이를 낳은 여인은 66일이다.

32. 5 대 제사 중 아들이나 딸을 낳은 여인이 드리는 두 제사는?(12:6)

33. 나병을 진찰하거나 판명하거나 정하다고 하는 사람은?(13:3)

34. 나병을 판명하기 위하여 의심환자를 며칠 동안 가두어 두는가?(13:4)
　　① 사흘　　　② 엿새　　　③ 이레　　　④ 여드레

_____

29. 포도주나 독주를 마시지 말라　30. ④　31. ①　32. 번제, 속죄제　33. 제사장
34. ③

35. 나병 환자를 정결하게 되는 날에 가져오는 것이 <u>아닌</u> 것은?(14:4)
　① 정결한 새 한 마리　② 백향목　③ 홍색실　④ 우슬초
　참조: 정결한 새 두 마리다.

36. 나병환자가 정결케 된 후 여덟째 날에 드리는 예물이 <u>아닌</u> 것은?(14:10)
　① 어린 숫양 두 마리　　　② 일 년 된 흠 없는 어린 암양
　③ 고운 가루 십분의 이 에바　④ 기름 섞은 소제물과 기름 한 록
　참조: 고운 가루 십분의 삼 에바이다.

37. 나병 환자가 정결하게 되는 날에 속건제 제사의 <u>방법</u>은?(14:12)
　① 화제　　② 요제　　③ 전제　　④ 거제

38. 나병 환자가 정결하게 되는 날에 드리는 제사의 종류가 <u>아닌</u> 것은?
(14:21~32)
　① 번제　　② 소제　　③ 화목제　　④ 속건제

　참조: 속죄제가 있다.

39. 유출병이 정결하게 되기 위하여 쓰이는 <u>제물</u>은?(15:14)

40. 유출병이 정결하게 되기 위하여 드리는 제사의 <u>두 종류</u>는?(15:15)

41. 여인의 유출병이 정결하기 위하여 쓰이는 <u>제물</u>은?(15:29)

---

35. ①　36. ③　37. ②　38. ③　39. 산비둘기 두 마리나 집비둘기 새끼 두 마리(한 가지 선택)　40. 속죄제, 번제　41. 산비둘기 두 마리나 집비둘기 새끼 두 마리(한 가지 선택)

42. 여인의 유출병이 정결하게 되기 위하여 드리는 제사의 <u>두 종류</u>는?
   (15:15)

참조 : 정결케 하는 규례들

규례	부정	정결	제물	제사 종류	제사 방법
남자 아이를 낳은 여인	이레 동안	삼십 삼일 후	▶일년 된 어린양 ▶집비둘기 새끼나 산비둘기	번제 속죄제	—
여자 아이를 낳은 여인	두 이레 동안	육십 육일 후	힘이 미치지 못하면 ▶산비둘기 두 마리나 집비둘기 새끼 두 마리		
나병 환자	이레 동안 가두어 놓았다가 제사장이 팔일 째에 판정한다.	—	▶정결한 새 두 마리 ▶백향목 ▶홍색실 ▶우슬초 힘이 미치지 못하면 ▶어린 숫양 한 마리 ▶고운가루 십분의 일 에바 그의 힘이 미치는 대로 ▶산비둘기 둘이나 집비둘기새끼 둘	번제 소제 속죄제 속건제	요제 (속건제)
집에 생기는 곰팡이	이레 동안 폐쇄 하였다가 팔일 째에 판정한다.	—	▶새 두 마리 ▶백향목 ▶홍색실 ▶우슬초	속죄제	—
유출병이 있으면	유출하는 날 동안 부정	이레 동안 센 후 여덟째 되는 날 판정	▶산비둘기 두 마리나 집비둘기새끼 두 마리	번제 속죄제	—
여인이 유출병 있으면	유출하는 날 동안 부정	이레 동안 센 후 여덟째 되는 날 판정	▶산비둘기 두 마리나 집비둘기새끼 두 마리	번제 속죄제	—

43. 속죄일에 광야로 보내기 위하여 제비로 뽑힌 염소를 <u>무엇</u>이라고 불
   렀나?(16:10)

---

42. 속죄제, 번제 43. 아사셀

참조 : 아사셀

여러 견해들이 있지만 공통점은 염소가 이스라엘의 죄를 온전히 처리했다는 것으로 그리스도에 대한 예표이다.

44. 속죄일은 일년 중 언제 지키는가?(16:29)
    ① 넷째 달 십일　　　　　② 다섯째 달 십일
    ③ 여섯째 달 십일　　　　④ 일곱째 달 십일

45. 육체의 생명은 어디에 있다고 하셨나?(17:11)
    ① 호흡　　　② 피　　　③ 뼈　　　④ 육체

46. 화목제물을 드리고 몇째 날까지 먹을 수 있나?(19:6)
    ① 첫째 날　　② 둘째 날　　③ 셋째 날　　④ 넷째 날

47. 화목제물을 드리고 먹다 남은 것은 몇째 날에 불사르나?(19:6)
    ① 첫째 날　　② 둘째 날　　③ 셋째 날　　④ 넷째 날

48. 약속한 땅에 들어가 과목을 심거든 그 열매가 할례를 받지 않는 것으로 여겨 몇 년 동안 먹지 말라 하셨나?(19:23)
    ① 일 년　　② 삼 년　　③ 오 년　　④ 칠 년

49. 몇째 해의 모든 과실이 거룩하니 여호와께 드려 찬송하라 하셨나?
    (19:24)
    ① 넷째 해　　② 다섯째 해　　③ 여섯째 해　　④ 일곱째 해

---

44. ④ 45. ② 46. ② 47. ③ 48. ② 49. ①

50. 각종 과목을 심고 **몇째 해**에 그 열매를 먹을 수 있는가?(19:25)
① 다섯째 해 ② 여섯째 해 ③ 일곱째 해 ④ 열째 해

51. 재판을 할 때나 길이나 무게나 양을 잴 때, 불의를 행하지 말고 사용 하라고 한 것이 <u>아닌</u> 것은?(19:36~37)
① 공평한 저울 ② 공평한 록 ③ 공평한 에바 ④ 공평한 힌

참조 :
1. 록 : "작은 잔" 을 가리키는 말로 액체량의 최소 단위의 명성
2. 힌 : '헌' 애굽어에서 온 말로, "항아리" 뜻으로 액체량의 단위
3. 에바 : 부피를 측량하는 단위

52. 자녀를 제물로 바쳤던 이방인의 <u>우상</u>은?(20:2)
① 그모스 '② 아스다롯 '③ 몰렉 '④ 아세라

참조 : 이방인의 우상들

우상	내 용
몰렉 (몰록)	암몬 족속의 국가신으로 어린자녀를 죽인 후 시체를 불 속에 태워서 제물로 바친 가장 흉악한 우상으로 이들은 하나님의 성소를 더럽히고 하나님의 성호를 욕되게 함으로 돌로 쳐서 죽이라고 하였다.
밀곰	암몬 족속의 국가신이다.
아스다롯	시돈 사람들이 섬기던 풍요, 다산, 쾌락의 여신이다.
그모스	모압 족속의 국가 신으로 모압을 그모스의 백성이라고 불렀다.
바알	벼락을 다스리는 우뢰의 신으로 가나안 사람과 시돈 사람이 섬긴 남신이다.
아세라	바알의 배우자인 여신으로 숭배 하였다.
다곤	바알의 아버지 신으로 풍년을 기원하며 블레셋이 섬긴 우상이다.
니스록	앗수르의 최고신으로 독수리 형상을 지녔다.

53. 반드시 죽여야 하는 죄 중 <u>아닌</u> 것은?(20:2~27)

---

50. ① 51. ② 52. ③ 53. ④

① 자식을 몰렉에게 주는 자　② 아버지와 어머니를 저주한 자

③ 짐승과 교합한 자　④ 형제의 아내를 데리고 사는 자

참조 : 반드시 죽여야 하는 죄(성경에 기록된 대로)
1. 자식을 몰렉에게 주는 자　2. 아버지와 어머니를 저주한 자
3. 남의 아내와 간음한 자　4. 아버지의 아내와 동침한 자
5. 며느리와 동침한 자　6. 여인과 동침하듯 남자와 동침한 자
7. 짐승과 교합한 자　8. 접신하거나 박수무당이 된 자
*형제의 아내를 데리고 사는 자는 자식이 없는 형벌이다(20:21).

54. 제사장이 지켜야 할 규례가 <u>아닌</u> 것은?(21:1~7)

① 어떤 시체든 가까이 할 수 없다.

② 수염 양쪽을 깎을 수 없다.

③ 살을 베지 말아야 한다.

④ 이혼 당한 여인을 취하지 말아야 한다.

55. 대제사장이 지켜야 할 규례가 <u>아닌</u> 것은?(21:10~15)

① 머리털을 깎아 대머리 같게 하지 말라

② 부모 시체에도 가까이 하지 말라

③ 성소에서 나오지 말라

④ 처녀와 결혼하라

참조 : 제사장과 대제사장이 지켜야 할 규례 비교

제 사 장	대 제 사 장
1. 죽은 자를 만질 수 없지만 부모, 형제 자매는 만질 수 있다. 2. 머리털을 깎아 대머리 같게 하지 말라 3. 수염 양쪽을 깎지 말라 4. 살을 베지 말라 5. 창녀나 이혼 당한 여인을 취하지 말라	1. 머리를 풀지 말라 2. 옷을 찢지 말라 3. 어떤 시체에든지 가까이 하지 말라(부모조차도) 4. 성소에서 나오지 말라 5. 하나님의 성소를 속되게 하지 말라 6. 과부나 이혼 당한 여자나 창녀를 취하지 말고 처녀를 취하라

54. ① 55. ①

56. 아론과 그의 아들들이 먹는 성물을 먹을 수 있는 자가 <u>아닌</u> 것은?
(22:10~13)
① 제사장이 산 사람
② 제사장이 산 자의 자녀
③ 과부, 이혼, 자식이 없이 돌아온 제사장의 딸
④ 객이나 품꾼

57. 서원 제물과 자원 제물을 드릴 때의 제사 <u>종류는</u>?(22:18)
① 번제　　　② 화목제　　　③ 속죄제　　　④ 속건제

58. 서원 제물과 자원 제물로 쓰이는 것이 <u>아닌</u> 것은?(22:19)
① 수소　　　② 암소　　　③ 숫양　　　④ 숫염소
참조: 흠 없는 수컷만이 쓰인다.

59. 서원이나 자원 제물로 쓸 수 있는 <u>것은</u>?(22:23)
① 지체가 더하거나 덜한 것　　② 눈먼 것이나 상한 것
③ 종기가 있는 것　　　　　　④ 습진이 있는 것
참조 : 서원이나 자원 제물은 모두 흠이 없어야 되지만 유일하게 자원 제물에서 쓸
수 있는 경우이다.

60. 기쁘시게 받으시도록 제물을 드리는 방법이 <u>아닌</u> 것은?(22:27~30)
① 제물의 새끼는 이레 동안 어미와 같이 있게 하라.
② 어미와 새끼를 같은 날에 잡지 마라.
③ 여덟째 날 이후에 거제로 드리게 하라.
④ 제물을 그날에 먹고 이튿날까지 두지마라.
참조 : 제사의 한 방법인 화제로 드렸다.

---

56. ④　57. ①　58. ②　59. ①　60. ③

61. 속죄일은 몇 월 며칠에 드렸나?(23:27)

① 첫 달 열나흘날　　　　② 일곱째 달 첫날

③ 일곱째 달 열흘날　　　④ 아홉째 달 스무닷샛날

참조 : 이스라엘의 절기들

절기명	월 일	내　　　용
유월절	첫째 달 열나흘날	이스라엘 백성이 애굽의 종살이에서 해방된 날을 기념하는 절기이다. 곧 죄의 노예된 상태에서 구원받을 것을 상징하는 절기이다. 이날에 예수님이 십자가에 죽으셨다.
무교절	첫째 달 열닷샛날 ~스무하룻날	유월절과 독립된 의식으로 치루어지며 칠일 간 누룩을 섞지 않은 떡을 먹는다. 이것은 무교절에 부활하신 예수님께서 부활의 첫 열매가 되실 것을 예표이다. 이 기간에 예수님이 부활하셨다.
오순절	유월절 이후 오십일째 되는 안식일	모세가 시내 산에서 율법을 받은 것을 기념하는 절기이다. 첫 보리 이삭을 드리는 날로 초실절, 칠칠절, 맥추절이라고도 부른다. 이 절기는 초대교회의 성령 강림과 관계되었다.
나팔절	일곱째 달 첫날	은으로 만든 나팔을 불었다.
속죄일	일곱째 달 열흘날	온 백성이 성회로 모여 금식하고 회개하며 속죄제를 드렸다. 특징은 '아사셀' (광야로 내보내는 염소)이 있다는 점이다. 대제사장이 한 해에 단 한번 지성소에 들어가 제사를 드릴 수 있었다.
초막절	일곱째 달 열닷샛날~스무하룻날	이 절기에는 이레 동안 집 밖에서 나무실과와 종려나무 가지와 무성한 나뭇가지와 시내 버들가지 등으로 초막을 지어 출애굽 당시의 광야 생활을 되살리며 구원의 은혜를 기억하도록 하기 위한 것이다. 장막절, 수장절이라고도 부른다. 초막 안에서 수금과 비파를 켜고 나무 가지와 종려나무 잎을 흔들며 찬양하며 기쁨을 나누었다. 초막절의 핵심 교훈은 '예수 그리스도의 다스림' 이다.
수전절	아홉째 달 스무닷샛날	삼년 전 안티오쿠스 에피파네스가 더럽힌 후 B.C. 165년 12월에 유다 마카베오가 제 2성전을 정결케 하고 다시 봉헌한 것을 기념하여 드리는 축제로 회당이나 가정에 등불을 밝히는 것이다. 빛의 절기로 알려졌고 최근에는 하누카라고도 알려졌다. 8일간 지키는 절기다.
부림절	열두번째 달 열나흘날, 열닷샛날	유대인이 에스더에 의해 하만으로부터 구출된 것을 기념하는 것이다.
안식년	칠 년째 해	6년 동안은 땅에 파종하지만 일곱째 해는 땅을 쉬게 하는 것으로 안식년의 소출 (파종하지 않고 스스로 자란 소산)은 거두지 않고 종, 품꾼, 거류민, 들짐승이 먹게 했다. 토지가 개인의 소유가 아니라 하나님의 소유임을 반드시 기억하도록 하기 위하여 제정하셨다.
희년	오십 년째 해	49년이 지난 그 다음해인 50년째 해에 지키는 절기로 뿔 나팔을 불어 자유를 공포하고 새로운 시작을 알린다는 의미가 있다. 이때에 토지와 가옥과 가족까지도 모두 되돌려 주어서 새로운 삶을 시작하게 하였다(이방인이 종일 경우에는 예외였다).

---

61. ③

62. 초막절 이레 동안에 드리는 제사의 방법은?(23:36)
① 화제　　　② 전제　　　③ 요제　　　④ 거제

63. 고운 가루를 가져다가 각 덩이를 십분의 이 에바의 양으로 몇 개를 구워 여호와 앞에 진설하였는가?(24:5)
① 일곱 개　　② 열 개　　　③ 열두 개　　④ 스물네 개

64. 이스라엘의 절기 중 지키는 일자가 틀린 것은?(23:4~44)
① 유월절 - 첫째 달 열나흗날
② 무교절 - 첫째 달 열닷샛날~스무하룻날
③ 속죄일 - 일곱째 달 열흘날
④ 초막절 - 아홉째 달 닷샛날

65. 여호와의 이름을 모독하며 저주하므로 죽임을 당한 아들의 이스라엘 어머니의 이름은?(24:11)
참조 : 단 지파 디브리의 딸이었다.

66. 초실절을 다른 말로 말한 것이 아닌 것은?
① 오순절　　② 수장절　　　③ 칠칠절　　④ 맥추절

67. 에스더와 관련이 있는 절기는?
참조 : 에 9:24

68. '빛의 절기' 또는 최근에 '하누카' 라고 불려지는 절기는?

---

62. ① 63. ③ 64. ④ 65. 슬로밋 66. ② 67. 부림절 68. 수전절

69. '오십 년째 해의 절기'를 <u>무엇</u>이라고 부르는가?(25:8~11)

70. 일곱째 해에 심지도 못하고 소출을 거두지 못하면 우리가 무엇을 먹을까 하는 이스라엘 백성에게 여섯째 해에 복을 주어 그 소출을 <u>몇 년</u> 동안 쓰게 한다고 하셨는가?(25:21)
① 일 년　　② 이 년　　③ 삼 년　　④ 사 년

71. 이스라엘 백성들이 모든 명령을 준행하지 않으면 재앙을 내리고 그래도 청종하지 않으면 <u>몇 배</u>나 더 징벌한다고 하셨나?(26:14~18)
① 두 배　　② 세 배　　③ 다섯 배　　④ 일곱 배

72. 순종에 대한 축복과 불순종에 대한 저주가 <u>몇 장</u>에 기록되었는가?
참조 : 신명기 28 장에도 기록하고 있다.

73. 어떤 사람이 사람의 값을 드리기로 서원한 것을 정한 값으로 <u>틀린</u> 것은?(27:3~7)
① 스무 살부터 예순 살까지 남자 은 오십 세겔
② 다섯 살부터 스무 살까지 여자 은 열 세겔
③ 일 개월부터 다섯 살까지 남자 은 다섯 세겔
④ 예순 살 이상 여자 은 십오 세겔

참조 : 서원 예물의 값

나 이	남 자	여 자
스무 살부터 예순 살까지	은 오십 세겔	은 삼십 세겔
다섯 살부터 스무 살까지	은 이십 세겔	은 열 세겔
일 개월부터 다섯 살까지	은 다섯 세겔	은 세 세겔
예순 살 이상	은 십오 세겔	은 열 세겔
서원자가 가난하여 정한 값을 감당하지 못하면 서원자의 형편대로 제사장이 정한다.		

69. 희년　70. ③　71. ④　72. 26 장　73. ④

74. 무르려는 서원 예물을 제사장이 정한 값이 <u>아닌</u> 것은?(27:9~25)
    ① 가축 - 정한 값의 오분의 일
    ② 보리 한 호멜지기의 밭 - 은 오십 세겔
    ③ 자기 밭이 아닌 것을 드렸으면 - 한 세겔
    ④ 십일조 - 정한 값의 삼분의 일

참조 : 무르려는 서원 예물을 제사장이 정한 값

서 원 예 물	값
가축	정한 값의 오분의 일
집	정한 값의 오분의 일
보리 한 호멜지기의 밭	은 오십 세겔
밭	정한 값의 오분의 일
자기 밭이 아닌 것을 드렸으면	한 세겔(이십 게라)
가축 중 처음 난 것이 부정한 것이면	정한 값의 오분의 일
십일조	정한 값의 오분의 일

75. 서원한 사람의 값 세겔은 모두 무엇으로 드렸나?(27:3~7)
    ① 금   ② 은   ③ 동   ④ 철

76. 모든 소나 양의 십일조는 목자의 지팡이 아래로 <u>몇</u> 번째에 통과한 것이 여호와의 성물이 되는가?(27:32)
    ① 첫 번째   ② 일곱 번째   ③ 열 번째   ④ 열두 번째

77. 레위기는 모두 <u>몇</u> 장으로 기록되었는가?

---

74. ④ 75. ② 76. ③ 77. 27장

민 수 기

민수기 개요

1. 기록자
모세

2. 기록연대
B.C. 1450~1400년 사이

3. 기록장소
모세가 이스라엘 백성을 약속의 땅으로 인도하면서 시내산과 광야에서 기록하였다.

4. 기록대상
이스라엘 백성

5. 핵심어 및 내용

민수기의 핵심어는 '방황', '인구조사' 등이다. 민수기에서 강조된 내용은 출애굽 제 1세대에게 인구조사를 실시했던 때부터 출애굽 제 2세대에게 인구조사를 실시했던 때까지 광야에서 계속되었던 이스라엘 백성의 방황이다.

각 장의 내용들

1장
1. 인구조사 명령, 각 지파의 우두머리(1~16)
2. 인구조사(17~43)
3. 조사된 사람의 총 수(44~46) 603,550명(46)
4. 조사에서 제외된 레위지파(47~54)

2장
1. 동방 해 돋는 편, 유다 군대의 군기에 속한 자(3~9)
2. 남편, 르우벤 군대의 군기에 속한 자(10~16)
3. 레위인의 진과 함께 모든 진 중앙에 있을 회막(17)
4. 서편, 에브라임 군대의 군기에 속한 자(18~24)
5. 북편, 단 군대의 군기에 속한 자(25~31)
6. 여호와의 명대로 준행함(32~34)

3장
1. 구별되어 제사장 직분을 맡을 아론의 아들들(1~10)
2. 레위인을 택하여 구별시킴(11~13)
3. 레위인의 인구조사(14~39)
4. 이스라엘 자손들의 속전(40~51)

4장
1. 회막에서 봉사할 자격과 숫자(1~3)
2. 고핫 자손이 할 일 (4~16)
3. 고핫 자손이 생명을 보존할 방법(17~20)
4. 게르손 자손이 할 일(21~28)
5. 므라리 자손이 할 일(29~33)
6. 회막봉사를 위한 각 자손의 계수(34~49)

5장
1. 부정한 자 격리(1~4)

2. 이웃에 대한 손해 배상법(5~10)

3. 의처증에 관한 판결의 쓴 물(11~31)

6장

1. 나실인에 대한 율법(1~21)

2. 제사장의 축복(22~27)

7장

1. 장막을 세운 후 족장들이 바친 예물과 사용(1~9)

2. 하루 한 사람씩 단의 봉헌 예물을 지파대로 드림(10~83)

3. 예물의 총량(84~88)

4. 속죄소에서 모세에게 말씀하신 여호와(89)

8장

1. 회막의 일곱 등불과 등대(1~4)

2. 레위인의 성결(5~22)

3. 레위인의 회막 봉사 정년(23~26)

9장

1. 광야에서의 첫 유월절(1~5)

2. 부정한 자와 외국인에 관한 유월절(6~14)

3. 성막 위에 나타나 이스라엘을 인도한 구름기둥(15~23)

10장

1. 나팔 신호(1~10)

2. 시내광야에서 바란광야로 이동(11~28)

3. 모세가 호밥에게 동행할 것을 제의(29~32)

4. 궤가 움직일 때마다 간구한 모세(33~36)

11장

1. 여호와의 불(1~3)

2. 이스라엘 백성들의 불평과 모세의 간구(4~15)

3. 30인 장로와 예언(16~25)

4. 엘닷과 메닷의 예언과 여호수아의 시기(26~30)

5. 메추라기를 내리심(30~35)

12장

1. 미리암과 아론의 비방(1~3)

2. 여호와의 진노(4~9)

3. 나병이 걸린 미리암(10~16)

13장

1. 12정탐꾼(1~16)

2. 모세의 지시 내용(17~20)

3. 40일간의 정탐(21~25)

4. 정탐꾼들의 엇갈린 보고(26~33)

14장

1. 백성들의 극도의 원망(1~4)

2. 옷을 찢으며 설득하는 여호수아와 갈렙(5~10)

3. 모세의 간절한 중보기도(11~19)

4. 하나님의 응답(20~35)

5. 재앙으로 죽은 열 정탐꾼(36~38)

6. 가나안에 들어 가려는 이스라엘 백성들의 고집(39~45)

15장

1. 제사들에 관한 규례(1~21)

2. 죄를 위한 제사(22~29)

3. 고의적인 죄와 안식일 범한 자의 처리(30~36)

4. 옷단 귀의 술(37~41)

16장

1. 고라, 다단, 온과 지휘관 250인의 반역(1~11)

2. 하나님의 진노(12~35)

3. 반역자들의 향로로 제단을 싸는 철판을 만듦(36~40)

4. 향로를 취해서 백성의 죄를 속죄한 아론(41~50)

17장

1. 12지팡이(1~7)

2. 아론의 싹 난 지팡이를 증거궤에 넣음(8~13)

18장

1. 제사장과 레위인의 직무(1~7)

2. 제사장에게 돌아갈 것들(8~20)

3. 레위인에게 돌아갈 이스라엘의 십일조(21~32)

19장

1. 정결케 하는 재를 준비하는 법(1~10)

2. 시체 접촉으로 인한 부정(11~16)

3. 부정 제거법(17~22)

20장

1. 미리암이 신 광야 가데스에서 죽음(1)

2. 물이 없어서 원망하는 백성들(2~5)

3. 반석의 물을 주심과 모세와 아론의 범죄(6~11)

4. 하나님의 진노(12~13)

5. 자신들의 땅을 통과하지 못하게 막는 에돔족속(14~21)

6. 대제사장 아론의 죽음(22~29)

21장

1. 호르마에서 가나안 사람 아랏 왕을 멸함(1~3)

2. 백성들의 원망과 불 뱀 사건(4~9)

3. 이스라엘이 비스가 산 꼭대기까지 진행(10~20)

4. 아모리 왕 시혼 정복(21~32)

5. 바산 왕 옥 정복(33~35)

22장

1. 이스라엘의 저주를 위해 발람을 초청하는 발락(1~14)

　2. 발람을 다시 부르는 모압 왕 발락(15~20)

　3. 말하는 나귀를 통해서 하나님의 뜻을 주심(21~35)

　4. 발람이 발락을 만남(36~41)

23장

　1. 하나님께 제사를 드린 발람(1~4)

　2. 저주 대신에 축복하는 발람(5~10)

　3. 발락의 실망(11~12)

　4. 발락의 2차 저주 청원(13)

　5. 이스라엘을 저주하지 못하는 발람(14~26)

　6. 발락의 3차 저주 청원과 제사(27~30)

24장

　1. 저주대신 3번이나 축복하는 발람(1~9)

　2. 발락의 항의(10~14)

　3. 이스라엘을 축복하는 발람(15~24)

　4. 발람과 발락이 각자 집으로 돌아감(25)

25장

　1. 바알브올을 섬기는 이스라엘(1~5)

　2. 비느하스의 열심(6~15)

　3. 미디안 사람들을 치라(16~18)

26장

　1. 인구조사 명령과 인구조사(1~51)

　2. 가나안 땅의 분배 명령(52~56)

　3. 구별된 레위인의 계수(57~62)

　4. 갈렙과 여호수아 외에 시내광야에서 계수한 자가 없음(63~65)

27장

　1. 기업을 요구한 슬로브핫의 딸들(1~4)

　2. 기업을 받게 된 슬로브핫의 딸들(5~11)

3. 죽음을 통고 받은 모세(12~14)

4. 모세의 후계자로 여호수아 임명 (15~23)

28장

1. 날마다 드릴 제사(1~8)

2. 주마다 드릴 안식일과 초하루 제사(9~15)

3. 해마다 드릴 유월절과 칠칠절 제사(16~31)

29장

1. 7월 1일에 드릴 나팔절 제사(1~6)

2. 7월 10일에 드릴 대 속죄일 제사(7~11)

3. 7월 15일에 드릴 초막절 제사(12~40)

30장

1. 서원에 관한 규례

2. 서원은 파약하지 말고 지킬 것(1~2)

3. 서원의 예외 규칙(3~16)

4. 미성년 여자의 서원(3~5)

5. 남편을 처음 맞이하는 여자의 서원(6~8)

6. 과부나 이혼당한 여자의 서원(9)

7. 남편과 동거하는 여자의 서원(10~15)

8. 30장에 나오는 서원 규례(16)

31장

1. 미디안 전쟁에 대한 하나님의 명령(1~2)

2. 전쟁 착수(3~6)

3. 이스라엘의 승리(7~12)

4. 여자들을 살려둔 것에 대한 모세의 책망(13~18)

5. 군인들과 그들의 물건에 결례를 행하도록 지시(19~24)

6. 노략한 전리품의 분배(25~47)

7. 군대 장관들의 자원 헌물(48~54)

32장

1. 야셀과 길르앗 땅을 원하는 르우벤과 갓 지파(1~5)
2. 거절하는 모세(6~15)
3. 조건부로 땅을 얻게 되는 두 지파(16~32)
4. 요단 동편의 땅을 얻은 두 지파 반(33~42)

33장

1. 정월 15일 라암셋에서 이스라엘의 출애굽(1~4)
2. 애굽에서 요단까지의 42년간의 여정(5~49)
3. 기업으로 삼을 가나안 땅에 들어가서 할 일들(50~56)

34장

1. 가나안의 남편 경계(1~5)
2. 가나안의 서편 경계(6)
3. 가나안의 북편 경계(7~9)
4. 가나안의 동편 경계(10~12)
5. 땅 분배에 관한 지시(13~15)
6. 땅을 나눌 각 지파의 족장들(16~29)

35장

1. 레위인이 거할 성읍(1~8)
2. 여섯 도피성을 세울 곳과 이유(9~15)
3. 고살자는 반드시 죽일 것(16~21)
4. 원한없이 우연히 죽인 경우(22~28)
5. 살인자에 대한 처벌법(29~34)

36장

1. 각 지파 기업에 대한 문제점(1~4)
2. 딸이 기업을 받으면 그 지파 안에서 결혼할 것(5~9)
3. 자기 지파 안에서 결혼한 슬로브핫의 딸들(10~13)

4. 민수기

1. 하나님은 애굽 땅에서 나온 후 <u>언제</u> 계수(인구조사)하라 모세에게 말씀 하셨나?(1:1)

2. 민수기에 두 번의 계수(인구조사)가 나오는데 처음으로 한 곳은?(1:1)
  ① 바란 광야 ② 시내 광야 ③ 모압 광야 ④ 가나안 땅

참조 : 성경의 인구조사

순 서	내 용
첫 번째	회막 건립에 충당 할 세금을 징수하기 위해(출 30:12~16)
두 번째	싸움에 나갈만한 남자의 수를 군사적 목적으로 시내 광야에서 실시한 인구 조사(민 1:2~54)
세 번째	음행 사건으로 염병이 있은 후 싸움에 나갈만한 자를 계수함(민 26:2~65)
네 번째	여호와께서 다시 이스라엘을 향하여 진노하사 그들을 치시려고 다윗을 격동시켜서 다윗이 행한 조사(삼하 24:1~9), 다윗이 사탄의 충동으로 조사(대상 21:1)
다섯 번째	성전건축 시작하기 전 솔로몬이 행한 인구 조사(대하 2:17)
여섯 번째	바벨론 포로 귀환 시의 인구 조사(스 2:1~70)
일곱 번째	세금을 거두기 위한 목적으로 로마의 가이사 아구스도가 명하여 이루어진 인구 조사(눅 2:1)이다. 이 호적령은 구레뇨가 총독 되었을 때 B.C. 4년과 A.D. 7년 2번 중 첫 번째 이다.

3. <u>몇 세 이상</u>을 기준하여 계수하였나?(1:3)
  ① 십팔 세 ② 십구 세 ③ 이십 세 ④ 이십일 세

---

1. 둘째 해 둘째 달 첫째 날 2. ② 3. ③

성경문제집

4. 가장 많은 지파는?(1:27)
　① 스불론　　② 시므온　　③ 단　　④ 유다

5. 가장 적은 지파는?(1:34)
　① 므낫세　　② 베냐민　　③ 아셀　　④ 갓

6. 계수되지 않은 지파는(1:49)
　① 갓　　② 유다　　③ 레위　　④ 아셀

참조 : 각지파의 인구

지파 종족	첫 번 째 명 수		두 번 째 명 수		증감
르우벤	사만 육천오백 명	46,500	사만 삼천칠백삼십 명	43,730	-2,770
시므온	오만 구천삼백 명	59,300	이만 이천이백 명	22,200	-37,100
갓	사만 오천육백오십 명	45,650	사만 오백 명	40,500	-5,050
유다	칠만 사천육백 명	74,600	칠만 육천오백 명	76,500	1,900
잇사갈	오만 사천사백 명	54,400	육만 사천삼백 명	64,300	9,900
스불론	오만 칠천사백 명	57,400	육만 오백 명	60,500	3,100
에브라임	사만 오백 명	40,500	삼만 이천이백 명	32,200	-8,300
므낫세	삼만 이천이백 명	32,200	오만 이천칠백 명	52,700	20,500
베냐민	삼만 오천사백 명	35,400	사만 오천육백 명	45,600	10,200
단	육만 이천칠백 명	62,700	육만 사천사백 명	64,400	1,700
아셀	사만 천오백 명	41,500	오만 삼천사백 명	53,400	11,900
납달리	오만 삼천사백 명	53,400	사만 오천사백 명	45,400	-8,000
총계	육십만 삼천오백오십 명	603,550	육십만 천칠백삼십 명	601,730	-1,820

7. 레위지파가 해야 할 일이 아닌 것은?(1:50~52)
　① 성막과 그 모든 기구와 그 모든 부속품을 관리해야 한다.
　② 성막과 그 모든 기구를 운반해야 한다.

___

4.④ 5.① 6.③ 7.④

③ 성막을 걷고 세워야 한다.

④ 이스라엘 자손의 막사를 쳐야 한다.

참조 : 성막에서 봉사해야 한다.

8. 회막의 진 편성 및 행진 순서에서 동쪽에 속하지 <u>않은</u> 지파는?(2:3~9)

① 레위　② 유다　③ 잇사갈　④ 스불론

참조 : 진 편성 및 행진 순서

	납달리	아셀	*단			단	에브라임		르우벤	유다
*에브라임				*유다				성		
므낫세		성막		잇사갈		아셀	므낫세	막	시므온	잇사갈
베냐민				스불론						
	갓	시므온	*르우벤			납달리	베냐민		갓	스불론

*표는 지도적인 지파를 가리킨다.　북　　제4대　　　제3대　　　　제2대　　　제1대

서 ＋ 동　※ 행진은 4 대로 나누어 진행하였다.(⇨)

남

9. 군기가 있는 4 지파가 <u>아닌</u> 것은?(2:3, 10, 18, 25)

① 유다　　② 르우벤　　③ 시므온　　④ 단

참조 : 8 번 문제

10. <u>어느</u> 진영의 인원이 가장 많은가?(2:9)

① 유다 진영　② 에브라임 진영　③ 르우벤 진영　④ 단 진영

---

8. ①　9. ③　10. ①

참조 : 각 쪽의 인원 수

방 향	지파	명	수		각 진영의 수
동 쪽 (유다 진영)	유다	칠만 사천육백 명	74,600		십팔만 육천사백 명 (186,400)
	잇사갈	오만 사천사백 명	54,400		
	스불론	오만 칠천사백 명	57,400		
서 쪽 (에브라임 진영)	에브라임	사만 오백 명	40,500		십만 팔천백 명 (108,100)
	므낫세	삼만 이천이백 명	32,200		
	베냐민	삼만 오천사백 명	35,400		
남 쪽 (르우벤 진영)	르우벤	사만 육천오백 명	46,500		십오만 천사백오십 명 (151,450)
	시므온	오만 구천삼백 명	59,300		
	갓	사만 오천육백오십 명	45,650		
북 쪽 (단 진영)	단	육만 이천칠백 명	62,700		십오만 칠천육백 명 (157,600)
	아셀	사만 천오백 명	41,500		
	납달리	오만 삼천사백 명	53,400		
총 계		육십만 삼천오백오십 명	603,550		육십만 삼천오백오십 명 (603,550)

11. 아론의 아들이 <u>아닌</u> 자는?(3:2)

　　① 나답　　② 게르손　　③ 엘르아살　　④ 이다말

　　참조 : '아비후' 까지 4 아들이다.

12. 레위 자손을 계수하는 <u>기준</u>은?(3:15)

　　① 일 개월 된 남자　　　　② 일년 된 남자

　　③ 십년 된 남자　　　　　④ 이십년 된 남자

13. 레위의 아들들이 <u>아닌</u> 자는?(3:17)

　　① 게르손　　② 고핫　　③ 시므이　　④ 므라리

---

11. ②　12. ①　13. ③

14. 성막 앞 동쪽 곧 회막 앞 해 돋는 쪽은 <u>누가</u> 진을 치는가?(3:38)
　　① 게르손 자손　　　　　② 고핫 자손
　　③ 므라리 자손　　　　　④ 모세와 아론과 아론의 아들들
　　참조 : 성막 앞 동쪽은 모세와 아론과 아론의 아들들의 진영이다.

15. 레위인을 각 종족대로 계수한즉 모두 <u>몇 명</u>인가?(3:39)
　　① 이만 명　② 이만 천 명　③ 이만 이천 명　④ 이만 삼천 명

참조 : 레위 자손의 수와 진영과 맡은 일

자 손	수		진 영	맡 은 일
게르손	칠천오백 명	7,500	성막 뒤 서쪽	성막, 장막과 그 덮개, 회막 휘장 문과, 제단 사방에 있는 뜰의 휘장 문과, 그 모든 것에 쓰는 줄이다.
고핫	팔천육백 명	8,600	성막 남쪽	증거궤, 상, 등잔대, 제단들, 성소기구, 휘장에 쓰는 모든 것이다.
므라리	육천이백 명	6,200	성막 북쪽	성막의 널판, 띠, 기둥, 받침과 뜰 사방 기둥의 받침, 말뚝, 줄이다.

16. 이스라엘의 처음 태어난 자가 레위인보다 <u>몇 명</u>이 더 많은가?(3:46)
　　① 이백칠십삼 명　　　　② 이백칠십사 명
　　③ 이백칠십오 명　　　　④ 이백칠십육 명

17. 이스라엘 자손의 처음 태어난 자에게 받은 성소의 세겔은 모두 <u>얼마</u>인가?(3:50)
　　① 천삼백육십사 세겔　　② 천삼백육십오 세겔
　　③ 천삼백육십육 세겔　　④ 천삼백육십칠 세겔

14. ④　15. ③　16. ①　17. ②

참조 : 일 개월 이상 된 남자 레위인 수보다 처음 태어난 이스라엘인이 273명이 더 많음으로 속전으로 한 사람에 다섯 세겔씩 받았다(273 명 x 5 세겔 = 1,365 세겔).

18. 레위인이 회막의 일에 참가할 수 있는 <u>나이</u>는?(4:3)
   ① 삼십 세 이상   ② 삼십 세 이상으로 오십 세 까지
   ③ 오십 세 이상   ④ 삼십 세 이상으로 육십 세 까지

   참조 : 실제로 회막에 들어가는 나이는 25세 이상이다(8:24). 5년 동안은 수습기간이다.

19. 레위인 게르손 자손의 종족들이 회막에서 일하는 직무를 <u>누가</u> 감독하였나?(4:28)
   ① 엘르아살   ② 이다말   ③ 므라리   ④ 아론

   참조 : 레위인 직무 감독자
    1. 고핫 자손 - 엘르아살 2. 게르손 - 이다말 3. 므라리 - 므라리 자손

20. 레위인을 그 종족과 조상의 가문에 따라 계수된 자는 모두 <u>몇</u> 명인가?(4:48)

   참조 : 레위인의 인구
    1. 고핫 - 이천칠백오십 명(2,750)
    2. 게르손 - 이천육백삼십 명(2,630)
    3. 므라리 - 삼천이백 명(3,200)

21. 이스라엘 자손이 지은 죄를 자복하고 그 죄의 값을 온전히 갚되 <u>얼마</u>를 더하여 죄를 지었던 사람에게 돌려주어야 하는가?(5:7)
   ① 삼분의 일   ② 사분의 일   ③ 오분의 일   ④ 육분의 일

---

18. ② 19. ② 20. 팔천오백팔십 명 21. ③

22. 의심의 소제, 기억의 소제는 <u>무엇과 얼마</u>를 헌물로 드리는가?(5:15)

23. 아내가 탈선하여 더럽힌 때나 남편이 의심이 생겨서 자기의 아내를 의심할 때에 여인을 여호와 앞에 두고 제사장이 행하는 법은 <u>무슨 법인가?</u>(5:30~31)

24. 나실인이 서원하고 지켜야 할 법이 <u>아닌</u> 것은?(6:3~9)
    ① 서원은 남자만 할 수 있다.
    ② 포도나무 소산을 먹지 말아야 한다.
    ③ 삭도를 머리에 대지 말아야 한다.
    ④ 모든 시체를 가까이 하지 말아야 한다.

25. 제사장의 축복이 민수기 <u>몇 장 몇 절</u>에 기록하고 있는가?

   참조 : 제사장의 축복 문
   "여호와는 네게 복을 주시고 너를 지키시기를 원하며 여호와는 그의 얼굴을 네게 비추사 은혜 베푸시기를 원하며 여호와는 그 얼굴을 네게로 향하여 드사 평강 주시기를 원하노라"

26. 레위 지파의 세 자손 중 성소의 직임이 어깨에 메는 일을 하는 <u>자손은?</u>(7:9)

   참조 : 게르손 자손들에게는 수레 둘과 소 네 마리를, 므라리 자손들에게는 수레 넷과 소 여덟 마리를 주었다.

_____

22. 보리 가루, 십분의 일 에바 23. 의심의 법 24. ① 25. 6장 24절 ~ 26절
26. 고핫

27. 제단에 기름 바르던 날에 이스라엘 지휘관들이 드린 제단의 봉헌물이 틀린 것은?(7:84~88)
    ① 은쟁반이 열둘   ② 수송아지 열두 마리
    ③ 수소 스물네 마리   ④ 숫양 오십 마리

참조 : 이스라엘 지휘관들이 드린 제단의 봉헌물

날	자손	지휘관	봉 헌 물													
			은쟁반		은바리		금그릇		번제물			속죄물	화목제물			
			개	세겔	개	세겔	개	세겔	수송아지	숫양	일년된 어린 숫양	숫염소	소	숫양	숫염소	일년된 어린 숫양
첫째	유다	나손	1	130	1	70	1	10	1	1	1	1	2	5	5	5
둘째	잇사갈	느다넬	1	130	1	70	1	10	1	1	1	1	2	5	5	5
셋째	스불론	엘리압	1	130	1	70	1	10	1	1	1	1	2	5	5	5
넷째	르우벤	엘리술	1	130	1	70	1	10	1	1	1	1	2	5	5	5
다섯째	시므온	슬루미엘	1	130	1	70	1	10	1	1	1	1	2	5	5	5
여섯째	갓	엘리아삽	1	130	1	70	1	10	1	1	1	1	2	5	5	5
일곱째	에브라임	엘리사마	1	130	1	70	1	10	1	1	1	1	2	5	5	5
여덟째	므낫세	가말리엘	1	130	1	70	1	10	1	1	1	1	2	5	5	5
아홉째	베냐민	아비단	1	130	1	70	1	10	1	1	1	1	2	5	5	5
열째	단	아히에셀	1	130	1	70	1	10	1	1	1	1	2	5	5	5
열한째	아셀	바기엘	1	130	1	70	1	10	1	1	1	1	2	5	5	5
열두째	납달리	아히라	1	130	1	70	1	10	1	1	1	1	2	5	5	5
총 계			12	1,560	12	840	12	120	12	12	12	12	24	60	60	60

28. 성막 안에 있는 몇 개의 등잔을 등잔대 앞으로 비추게 하라 하셨나? (8:2)
    ① 셋 등잔   ② 다섯 등잔   ③ 일곱 등잔   ④ 열두 등잔

29. 레위인을 여호와께 드릴 때 정결케 하는 의식이 아닌 것은?(8:5~13)
    ① 물을 뿌린다.   ② 삭도를 대지 않는다.
    ③ 새 의복을 빨게한다.   ④ 몸을 정결하게 한다.

---

27. ④ 28. ③ 29. ②

참조 : 레위인의 정결과 제사장 위임식의 비교

레위인의 정결	제사장의 위임식
물을 뿌린다.	기름을 머리에 붓는다.
전신을 삭도로 밀게 한다.	삭도를 대지 않는다.
의복을 빨게 한다.	새 의복을 입는다.
몸이 정결해야 한다.	몸이 거룩해야 한다.
요제로 드린다.	제물의 피를 사용한다.

30. 레위인을 아론과 그의 아들들 앞에 세워 여호와께 드리는 제사 방법
은?(8:13)

① 요제   ② 전제   ③ 거제   ④ 화제

31. 레위인은 몇 세에 회막에 들어가서 복무하고 봉사 하는가?(8:24)
① 이십 세 이상   ② 이십오 세 이상
③ 삼십 세 이상   ④ 삼십오 세 이상

참조 : 18 번 문제

32. 이스라엘 자손이 무엇이 성막에서 떠오르는 때에 행진하였고 무엇
이 머무는 곳에 진을 쳤는가?(9:17)
① 불   ② 구름   ③ 해   ④ 달

33. 여호와께서 회중을 소집하며 진영을 출발하게 할 것으로 모세에게
몇 개의 은 나팔을 만들라 하셨나?(10:2)
① 한 개   ② 두 개   ③ 세 개   ④ 네 개

---

30. ① 31. ② 32. ② 33. ②

34. 이스라엘 자손이 시내광야에서 얼마 동안 머물렀는가?(10:11, 출 19:1)
　① 9개월　　② 10개월　　③ 11개월　　④ 1년

35. 미디안 사람으로 이스라엘의 광야 행진에 동행한 모세의 처남은?(10:29)

36. 여호와의 불이 백성 중에 붙은 까닭으로 붙여진 곳의 이름은?(11:3)
　① 엘림　　② 다베라　　③ 르비딤　　④ 마라

　참조 : 여호와를 악한 말로 원망한 곳이다.

37. 크게 분 나팔 소리의 뜻이 아닌 것은?(10:5~9)
　① 동쪽 진영들이 행진한다.
　② 떠나려 한다.
　③ 대적을 치러 나간다.
　④ 남쪽 진영들이 행진한다.

참조 : 나팔 신호

부는 방법	행　동
두개 불 때	온 회중이 회막 문 앞에 모인다.
하나만 불 때	천부장된 지휘관이 모인다.
크게 불 때	동쪽 진영들이 행진한다.
두 번째로 크게 불 때	남쪽 진영들이 행진한다.
크게 불 때	떠나려 할 때
크게 불지 않을 때 (아론의 자손인 제사장이 분다)	회중을 모을 때
크게 불 때	대적을 치러 나갈 때
나팔을 불라	희락의 날과 정한 절기와 초하루에는 번제물을 드리고 화목제물을 드리며

34. ③　35. 호밥　36. ②　37. ④

38. 만나를 설명한 것이 <u>아닌</u> 것은?(11:7~8)
    ① 깟씨와 같다.　　　　　② 맛은 꿀 섞은 과자 같다.
    ③ 모양은 진주와 같다.　　④ 밤에 이슬과 함께 내렸다.

39. 모세와 함께 백성의 짐을 담당하기 위하여 이스라엘 노인 중에 장로
    와 지도자로 <u>몇 명</u>을 선출하였는가?(11:16~17)
    ① 오십 명　　② 육십 명　　③ 칠십 명　　④ 팔십 명

    참조: 장로 칠십 인 제도는 모세의 보좌관 역할을 담당하였다. 또 장인 이드로의 조
    언으로 백성을 재판할 자로 천부장, 백부장, 오십부장, 십부장을 세우기도 했다(출
    18:21~22).

40. 애굽에 있었을 때 값없이 생선과 오이와 참외와 부추와 파와 마늘들
    을 먹었던 것을 생각하며 만나 외에 보이는 것이 아무 것도 없다고
    불평하자 여호와께서 한 달 동안 <u>무엇</u>을 먹게 하셨나?(11:5, 31)

41. 모세가 백성의 장로 칠십 인을 모아 장막에 둘러 세울 때 참석한 장
    로의 <u>수</u>는?(11:24~26)

    참조: 40번 문제

42. 여호와께서 영을 모세와 칠십 장로에게 임하게 하시고 영이 임하신
    때에 예언을 하다가 다시는 하지 않았지만, 기명된 자 중 장막에 나
    아가지 아니했으나 진중에서 예언 한 <u>두 사람</u>은?(11:26)

43. 진중에서 예언하는 일을 말리라고 모세에게 말한 <u>사람</u>은?(11:28)
    ① 아론　　② 여호수아　　③ 갈렙　　④ 장로

---

38. ② 39. ③ 40. 메추라기 41. 육십팔 명 42. 엘닷, 메닷 43. ②

44. 여호와께서 메추라기를 진영 사방 하룻길 되는 지면 위 얼마큼 내리게 하셨나?(11:31)

① 한 규빗 　② 두 규빗 　③ 세 규빗 　④ 네 규빗

참조 : 약 2.2 킬로리터

45. 메추라기로 인하여 욕심을 낸 백성에게 여호와께서 큰 재앙으로 치신 곳은?(11:33~34)

참조 : '탐욕의 무덤' 이라는 뜻이다.

46. 다음 (　　) 안에 들어갈 사람은?(12:3)
"이 사람 (　　)는 온유함이 지면의 모든 사람보다 더하더라"

① 노아 　② 아브라함 　③ 모세 　④ 여호수아

47. 모세가 구스 여자를 취한 것을 비방한 두 사람 중 한 사람으로 나병에 걸려 진영 밖에 이레 동안 갇혀 있었던 자는?(12:1)

참조 : 비방한 두 사람은 아론과 미리암이었다.

48. 가나안 땅 정탐 기사는 몇 장에 나오는가?

① 12장 　② 13장 　③ 14장 　④ 15장

49. 모세가 여호와의 명령을 따라 어느 광야에서 그들을 보냈는가?(13:3)

① 모압 　② 시내 　③ 바란 　④ 신

---

44. ② 45. 기브롯 핫다아와 46. ③ 47. 미리암 48. ② 49. ③

50. 각 지파와 정탐 자가 바르게 연결되지 못한 것은?(13:4~14)

　① 르우벤 - 삼무아　　　　② 유다 - 갈렙

　③ 에브라임 - 호세아　　　④ 요셉 - 갓디엘

참조 : 가나안 땅 정탐 지파 현황

번호	지 파	아버지	정탐 자(지휘관)
1	르우벤	삭굴	삼무아
2	시므온	호리	사밧
3	유다	여분네	갈렙
4	잇사갈	요셉	이갈
5	에브라임	눈	호세아(여호수아)
6	베냐민	라부	밧디
7	스불론	소디	갓디엘
8	요셉/므낫세	수시	갓디
9	단	그말리	암미엘
10	아셀	미가엘	스둘
11	납달리	웝시	나비
12	갓	마기	그우엘

51. 여호수아는 어느 지파인가?(13:8)

　① 르우벤　　② 시므온　　③ 유다　　　④ 에브라임

52. 모세가 눈의 아들 호세아를 어떤 이름으로 바꾸어 불렀는가?(13:16)

53. 애굽의 소안보다 칠년 전에 세운 곳은?(13:22)

54. 헤브론에 살고 있는 아낙 자손이 아닌 것은?(13:22)

　① 아히만　　② 아히에셀　　③ 세새　　④ 달매

참조 : 암미삿대의 아들로 단 자손 군대를 이끌었다(10:25).

---

50. ④ 51. ④ 52. 여호수아 53. 헤브론 54. ②

55. 정탐꾼이 가나안에서 가져온 3가지 실과가 <u>아닌</u> 것은?(13:23)
    ① 감람나무 열매   ② 포도송이   ③ 석류   ④ 무화과

56. 이스라엘 자손이 포도를 베었다는 곳을 <u>무엇</u>이라고 불렀는
    가?(13:24)

57. 이스라엘 자손이 가나안을 며칠 동안 정탐하였는가?(13:25)
    ① 삼십 일   ② 사십 일   ③ 오십 일   ④ 육십 일

58. 가나안 땅을 정탐하기를 마치고 돌아와 보고하는 가운데 모세 앞에
    서 백성을 조용하게 하고 "우리가 곧 올라가서 그 땅을 취하자 능히
    이기리라"고 말한 <u>사람</u>은?(13:30)

59. 가나안 땅에 살고 신장이 장대한 자들인 아낙 자손은 <u>어느</u> 후손이라
    고 하였는가?(13:33)

    참조 : 힘이 센 고대의 용사들이다(창 6:1~4).

60. 정탐한 가나안 땅을 악평한 사람의 말을 듣고 온 회중이 애굽으로
    돌아가자고 하였을 때 자기들의 옷을 찢으며 "과연 젖과 꿀이 흐르
    는 땅"이라고 말한 <u>두 사람</u>은?(14:6~8)

61. 여호와께서 이스라엘 백성이 애굽과 광야에서 행한 이적을 보고도 <u>몇</u>
    <u>번</u> 나를 시험하고 청종하지 않았다고 모세에게 말씀하셨나?(14:22)
    ① 일곱 번   ② 여덟 번   ③ 아홉 번   ④ 열 번

---

55. ① 56. 에스골 골짜기 57. ② 58. 갈렙 59. 네피림 60. 여호수아, 갈렙 61. ④

62. 여호와께서 <u>누구와 누구</u> 외에는 너희에게 맹세하여 살게 하리라 한 땅에 결단코 들어가지 못한다고 하셨나?(14:30)

63. 여호와께서 이스라엘의 자녀들이 너희 반역한 죄를 지고 너희의 시체가 광야에서 소멸되기까지 <u>몇 년</u>을 광야에서 방황하는 자가 된다고 말씀하셨나?(14:33)

  ① 이십 년   ② 삼십 년   ③ 사십 년   ④ 오십 년

64. 여호와의 모든 계명을 기억하여 준행하고 방종하게 하는 자신의 마음과 눈의 욕심을 따라 음행하지 않게 하기 위하여 옷단 귀에 <u>무엇</u>을 만들고 청색 끈을 더하라 하셨나?(15:38~39)

65. 당을 짓고 모세를 거스르는 자가 <u>아닌</u> 것은?(16:1~2)

  ① 고라   ② 다단   ③ 여분네   ④ 지휘관 이백오십 명

> **참조 : 모세를 거스린 당과 결과**
> 1. 고라(레위의 자손) - 제사장 직분을 구함. 아론을 원망함. 땅이 삼켜 버렸다.
> 2. 다단, 아비람, 온(르우벤 자손) - 모세의 지도력에 불만을 가짐. 땅이 삼켜 버렸다.
> 3. 지휘관 이백오십 명 - 고라 당에 동조하여 원망함. 불에 타 죽었다.
> 4. 회중 - 여호와의 백성을 죽였다고 원망함. 염병으로 14,700명이 죽었다.

66. 고라 당에 동조하여 모세를 거스르던 지휘관 이백오십 명이 받은 여호와의 <u>벌</u>은?(16:35)

  ① 땅이 삼킴 ② 불에 타서 죽음 ③ 염병 ④ 숨이 멈춰 죽음

---

62. 갈렙, 여호수아 63. ③ 64. 술 65. ③ 66. ②

67. 여호와의 백성을 죽였다고 모세와 아론을 원망한 이스라엘 자손이 염병으로 몇 명이 죽었는가?(16:41~49)
① 만 사천칠백 명　② 만 사천팔백 명
③ 만 사천구백 명　④ 오만 명

68. 여호와께서 이스라엘 자손이 모세와 아론을 대적하여 원망하는 말을 그치게 하기 위하여 가져오라고 한 지팡이는 모두 몇 개인가?(17:6)
① 아홉 개　② 열 개　③ 열한 개　④ 열두 개

69. 누구의 지팡이에 움이 돋고 순이 나고 꽃이 피어서 살구 열매가 열렸는가?(17:8)

70. 아론의 지팡이의 모습이 아닌 것은?(17:8)
① 움이 돋았다.　② 순이 나왔다.
③ 꽃이 피었다.　④ 포도 열매가 열렸다.

71. 아론의 지팡이는 무엇이(가) 되게 하기 위하여 증거궤 앞으로 도로 가져다가 간직하라고 하셨나?(17:10)
① 반역한 자에 대한 표징　② 제사장 됨의 증거
③ 여호와의 승리　④ 여호와의 축복

72. 이스라엘 자손이 여호와께 거제로 드리는 모든 성물은 영구한 몫의 음식으로 아론과 그의 자녀에게 준다는 것은 무슨 언약이라고 하셨나?(18:19)

67. ① 68. ④ 69. 아론 70. ④ 71. ① 72. 소금언약

73. 회막에서 일하는 레위 자손의 기업은?(18:21)
① 십일조의 십일조　　② 이스라엘의 십일조
③ 제사의 모든 제물　　④ 땅의 모든 소산의 십일조

74. 누가 십일조의 십일조를 거제로 드리는가?(18:26)
① 왕　　② 선지자　　③ 제사장　　④ 레위인

75. 여호와께 드린 십일조의 십일조는 누구의 몫인가?(18:28)
① 여호와　　② 아 론　　③ 선지자　　④ 모세

76. 제사장이 암송아지를 불사르는 가운데 던져야 할 것이 아닌 것은?(19:6)
① 백향목　　② 우슬초　　③ 에봇　　④ 홍색실

77. 사람의 시체를 만진 자는 이레 동안 부정하는데 자신을 잿물로 정결
하게 하는 두 날은 몇째 날과 몇째 날인가?(19:12)
① 첫째 날과 셋째 날　　② 첫째 날과 일곱째 날
③ 셋째 날과 일곱째 날　　④ 첫째 날과 일곱째 날

78. 미리암이 죽어 장사된 곳은?(20:1)
① 가데스　　② 브엘라해로이　　③ 기럇아르바　　④ 세겜

79. 회중이 물이 없으므로 백성이 모세와 다툴 때 반석에게 명령하여 물
을 내라 한 여호와의 말씀을 듣지 않고 반석을 지팡이로 두 번 쳐 물
을 낸 일로 인하여 모세와 아론이 책망 받은 곳은?(20:13)
① 시내 광야　　② 바란 광야　　③ 다베라　　④ 므리바
참조: '다툼' 이라는 뜻이다.

---

73. ② 74. ④ 75. ② 76. ③ 77. ③ 78. ① 79. ④

80. 모세가 므리바에서 지팡이로 반석을 두 번 쳐 물을 낸 일로 인하여
    여호와께 책망 받은 두 가지 이유는?(20:13)

81. 가데스에 있는 이스라엘 백성들이 어느 땅을 지나갈 것을 처음으로
    요청하였지만 거절당했나?(20:14~20)
    ① 암몬   ② 애굽   ③ 에돔   ④ 모압

82. 아론이 죽은 곳은?(20:22~26)
    ① 시내 산   ② 호르 산   ③ 느보 산   ④ 비스가 산

83. 아론의 제사장직을 누가 승계하였는가?(20:28)

84. 이스라엘 온 족속이 아론을 위하여 며칠 동안 애곡하였는가?(20:29)
    ① 이십 일   ② 삼십 일   ③ 사십 일   ④ 오십 일

85. 여호와께서 이스라엘의 목소리를 들으시고 가나안 사람을 그들의
    손에 넘기시매 다 멸한 곳은?(21:3)
    ① 호르마   ② 다베라   ③ 므리바   ④ 하세롯

    참조 : '완전히 멸함' 이라는 뜻이다.

86. 하나님과 모세를 향하여 원망한 백성에게 여호와께서 불뱀을 보내
    어 죽은 자가 많아지게 하자 모세가 백성을 위하여 기도하여 응답을

---

80. 여호와를 믿지 않은 것, 거룩함을 나타내지 않은 것 81. ③ 82. ②
83. 엘르아살 84. ② 85. ① 86. 놋뱀

받고 물린 자를 살리기 위하여 <u>무엇</u>을 만들었는가?(21:9)

87. 우물로 인하여 이스라엘이 노래한 <u>곳</u>은?(21:16~18)
    ① 수바　　　　② 와헙　　　　③ 아르논　　　④ 브엘

88. 아모리인의 왕 시혼의 <u>도성</u>은?(21:26)
    ① 헤스본　　　② 헤브론　　　③ 길갈　　　　④ 미스바

89. 이스라엘 백성이 쳐서 점령한 아모리 왕과 바산 왕의 <u>이름</u>은?(21:21, 33)

90. 모압의 왕이며 십볼의 아들 발락이 이스라엘이 아모리인에게 행한 모든 일을 보고 심히 두려워하여 브돌에 있는 <u>누구</u>를 데려와 이스라엘을 저주하라 하였나?(22:2~6)

91. 여호와께서 나귀 입을 열어 <u>누구</u>와 말을 하게 하셨나?(22:28~30)

92. 모압 왕 발락이 이스라엘에게 저주할 것을 요구하였지만 <u>몇 번</u> 축복으로 예언 하였는가?(23:1~24:25)
    ① 한 번　　　　② 두 번　　　　③ 세 번　　　　④ 네 번

---

87. ④ 88. ① 89. 시혼, 옥 90. 발람 91. 발람 92. ④

참조 : 발람의 예언

횟수	장소	제단	제 물		예 언 내 용
			수송아지	숫양	
첫번째	바알의 산당	일곱	일곱	일곱	하나님이 저주하지 않은 자를 저주할 수 없다. 이 백성은 홀로 살 것이라. 야곱의 티끌을 누가 능히 세며 이스라엘의 사분의 일을 누가 능히 세느냐.
두번째	비스가 꼭대기	일곱	일곱	일곱	하나님은 사람이 아니시니 거짓말 하지 않으시고 후회가 없으시다. 야곱의 허물을 보시지 않는다. 애굽에서 인도하여 내셨다. 이 백성은 힘이 들소와 같고 암사자, 수사자와 같이 일어났다.
세번째	브올산 꼭대기	일곱	일곱	일곱	야곱의 장막과 이스라엘의 거처들의 아름다움을 노래한다. 나라가 흥왕한다. 축복하는 자마다 복을 받고 저주하는 자마다 저주를 받는다.
네번째	—	—	—	—	한별이 야곱에서 나오며 한 규가 이스라엘에서 일어나서 모압을 멸한다. 주권자가 야곱에서 난다. 아말렉, 겐 족속의 멸망을 예언함.

93. 한 별이 야곱에서 나오며 한 규가 이스라엘에게서 일어나서 모압을 멸한다는 예언은 몇 번째인가?(24:17)
① 첫 번째　　② 두 번째　　③ 세 번째　　④ 네 번째

94. 이스라엘이 어디에 머물러 있을 때 모압 여자들과 음행하기를 시작하였는가?(25:1)
① 헤스본　　② 싯딤　　③ 맛다나　　④ 세렛

95. 모압 여자들과 음행하기를 시작하였을 때 이스라엘이 어디에 가담함으로 여호와께서 진노하셨는가?(25:3)

96. 미디안 한 여인과 이스라엘 남자를 창으로 죽인 자는?(25:7~8)
① 비느하스　　② 엘르아살　　③ 아론　　④ 모세
참조 : 아론의 손자며 엘르아살의 아들이다.

---

93. ④　94. ②　95. 바알브올　96. ①

97. 이 때에 염병으로 죽은 자가 모두 몇 명인가?(25:9)
① 이만 이천 명   ② 이만 삼천 명
③ 이만 사천 명   ④ 이만 오천 명

98. 이일로 인하여 여호와께서 비느하스에게 준 것은?(25:12)

참조: 72 번 문제

99. 이 평화의 언약은 비느하스와 그의 후손에게 무엇을 주는 언약인가?(25:12~13)

100. 죽임을 당한 이스라엘 남자와 미디안 여인의 이름은?(25:14~15)

참조 : 시므리는 살루의 아들로 시므온인의 조상의 가문 중 한 지도자이며, 고스비는 미디안 백성의 한 조상의 가문으로 수르 수령의 딸이다.

101. 민수기에서 두 번째 인구 조사 한 곳은?(26:3)
① 바란 광야   ② 모압 평지   ③ 시내 광야   ④ 신 광야

102. 첫 번째 인구조사보다 몇 명이 적어졌는가?(26:5~51)

참조 : 5 번 문제

103. 가장 많이 적어진 지파(자손)는?(26:12~14)
① 르우벤   ② 시므온   ③ 유다   ④ 에브라임

---

97. ③ 98. 평화의 언약 99. 영원한 제사장 직분의 언약 100. 스므리, 고스비
101. ② 102. 일천 팔백이십 명 103. ②

104. 가장 많아진 지파(자손)는?(26:28~34)
　　① 갓　　　　② 베냐민　　　③ 므낫세　　　④ 단

105. 레위인은 처음 인구조사 때보다 몇 명이 많아졌는가?(26:62)
　　① 천 명　　　② 이천 명　　　③ 삼천 명　　　④ 사천 명

106. 아들이 없이 아버지가 죽었음으로 아버지의 기업을 달라고 요구한
　　딸들의 아버지는?(27:1)

　　참조 : 아버지의 기업이 아들이 없으면 딸이, 딸도 없으면 아버지의 형제가, 아버지
　　의 형제도 없으면 가까운 친척이 받을 수 있다.

107. 슬로브핫의 딸들이 아닌 자는?(27:1)
　　① 말라　　② 노아　　③ 호글라　　　④ 라헬

　　참조 : 그 외 밀가, 디르사 모두 5명이다.

108. 각 절기에 드리는 제물로 바르지 못한 것은?(28:3~29:38)
　　① 상번제 - 일년 된 숫양 둘
　　② 안식일 - 일년 된 숫양 둘, 숫염소 하나
　　③ 무교절 - 수송아지 둘, 숫양 하나, 일년 된 숫양 일곱, 숫염소
　　　하나
　　④ 속죄일 - 수송아지 하나, 숫양 하나, 일년 된 숫양 일곱, 숫염소
　　　하나

---

104. ③　105. ①　106. 슬로브핫　107. ④　108. ②

참조 : 각 절기에 드리는 제물(곡물을 제외하였다)

구 분		번 제			속죄제	비 고
		수 송아지	숫양	일년 된 숫양	숫염소	
상번제		—	—	2	—	매일 아침, 저녁 한 마리씩 드린다.
안식일		—	—	2	—	매 안식일의 번제이다.
초하루		2	1	7	1	숫염소 한 마리를 속죄제로 드린다.
무교절		2	1	7	1	숫염소 한 마리를 속죄제로 드린다.
칠칠절		2	1	7	1	숫염소 한 마리를 속죄제로 드린다.
일곱째달 초하루 (나팔절)		1	1	7	1	숫염소 한 마리를 속죄제로 드린다.
속죄일		1	1	7	1	숫염소 한 마리를 속죄제로 드린다.
초막절		13	2	14	1	숫염소 한 마리를 속죄제로 드린다.
		12	2	14	1	숫염소 한 마리를 속죄제로 드린다.
		11	2	14	1	숫염소 한 마리를 속죄제로 드린다.
		10	2	14	1	숫염소 한 마리를 속죄제로 드린다.
		9	2	14	1	숫염소 한 마리를 속죄제로 드린다.
		8	2	14	1	숫염소 한 마리를 속죄제로 드린다.
		7	2	14	1	숫염소 한 마리를 속죄제로 드린다.
		1	1	7	1	숫염소 한 마리를 속죄제로 드린다.

109. 초막절의 각 날 중 수송아지 제물로 바르지 못한 것은?(29:12~38)
　① 첫째 날 - 열세 마리　　② 셋째 날 - 열한 마리
　③ 여섯째 날 - 아홉 마리　④ 여덟째 날 - 한 마리

110. 서원한 규례 중 바르지 못한 것은?(30:3~8)
　① 여자가 어려서 한 서원은 부모가 허락하지 않을 수 있다.
　② 남편을 맞을 때의 서원은 남편이 허락하지 않을 수 있다.
　③ 부모나 남편이 듣고 아무 말이 없으면 서원을 지켜야 한다.
　④ 서원에 상응하는 예물을 드려야 한다.

---

109. ③　110. ④

111. 미디안과 전쟁을 하려 할 때 모세가 몇 명을 무장시켰는가?(31:5)
　　① 일천이백 명　　　　　② 만 이천 명
　　③ 이만 사천 명　　　　　④ 십사만 사천 명

112. 미디안의 다섯 왕이 아닌 것은?(31:8)
　　① 에위　　　② 레겜　　　③ 수르　　　④ 발람

　　참조 : 발람은 점술가(수13:22), 선지자(벧후 2:15~16)로 기록하기도 하였다. 그 외에 후르, 레바가 미디안의 다섯 왕들이다.

113. 누구의 꾀를 따라 이스라엘 자손을 브올의 사건에서 여호와 앞에 범죄하여 염병이 일어나게 되었는가?(31:16)
　　① 시혼　　　② 옥　　　　③ 발람　　　④ 발락

114. 르우벤 자손과 갓 자손이 요단강을 건너지 않겠다고 말한 이유는?(32:1~5)
　　① 아이들과 노인들이 많아서
　　② 심히 많은 가축 떼를 가졌음으로
　　③ 두려움 때문에
　　④ 모세의 지도력에 불만을 가져서

---

111. ② 112. ④ 113. ③ 114. ②

115. 전리품 분배로 바르지 못한 것은?(31:25~30)
   ① 전쟁에 나갔던 군인은 전리품의 반을 받는다.
   ② 회중은 전리품의 반을 받는다.
   ③ 제사장은 군인으로부터 십분의 일을 받는다.
   ④ 레위인 회중으로부터 오십분의 일을 받는다.

   참조 : 전리품의 분배
   사로잡은 사람들과 짐승들을 계수하고 그 얻은 물건을 반분하여(둘이 된다)
   1. 전쟁에 나갔던 군인 - 분배한 반을 받아 오백분의 일을 제사장에게 준다.
   2. 회중 - 분배한 반을 받아 오십분의 일을 레위인에게 준다.
   3. 제사장 - 전쟁에 나갔던 군인으로부터 오백분의 일을 받는다.
   4. 레위인 - 회중으로부터 오십분의 일을 받는다.

116. 요단 강 동쪽 땅을 소유할 기업이 된 자손이 아닌 것은?(32:32~33)
   ① 갓   ② 르우벤   ③ 므낫세 반   ④ 요셉

117. 이들의 기업이 된 땅은 어느 왕과 어느 왕의 소유였는가?(32:33)

118. 이스라엘 자손들이 라암셋을 떠난 날과 아론이 호르 산에 올라가
   죽은 날은?(33:3, 38)
   ① 첫째 달 열다섯째 날, 사십 년째 오월 초하루
   ② 둘째 달 열다섯째 날, 사십 년째 유월 초하루
   ③ 셋째 달 열다섯째 날, 사십 년째 칠월 초하루
   ④ 넷째 달 열다섯째 날, 사십 년째 팔월 초하루

---

115. ③ 116. ④ 117. 시혼, 옥 118. ①

119. 아론이 호르 산에서 죽던 때의 나이는?(33:39)

　① 113세　② 123세　③ 133세　④ 143세

120. 이스라엘 자손들이 레위인에게 준 총 성읍은?(35:7)

　① 이십팔 성읍　② 삼십팔 성읍　③ 사십팔 성읍　④ 오십팔 성읍

121. 이스라엘 자손들이 호르 산에 이르기까지 진을 친 곳으로 다음 노정이 바르지 못한 것은?(33:5~37)

　① 숙곳 ⇨ 에담　　② 마라 ⇨ 엘림

　③ 르비딤 ⇨ 시내 광야　④ 에시온게벨 ⇨ 호르 산

참조 : 이스라엘 자손들이 호르 산에 이르기까지의 노정(진을 친 곳)

라암셋을 떠나 ⇨ 숙곳 ⇨ 에담 ⇨ 믹돌 ⇨ 마라 ⇨ 엘림 ⇨ 신 광야 ⇨ 돕가 ⇨ 알루스 ⇨ 르비딤 ⇨ 시내 광야 ⇨ 기브롯핫다와 ⇨ 하세롯 ⇨ 릿마 ⇨ 림몬베레스 ⇨ 립나 ⇨ 릿사 ⇨ 그헬라다 ⇨ 세벨 ⇨ 하라다 ⇨ 막헬롯 ⇨ 다핫 ⇨ 데라 ⇨ 밋가 ⇨ 하스모나 ⇨ 모세롯 ⇨ 브네야아간 ⇨ 홀하깃갓 ⇨ 욧바다 ⇨ 아브로나 ⇨ 에시온게벨 ⇨ 가데스 ⇨ 호르 산

122. 도피성은 모두 몇 성읍인가?(35:6)

　① 세 성읍　② 네 성읍　③ 다섯 성읍　④ 여섯 성읍

참조 : 도피성(수 20:7~9)

　요단강 양편에 각각 세 개씩 정해진 성읍으로서 부지중에 과실로 사람을 죽인 자가 자기를 죽여 원수를 갚으려는 자들을 피하여, 재판이 열려 자기의 사정을 고

119. ②　120. ③　121. ④　122. ④

하기 까지 도피해 있는 곳이다. 성으로는 요단 동편에 베셀, 길르앗 라못, 바산 골란 등의 세 성읍과 서편에 게데스, 세겜, 기럇 아르바(헤브론) 등 모두 여섯 성 읍이 정해졌다.

123. 도피성에 거주할 수 있는 자가 <u>아닌</u> 것은(35:16~25)
　　① 철 연장으로 사람을 쳐 죽인 자
　　② 기회를 엿봄이 없이 무엇을 던져 사람을 죽인 자
　　③ 보지 못하고 사람을 죽일 만한 돌을 던져 죽인 자
　　④ 악의가 없이 우연히 사람을 밀쳐 죽인 자

124. 도피성에 머문 살인자가 자기 소유의 땅으로 돌아갈 수 있을 <u>때</u>는?(35:28)
　　① 무죄를 받았을 때　　② 속전을 지불 했을 때
　　③ 보복하는 자가 죽었을 때　　④ 대제사장이 죽었을 때

125. 아들이 없는 슬로브핫의 딸들이 그 유산을 상속받았는데 이들이 다른 지파로 시집을 가면 그 유산이 다른 지파의 소유가 되어 자기 조상 지파의 기업에서 삭감되는 문제를 제기한 <u>자손은</u>?(36:1~4)
　　① 르우벤　　　② 유다　　　③ 요셉　　　④ 에브라임

126. 이러한 문제가 옳으므로 슬로브핫의 딸들은 오직 <u>어느 조상</u> 지파

---

123. ①　124. ④　125. ③　126. ③

의 종족에게로만 시집을 가야 하는가?(36: 12)

① 르우벤　　② 유다　　③ 므낫세　　④ 에브라임

127. 민수기는 모두 몇 장으로 기록되었는가?

_____

127. 36장

신 명 기

신명기 개요

1. 기록자
모세(아마도 여호수아가 34장에 언급된 모세의 죽음을 기록하였을 것이다)

2. 기록연대
B.C. 1410~1395년 사이

3. 기록장소
모압 땅에 위치한 요단강 근처의 평원에서 기록하였다.

4. 기록대상
가나안 땅에 들어가게 될 새로운 세대의 이스라엘 백성

5. 핵심어 및 내용

신명기의 핵심어는 '기억하라', '언약', '순종' 등이다. 모세는 신명기를 통하여 억압의 상태에서 그들을 구원해 주셨고, 광야에서 지켜주신 하나님과 족장들이 맺었던 그 언약을 잊지 말고 지키라고 이스라엘 백성에게 계속해서 권면한다. 이처럼 받을 만한 아무런 자격도 없는 이스라엘을 구원하신 하나님께 그들이 할 수 있는 최선의 보답은 주저함 없이 하나님의 말씀을 순종하는 것이다.

각 장의 내용들

1장

    1. 40년을 정리하며 연설하는 모세(1~5)

    2. 하나님의 인도와 약속(6~8)

    3. 재판을 위한 지도자 보충(9~18)

    4. 정탐꾼 파송과 하나님의 인도하심(19~33)

    5. 이스라엘의 거역과 하나님의 형벌(34~46)

2장

    1. 싸우지 못한 족속들(1~23)

    2. 세일산에 거하는 동족 에서의 자손(4~7)

    3. 롯의 후손은 모압자손(8~12)

    4. 가데스바네아에서 38년(13~16)

    5. 암몬자손(17~19)

    6. 암몬과 에서자손이 멸한 족속(20~23)

    7. 싸워서 정복한 헤스본 왕 시혼의 땅(24~37)

3장

    1. 바산 왕 옥의 나라 정복(1~11)

    2. 옥에게 빼앗은 요단 동쪽 땅의 분배(12~20)

    3. 후계자 여호수아와 모세의 소원(21~29)

4장

    1. 법도를 듣고 준행할 것을 간절히 권고하는 모세(1~40)

    2. 우상 숭배에 대한 경고(15~28)

    3. 여호와를 만나려면(29~31)

    4. 여호와가 행하신 일을 기억하라(32~40)

    5. 도피성(41~49)

5장

  1. 모세와 대면하셔서 주신 언약(1~5)

  2. 십계명(6~21)

  3. 십계명을 두 돌판에 써서 모세에게 주심(22)

  4. 여호와의 영광과 위엄, 불가운데의 음성을 듣고 두려워 했던 백성들(23~27)

  5. 이스라엘이 영원히 복받기를 원하시는 여호와(28~33)

6장

  1. 듣고 삼가 그것을 행하라(1~3)

  2. 행함에 대한 원칙(4~9)

  3. 약속의 땅에 들어가서 배부를 때에 여호와를 잊지 말라(10~13)

  4. 여호와를 시험하지 말라(14~16)

  5. 명하신 것들을 지키면(17~19)

  6. 여호와의 행하신 일들을 자손들에게 전수하라(20~25)

7장

  1. 가나안 7족속에게 금할 것과 행할 것(1~5)

  2. 하나님의 선택과 신실하심(6~11)

  3. 순종에 대한 축복(12~15)

  4. 함께 하심에 대한 약속(16~26)

8장

  1. 40년간 받은 은혜를 기억하고 명령을 지켜 행하라(1~6)

  2. 하나님이 이르게 하실 아름다운 가나안 땅(7~10)

  3. 가나안에 들어가서 여호와를 기억하라(11~20)

9장

  1. 자기 의를 버리라(4~6)

  2. 잊어서는 안될 과오(7~29)

10장

   1. 모세가 준비한 두 돌판에 십계명을 다시 주심(1~5)

   2. 이스라엘 백성들의 발행(6~7)

   3. 여호와의 일을 위한 레위 지파의 선택(8~11)

   4. 마음의 할례를 행하라(12~16)

   5. 고아, 과부, 나그네를 사랑해야 할 이유(17~22)

11장

   1. 본대로 기억하고 자녀들에게 가르치라(1~7)

   2. 명령을 지킬 때 약속된 땅에서 받을 축복(8~15)

   3. 명령을 어길 때 받을 저주(16~17)

   4. 그러므로 선택하라(18~28)

   5. 축복과 저주를 선포할 곳(29~32)

12장

   1. 우상을 멸하라(1~3)

   2. 택하신 곳에서 제사를 드리라(4~14)

   3. 먹을 수 있는 것과 먹을 수 없는 것(15~28)

   4. 멸망한 그들의 자취를 밟지 말라(29~32)

13장

   1. 거짓 선지자들이 꾀이면 죽이라(1~5)

   2. 가족이나 친구가 꾀이면 죽이라(6~11)

   3. 불량배의 유혹을 용서하지 말라(12~18)

14장

   1. 죽은 자를 위해 하지 말 것(1~2)

   2. 음식에 관한 법(3~21)

   3. 십일조(22~29)

15장

   1. 매 칠년 끝에 빚을 면제하라(1~6)

2. 면제년이 가까워 와도 가난한 사람을 도우라(7~11)

3. 자유하게 할 동족에게 줄 것(12~18)

4. 처음 난 것 중에 흠없는 것들은 하나님께 드릴 것(19~23)

16장

1. 유월절에 관한 규례(1~8)

2. 칠칠절에 관한 규례(9~12)

3. 초막절에 관한 규례(13~15)

4. 주신 복을 따라 하나님께 예물 드리라(16~17)

5. 재판장과 유사들에 관한 법(18~20)

6. 우상을 세우지 말라(21~22)

17장

1. 흠있는 것은 여호와께 드리지 말 것(1)

2. 여호와께 가증한 것임. 우상 숭배자 처벌법(2~7)

3. 성중에서 송사하는 일 처리(8~13)

4. 왕의 선택 기준과 행할 일(14~20)

18장

1. 여호와의 화제물과 기업을 분깃으로 받을 레위 지파(1~8)

2. 우상숭배에 대한 경고(9~14)

3. 선지자 약속(15~19)

4. 거짓 선지자 판별 방법(20~22)

19장

1. 부지 중에 그 이웃을 죽인 자가 피할 도피성(1~10)

2. 이웃을 미워하여 고의로 죽인 자의 처리(11~13)

3. 이웃의 경계표를 옮기지 말라(14)

4. 위증한 자에게 그 죄 값을 행하여 너희 중에 악을 제거하라(15~21)

20장

1. 싸우러 나갈 때 두려워 말라(1~4)

2. 전쟁에 참여하지 못할 자들(5~9)

3. 전쟁하기 전에 평화를 선언하라(10~15)

4. 기업으로 주시는 가나안 땅에서는 호흡 있는 자를 하나도 살리지 말 것(16~18)

21장

1. 범인이 발견되지 않은 살인 사건에 대한 속죄(1~9)

2. 사로잡은 포로를 아내로 삼으려면(10~14)

3. 존귀한 장자권(15~17)

4. 패역한 자식은 돌로 쳐 죽일 것(18~21)

5. 나무에 달린 시체는 당일에 장사할 것(22~23)

22장

1. 이웃의 소유를 보살펴 줄 것(1~4)

2. 남여 의복을 바꿔입지 말라(5)

3. 어미 새와 새끼를 함께 취하지 말라(6~7)

4. 새 집을 지을 때 난간을 만들라(8)

5. 혼합을 금하라(9~11)

6. 입는 겉옷 네 귀에 술을 달 것(12)

7. 아내를 버리려는 자에 대한 해결 법(13~21)

8. 강간 등의 처리 법(22~30)

23장

1. 총회에 들어오지 못할 자(1~8)

2. 출진을 위해 진을 거룩히 할 것(9~14)

3. 도망 나온 종에게 긍휼을 베풀 것(15~16)

4. 창기와 남창이 있지 못할 것(17~18)

5. 형제에게 꾸이고 이자를 받지 말 것(19~20)

6. 여호와께 서원한 것은 더디 갚지 말 것(21~23)

7. 이웃의 포도원과 곡식을 먹을 수 있는 허용 범위(24~25)

24장

   1. 아내에게 수치되는 일이 발견되면 이혼증서 써서 내어 보낼 것(1~4)

   2. 결혼 후 1년간 군대를 면제하고 아내를 즐겁게 할 것(5)

   3. 맷돌을 전당 잡지 말 것(6)

   4. 사람을 유인한 자 죽일 것(7)

   5. 미리암의 나병 기억하라(8~9)

   6. 저당잡은 전당물은 해질 때 돌려 줄 것(10~13)

   7. 빈핍한 품꾼의 품삯은 당일에 줄 것(14~15)

   8. 자기 죄에 죽임 당할 것(16)

   9. 객, 고아, 과부의 송사를 억울하게 말 것(17~18)

   10. 객, 고아, 과부를 긍휼히 여겨 밭에 남은 것은 그냥 둘 것(19~22)

25장

   1. 40대 까지만 때릴 것(1~3)

   2. 곡식 떠는 소의 입에 망을 씌우지 말 것(4)

   3. 형의 미망인과 결혼 할 것(5~6)

   4. 의무를 행치 않은 형제들에게 취할 행동(7~10)

   5. 싸울 때 음낭을 잡은 여인의 손을 찍어 버릴 것(11~12)

   6. 공정한 저울 추, 같은 되를 둘 것 (13~16)

   7. 출애굽 때 약자들을 친 아말렉을 잊지 말고 도말하라(17~19)

26장

   1. 가나안 입성 후 첫 열매를 드리는 법(1~11)

   2. 제 삼년의 십일조 사용법(12~15)

   3. 규례와 법도를 지켜 행하라 (16~19)

27장

   1. 가나안 입성 후 큰 돌들에다 율법을 기록하라(1~8)

   2. 모세의 간절한 부탁(9~10)

   3. 축복과 저주 위해 그리심 산과 에발 산에 설 것(11~13)

    4. 저주를 받을 자(14~26)

28장

    1. 명령을 지켜 행하면 복(1~14)

    2. 명령을 지키지 아니하면 저주(15~68)

29장

    1. 여호와의 행하신 일을 알라(1~9)

    2. 이스라엘 중에 있는 모든 자와 맺은 언약(10~15)

    3. 계약의 의도(16~17)

    4. 계약을 어길 자에게 임할 하나님의 진노(18~29)

30장

    1. 쫓겨 간 나라에서 여호와께 돌아올 때 받을 복(1~6)

    2. 이스라엘이 돌아오면 대적이 모든 저주를 받게 될 것(7)

    3. 돌아와 여호와의 말씀을 순종하고 모든 명령을 지키라(8~10)

    4. 어렵거나 멀지 않은 하나님의 명령(11~14)

    5. 이스라엘 앞에 놓인 생명과 사망의 길(15~20)

31장

    1. 여호와의 약속을 백성들에게 말하는 모세(1~5)

    2. 여호수아에게 함께 하실 여호와(6~8)

    3. 율법을 써서 이스라엘 모든 장로들에게 줌(9~13)

    4. 이스라엘 여호와를 버리고 세운 언약을 어길 것(14~18)

    5. 모세가 이스라엘에게 가르친 노래(19~22)

    6. 언약궤를 메는 레위 사람에게 명하는 모세(24~29)

    7. 이스라엘 총회에 읽어 준 모세의 노래(30)

32장

    1. 모세의 마지막 노래(1~43)

    2. 율법의 모든 말씀을 지켜 행하라고 훈계하는 모세(44~47)

3. 죽기 위해 느보 산에 오른 모세(48~52)

33장
  1. 율법은 야곱의 총회의 기업(1~5)
  2. 르우벤과 유다 지파의 축복(6~7)
  3. 레위 지파의 축복(8~11)
  4. 베냐민 지파의 축복(12)
  5. 요셉 지파의 축복(13~17)
  6. 스불론과 잇사갈 지파의 축복(18~19)
  7. 갓과 단 지파의 축복(20~22)
  8. 납달리와 아셀 지파의 축복(23~25)
  9. 이스라엘 전체에 대한 축복(26~29)
34장
  1. 죽음 직전에 모세가 바라본 가나안 땅(1~4)
  2. 모세의 죽음과 장사(5~6)
  3. 그의 향년(120)과 그에 대한 이스라엘의 30일 애곡(7~8)
  4. 후계자 여호수아(9)
  5. 모세의 인품(10~12)

5. 신명기

1. 모세가 이스라엘 무리들에게 이 말씀을 선포한 곳은?(1:1)
   ① 아라바 광야   ② 신 광야   ③ 바란 광야   ④ 시내 광야

2. 모세가 자신의 무거운 책임을 분담하기 위하여 세운 재판 제도가 아닌 것은?(1:15)
   ① 천부장   ② 백부장   ③ 열두 부장   ④ 조장

   참조 : 장인 이드로의 제안에 따라 재판장 제도를 세웠다(출 18:17~26). 그러나 출애굽기에는 '조장' 이 없다.

3. 재판에 임하는 재판장의 자세 중 바르지 못한 것은?(1:16~17)
   ① 쌍방간에 공정히 판결할 것
   ② 타국인은 예외로 할 것
   ③ 외모나 귀천에 따라 판결하지 말 것
   ④ 결단하기 어려운 일은 모세에게 돌릴 것

4. 여호와께서 다투지 말고 괴롭히지 말라는 족속이 아닌 것은?(2:5)
   ① 에돔   ② 모압   ③ 암몬   ④ 아모리

   참조 : 에돔 족속은 에서의 자손이고 모압과 암몬 족속은 롯의 자손이다. 여호와께서 세일산을 에서에게 기업으로 주었기 때문이다.

---

1. ① 2. ③ 3. ② 4. ④

5. 르바임 땅에 르바임이 거주하였는데 암몬 족속은 그들을 <u>무엇</u>이라고 일컬었는가?(2:20)

참조 : 삼숨밈
'중얼 거리는 자들' 이라는 의미일 것이며 수스 족속(창 14:5)과 동일한 족속일 것이다.

6. 아낙 족속과 같이 강하고, 많고, 키가 크며 모압 변경 아르에 거주하였던 <u>족속</u>은?(2:21)

7. 르바임 <u>족속으로</u> 최후까지 남았으며 침상이 철상인 <u>자</u>는?(3:11)

8. 모세는 <u>어느</u> 산에 올라 동서남북을 바라보았지만 요단을 건너지 못할 것이라는 여호와의 말씀을 들었는가?(3:27)
   ① 호르 산   ② 시내 산   ③ 느보 산   ④ 비스가 산

9. 여호와께서 너희와 세우신 언약을 잊지 말고 네 하나님 여호와께서 금하신 어떤 형상의 우상도 조각하지 말라하시며 <u>어떤</u> 하나님이라 말씀 하셨나?(4:23~24)

10. 요단 동편에 있는 도피성이 <u>아닌</u> 것은?(4:43)
    ① 베셀   ② 길르앗 라못   ③ 바산 골란   ④ 기럇 아르바

---

5. 삼숨밈 6. 르바임 7. 바산 왕 옥 8. ④
9. 소멸하시는 불이시요 질투하시는 하나님이시니라. 10. ④

참조 : 도피성이 있는 곳(수 20:7~8)

요 단 동 편		요 단 서 편	
지 명	기업(소유)	지 명	기업(소유)
베셀	르우벤	갈릴리 게데스	납달리
길르앗 라못	갓	세겜	에브라임
바산 골란	므낫세	기럇 아르바	유다

11. 므낫세 지파의 소유에 있는 도피성은?(4:43)

① 베셀 ② 길르앗 라못 ③ 바산 골란 ④ 갈릴리 게데스

12. 십계명은 신명기 몇 장에 기록하고 있는가?

13. 십계명 중 제 1 계명은?(5:7)

참조 : 출애굽기에는 20 장에 기록하고 있다.

14. 십계명 중 제 2 계명에서 나를 사랑하고 내 계명을 지키는 자에게는 몇 대까지 은혜를 베푸신다고 하셨나?(5:10)

① 삼 대   ② 십 대   ③ 백 대   ④ 천 대

15. 십계명 중 제 4 계명은?(5:12)

16. 하나님 여호와가 네게 준 땅에서 네 생명이 길고 복을 누리는 내용은 몇 계명에 나오는가?(5:16)

① 제 4 계명 ② 제 5 계명 ③ 제 6 계명 ④ 제 7 계명

---

11. ③ 12. 5 장 13. 나 외에는 다른 신들을 네게 두지 말지니라 14. ④
15. 안식을 지켜 거룩하게 하라 16. ②

17. 신명기 6:5 말씀을 <u>암기</u>하여 써라.

18. 바리새인들과 서기관들이 허리에 차거나 이마에 붙이고 다니는 신명기의 경문은 <u>몇 장 몇</u> 절인가?

19. 이스라엘 자손이 하나님 여호와를 시험한 <u>곳</u>은?(6:16)
    ① 마라   ② 엘림   ③ 디베랴   ④ 맛사

20. 이스라엘 자손들이 삼가 지켜야 할 세 가지가 <u>아닌</u> 것은?(6:17)
    ① 율법   ② 명령   ③ 증거   ④ 규례

21. 가나안의 일곱 족속이 <u>아닌</u> 것은?(7:1)
    ① 헷   ② 기르가스   ③ 블레셋   ④ 아모리

    참조 : 위의 세 족속 외에 가나안, 브리스, 히위, 여부스 족속이 있다.

22. 이스라엘 자손들을 낮추시고 시험하사 마음이 어떠한지, 명령을 지키는지 지키지 않는지 아시려고 하나님 여호와께서 <u>무엇</u>을 하셨나?(8:2)
    ① 광야 길을 걷게 하셨다.   ② 유월절을 지키게 하셨다.
    ③ 만나를 주셨다.   ④ 메추라기를 주셨다.

23. 광야에서 만나를 주신 것은 <u>무엇</u>을 알게 하려고 하신 것이라 말씀하셨나?(8:3)

---

17. 너는 마음을 다하고 뜻을 다하고 힘을 다하여 네 하나님 여호와를 사랑하라
18. 6:4~9 19. ④ 20. ① 21. ③ 22. ① 23. 사람이 떡으로만 사는 것이 아니요 여호와의 입에서 나오는 모든 말씀으로 사는 줄을 알게 하심이다.

24. 이스라엘 백성이 여호와를 격노케 한 곳이 <u>아닌</u> 것은?(9:8, 22)
　　① 호렙 산　　② 가데스 바네아　　③ 맛사　　④ 다베라

　　참조 : 기브롯 핫다아와에서도 격노케 했다.

25. 모세가 처음 것과 같은 돌판 둘의 궤는 <u>무엇</u>으로 만들었는가?(10:3)
　　① 순금　　　　② 대리석　　　③ 조각목　　④ 백향목

26. 여호와께서 레위 지파를 구별하여 하게 하신 것이 <u>아닌</u> 것은?(10:8)
　　① 여호와의 언약궤를 메게 하셨다.
　　② 백성의 죄를 사하게 하셨다.
　　③ 여호와 앞에서 서서 섬기게 하셨다.
　　④ 여호와의 이름으로 축복하게 하셨다.

27. 모세가 하나님을 설명한 것이 <u>아닌</u> 것은?(10:17~19)
　　① 신 가운데 신이시며 주시다.
　　② 크고 능하시며 사랑의 하나님이시다.
　　③ 사람을 외모로 보시지 아니하시며 뇌물을 받지 않으신다.
　　④ 고아와 과부를 위하여 정의를 행하시며 나그네를 사랑하신다.

28. 애굽에 내려간 조상들은 <u>몇</u> 명이었는가?(10:22)
　　① 칠십 인　　② 칠십일 인　　③ 칠십이 인　　④ 칠십삼 인

29. 너희가 만일 이 모든 명령을 잘 지켜 행하여 하나님 여호와를 사랑
　　하고 그의 모든 도를 행하여 의지하면 이스라엘 자손들의 경계는 <u>어</u>

---

24. ②　25. ③　26. ②　27. ②　28. ①
29. 광야에서 레바논까지, 유브라데 강에서부터 서해까지이다.

<u>디</u>까지라고 말씀하셨는가?(11:22~24)

30. 모세가 축복을 선포한 <u>산</u>은?(11:29)

31. 모세가 저주를 선포한 <u>산</u>은?(11:29)
　　① 시내 산　　② 느보산　　③ 아라랏 산　　④ 에발 산

32. 예배의 장소를 선택하는 근본 <u>원리</u>는?(12:5, 11, 14, 26)
　　① 이스라엘 백성이 택한 곳　　② 대제사장이 택한 곳
　　③ 여호와께서 택한 곳　　　　　④ 가까운 곳

33. 고기 먹는 규정이 <u>아닌</u> 것은?(12:15~28)
　　① 모든 고기를 먹을 수 있지만 피는 먹지 말아야 한다.
　　② 제사의 제물은 택한 장소에서 먹어야 한다.
　　③ 정한 자나 부정한 자도 먹을 수 있다.
　　④ 제사장과 레위인은 예외이다.

34. 우상 숭배자들의 <u>형벌</u>은?(13:10)

35. 이스라엘 자손이 먹을 수 있는 짐승이 <u>아닌</u> 것은?(14:8)
　　① 소　　　　② 돼지　　　　③ 양　　　　④ 염소

참조 : 정한 짐승
짐승 - 굽이 갈라져 쪽발도 되고 새김질도 해야 한다.
물고기 - 지느러미와 비늘이 있는 것 이여야 한다.
새 - 대체적으로 죽은 것을 먹지 않는 것들이어야 한다.

---

30. 그리심 산　31. ④　32. ③　33. ④　34. 죽음　35. ②

36. 매 삼년 끝에 그 해 소산의 십분의 일을 성읍에 저축한 것을 받을 수
   있는 사람이 <u>아닌</u> 것은?(14:28~29)
   ① 제사장　　　② 객　　　③ 고아　　　④ 과부

37. 이웃의 부채를 면제해 주는 면제년은 <u>몇 년</u>마다 하는가?(15:1~2)
   ① 삼 년　　　② 칠 년　　　③ 사십 년　　　④ 오십 년

38. 면제년에 면제를 받을 수 <u>없는</u> 사람은?(15:3)
   ① 고아　　　② 과부　　　③ 객　　　④ 이방인

39. 면제년의 규례가 <u>아닌</u> 것은?(15:12~18)
   ① 히브리인이 종일 경우 자유하게 한다.
   ② 종이 결혼하여 낳은 자녀는 예외다.
   ③ 빈손으로 가게 하지 말아야 한다.
   ④ 종이 영구히 동거하기를 원하면 귀를 뚫어 영구히 종이되게 한
      다.

40. 곡식에 낫을 대는 첫 날부터 일곱 주를 세어 지키는 <u>절기</u>는?(16:9~10)

41. 이스라엘 모든 남자는 일 년에 세 번을 지켜야 할 절기가 <u>아닌</u> 것
   은?(16:16)
   ① 무교절　　　② 칠칠절　　　③ 나팔절　　　④ 초막절

   참조 : 출애굽기 84 문제

---

36. ① 37. ② 38. ④ 39. ② 40. 칠칠절 41. ③

42. 재판장들과 지도자들의 눈을 어둡게 하고 말을 굽게 하는 것은?(16:19)

43. 죽일 자는 몇 사람의 증언으로 죽일 수 있는가?(17:6)

44. 왕위에 오르거든 왕이 평생에 자기 옆에 두고 읽어야 하는 것은?
    (17:18~19)

45. 제사장이 백성에게서 받을 몫이 아닌 것은?(18:3~4)
    ① 제물의 소나 양이나 그 앞다리와 두 볼과 위
    ② 처음 거둔 곡식과 포도주와 기름
    ③ 일곱 해에 거둔 땅의 소산
    ④ 처음 깎은 양털

46. 여호와께서 말씀하신 가증한 자가 아닌 것은?(18:10~11)
    ① 대언자
    ② 아들이나 딸을 불 가운데로 지나게 하는 자
    ③ 점쟁이나 길흉을 말하는 자
    ④ 요술하는 자나 무당이나 진언자

47. 모세와 같은 선지자 하나를 일으킨다는 예언이 기록된 곳은?
    ① 창 3:15   ② 창 12:1~3   ③ 신 18:15   ④ 민 24:17

---

42. 뇌물 43. 두 사람이나 세 사람의 증언 44. 율법서 45. ③ 46. ① 47. ③

성경문제집

참조 : 메시야에 대한 예언과 성취

구약의 예언	내　용	신약의 성취	구약의 예언	내　용	신약의 성취
창 3:15	여자의 후손	갈 4:4~5	시 110:4	멜기세덱의 반차를 좇는 제사장	히 5:6
창 12:3	아브라함의 자손	마 1:1	사 7:14	동정녀 탄생	눅 1:27, 31
창 17:19	이삭의 자손	눅 3:34	사 9:1	갈릴리 전도	마 4:13~16
창 49:10	유다 지파로부터 오심	눅 3:33	사 9:7	다윗의 위를 상속함	눅 1:32~33
민 24:17	야곱의 자손	마 1:2	사 40:3~5	주의 길을 예비하는 세례 요한	눅 3:3~6
신 18:15	선지자	행 3:20, 22	사 50:6	매 맞음	마 26:67
시 2:7	하나님의 아들	마 3:17	사 53:3	유대인들에 의해 배척당하심	요 1:11
시 16:10, 49:15	부활	막 16:6~7	사 53:5	대신 고난을 받으심	롬 5:6, 8
시 22:1	하나님에 의해 버려짐에 조롱과 모욕을 당함	마 27:46	사 53:7	고소하는 자들 앞에서 침묵함	막 15:4~5
시 22:7~8	조롱과 모욕을 당함	눅 23:35	사 53:9	부자의 무덤에 장사지냄	마 27:57~60
시 22:16	수족이 찔림	요 20:27	사 53:12	죄인들과 함께 못 박히심	막 15:27
시 22:17~18	옷을 제비 뽑음	마 27:35	사 61:1~2	가난한 자에게 복음을 전파함	눅 4:18~19
시 34:20	뼈가 꺾이지 않음	요19:32~33,36	렘 31:15	헤롯왕의 유아학살	마 2:16
시 35:11	거짓 증인들에 의해 고소됨	막 14:57	단 9:25	탄생의 때	눅 2:1~2
시 35:19	이유없이 미움을 받음	요 15:24	호 11:1	애굽으로 피난함	마 2:14~15
시 41:9	가까운 친구에 의해 배반당함	눅 22:47~48	미 5:2	베들레헴에서의 탄생	마 2:1
시 68:18	승천	막 16:19 고전 15:4	슥 9:9	승리의 입성	마 11:7, 9, 11
시 69:21	쓸개 탄 포도주를 줌	마 27:34	슥 11:12	은 삼십에 의해 팔림	마 26:15
시 78:2~4	비유로 가르치심	마 13:34	슥 12:10	옆구리가 찔림	요 19:34
시 109:4	원수들을 위해 기도함	눅 23:34			

48. 적군과 싸우려 할 때에 집으로 돌아갈 수 있는 자가 아닌 것은?
(20:5~8)
① 새 집을 건축하고 낙성식을 행하지 못한 자
② 포도원을 만들고 그 과실을 먹지 못한 자
③ 여자와 약혼을 하고 결혼하지 못한 자
④ 부모가 죽어 장례를 지내지 못한 자

참조 : 4가지로 '두려워하여 마음이 허약한 자'도 집으로 돌아간다.

49. 하나님 여호와께서 이스라엘이 전쟁을 할 때 먼저 하라고 하신 것
은?(20:10)

50. 하나님 여호와께서 기업으로 주신 성읍에서 호흡 있는 자를 하나도
살리지 말라고 하신 여섯 족속이 아닌 것은?(20:16~17)
① 헷   ② 아모리   ③ 에돔   ④ 가나안

참조 : 브리스, 히위, 여부스 족속이 있다.

51. 하나님 여호와께서 주어 차지한 땅에서 피살된 시체를 발견하고 죽
인 자를 알지 못할 때 취하는 방법이 아닌 것은?(21:1~9)
① 장로들과 재판장들이 나가서 피살된 곳의 사방에 있는 성읍의 원
근을 잰다.
② 제일 가까운 성읍의 장로들이 부리지 않고 멍에를 메지 않은 암
송아지를 취한다.
③ 제일 가까운 성읍의 성막에서 번제로 드린다.
④ 레위 자손 제사장들도 그리로 간다.

---

48. ④ 49. 화평을 선언하라 50. ③ 51. ③

52. 여자 포로를 아내로 삼는 규정이 <u>아닌</u> 것은?(21:10~14)
   ① 종으로 여긴다.
   ② 포로의 의복을 벗긴다.
   ③ 그 부모를 위하여 애곡한 후에 아내로 맞는다.
   ④ 머리를 밀고 손톱을 벤다.

53. 사랑받는 아내와 사랑받지 못한 아내가 둘 다 아들을 낳고 미움을 받는 자의 아들이 장자이면 기업을 나누는 날에 <u>누구</u>에게 장자의 권리가 있는가?(21:15~17)

54. 사람에게 완악하고 패역하고 부모의 말을 순종하지 않은 아들에게 내리는 벌은?(21:18~21)

55. 개인적인 유의 사항이 바르지 <u>못한</u> 것은?(22:1~12)
   ① 잃은 것을 보거든 못 본체 하지 말라
   ② 여자는 남자, 남자는 여자의 의복을 입지 말라
   ③ 어미 새와 새끼를 아울러 취하지 말라
   ④ 새집을 지을 때에 지붕에 난간을 만들라
   ⑤ 포도원에 두 종자를 섞어 뿌리지 말라
   ⑥ 소와 나귀를 겨리하여 갈지 말라
   ⑦ 양털과 베 실로 섞어 짠 것을 입지 말라
   ⑧ 입는 겉옷의 네 귀에 술을 만들라

52. ① 53. 미움을 받는 자의 아들 54. 돌로 쳐 죽임을 당한다. 55. 모두 바르다

56. 아내를 맞이하여 처녀가 아니라고 누명을 씌운 자는 여자의 아버지
    에게 <u>얼마</u>의 벌금을 주어야 하는가? (22:13~19)
    ① 은 오십 세겔   ② 은 일백 세겔
    ③ 은 일백오십 세겔   ④ 은 이백 세겔

57. 돌로 쳐 죽이는 형벌이 <u>아닌</u> 것은?(22:20~29)
    ① 처녀가 아닌 아내   ② 약혼한 여자를 들에서 강간한 남자
    ③ 유부녀와 동침한 남녀   ④ 약혼하지 않은 처녀와 동침한 남자

58. 약혼하지 않은 처녀와 동침한 남자는 처녀의 아버지에게 <u>얼마</u>를 주
    고 아내로 삼아야 하는가?(22:29)
    ① 은 이십 세겔   ② 은 삼십 세겔
    ③ 은 사십 세겔   ④ 은 오십 세겔

59. 여호와의 총회에 들어오지 못하는 사람이 <u>아닌</u> 것은?(23:1~8)
    ① 삼대 후 에돔 사람   ② 고환이 상한 자나 음경이 잘린 자
    ③ 암몬과 모압 사람   ④ 십 대에 이르지 못한 사생자

    참조: 에돔 사람은 삼 대 후에 들어올 수 있다.

60. 영원히 여호와의 총회에 들어가지 못하는 <u>두 사람</u>은?(23:3)

61. 암몬 사람과 모압 사람이 영원히 여호와의 총회에 들어오지 못하는
    이유가 <u>아닌</u> 것은?(23:3~4)
    ① 애굽에서 나올 때 떡과 물로 영접하지 않았기 때문

---

56. ② 57. ④ 58. ④ 59. ① 60. 암몬, 모압 61. ③

② 브올의 아들 발람에게 뇌물을 주었기 때문

③ 사생자의 후손들이었기 때문

④ 발람에게 저주하라고 하였기 때문

62. 사람이 새로이 아내를 맞이하였으면 <u>몇 년</u> 동안 군대를 내보내지 말아야 하는가?(24:5)

① 일 년　　② 이 년　　③ 삼 년　　④ 사 년

64. 곡식을 벨 때나 감람나무와 포도원의 포도를 딴 후에 그 남은 것을 다시 따지 말고 남겨두어야 하는데 그것은 누구를 위한 것인가? 그 중 <u>아닌</u> 것은?(24:19~22)

① 객　　② 이방인　　③ 고아　　④ 과부

65. 종을 대우하는 법에서나(15:15), 무교병을 먹을 때나(16:3), 객이나 고아의 송사에 대해서나(24:17~18), 밭의 소산물을 거둘 때(24:19~22) 이스라엘 백성은 모두 <u>어디</u>에서 있던 일을 기억하라고 하셨나?

66. 악인에게 태형은 <u>몇 대</u>를 넘기지 못하는가?(25:3)

① 삼십　　② 사십　　③ 오십　　④ 육십

67. 곡식 떠는 소에게 <u>무엇</u>을 씌우지 말아야 하는가?(25:4)

① 멍에　　② 고삐　　③ 망　　④ 수레

참조 : 사도 바울이 두 번 인용하였다(고전 9:9, 딤전 5:18).

---

62. ① 64. ② 65. 애굽 66. ② 67. ③

68. 아들이 없이 죽은 형제의 아내를 취하여 후사를 잇게 하는(구약의 수혼법) 것을 거절하는 자의 이름을 무엇이라고 불렀는가?(25:10)

69. 하나님 여호와께서 천하에서 어느 족속에 대한 기억을 지워버리라고 말씀하셨나?(25:19)
① 아말렉　　② 모압　　③ 암몬　　④ 에돔

참조 : 이 말씀은 히스기야 왕 때 시므온 지파에 의해 이루어졌다(대상 4:42~43).

70. 축복하기 위하여 선 산은?(27:12)

71. 요단을 건너 네 하나님 여호와께서 주시는 땅에 들어가는 날에 큰 돌을 세우고 석회를 바른 후 모든 율법을 기록하여 어느 산에 세우라고 하셨나?(27:2~4)
① 시온 산　　② 에발 산　　③ 그리심 산　　④ 느보 산

72. 축복하기 위한 산에 서 있는 지파가 아닌 것은?(27:12~13)
① 시므온　　② 레위　　③ 스불론　　④ 유다

73. 저주하기 위하여 선 산은?(27:13)

74. 저주하기 위한 산에 서 있는 지파가 아닌 것은?
① 르우벤　　② 단　　③ 납달리　　④ 베냐민

참조 : 축복의 산과 저주의 산에 선 지파들
1. 축복의 산(그리심) - 시므온, 레위, 유다, 잇사갈, 요셉, 베냐민
2. 저주의 산(에발) - 르우벤, 갓, 아셀, 스불론, 단, 납달리

68. 신 벗김 받은 자의 집 69. ① 70. 그리심 산 71. ② 72. ③ 73. 에발 산 74. ④

75. 저주와 축복을 큰 소리로 이스라엘 모든 사람에게 말한 사람은?(27:14)
　① 레위　　② 모세　　③ 아론　　④ 여호수아

76. 순종에 대한 축복과 불순종의 저주가 몇 장에 기록되었는가?

　참조 : 레위기 26장에도 비슷한 말씀이 기록되어 있다.

77. 적군들이 한 길로 왔다가 몇 길로 도망한다고 하셨나?(28:7)
　① 세 길　　② 다섯 길　　③ 일곱 길　　④ 열 길

78. 저주받을 열두 가지 죄가 아닌 것은?(27:15~25)
　① 조각하거나 부어 만든 우상을 은밀히 세우는 자
　② 부모를 경홀히 여기는 자
　③ 우상의 제물을 먹는 자
　④ 이웃의 경계표를 옮기는 자

　참조 : 저주받을 열두 가지 죄
　　1. 조각하거나 부어 만든 우상을 은밀히 세우는 자
　　2. 부모를 경홀히 여기는 자
　　3. 이웃의 경계표를 옮기는 자
　　4. 맹인에게 길을 잃게 하는 자
　　5. 객이나 고아나 과부의 송사를 억울하게 하는 자
　　6. 아버지의 아내와 동침하는 자
　　7. 짐승과 교합하는 자
　　8. 아버지의 딸이나 어머니의 딸과 동침하는 자
　　9. 장모와 동침하는 자
　　10. 이웃을 암살하는 자
　　11. 무죄한 자를 죽이려고 뇌물을 받는 자
　　12. 이 율법의 말씀을 실행하지 않는 자

────────────

75. ①　76. 28장　77. ③　78. ③

79. 축복과 저주에 흐르는 조건문은 무엇이라 할 수 있나?

80. 여호와께서 호렙에서 이스라엘 자손과 세우신 언약 외에 어느 땅에서도 세우셨는가?(29:1)
① 모압   ② 애굽   ③ 에돔   ④ 암몬

81. 모압 땅에서 세우신 언약의 말씀을 기록하고 있는 두 장은?

82. 여호와께서 애굽에서 바로에게 행하신 일과 광야에서 행하신 일은 무엇을 알게 하려 하심이라고 말씀하셨는가?(29:6)

83. 여호와께서 진노와 격분으로 멸하신 성이 아닌 것은?(29:23)
① 아드마   ② 세겜   ③ 소돔   ④ 고모라

참조 : 스보임을 포함하여 네 성이다.

84. 여러 나라 사람들이 어찌하여 이 땅에 이같이 행하셨고 무슨 뜻이냐고 물음에 대한 대답으로 옳지 않은 것은?(29:25~26)
① 애굽에서 세운 언약을 버렸기 때문이다.
② 향락에 빠졌기 때문이다.
③ 다른 신들을 따라 갔기 때문이다.
④ 그들을 섬기고 절했기 때문이다.

---

79. 내가 오늘 네게 명령하는 그의 모든 명령을 지켜 행하면~ 80. ①
81. 29장, 30장 82. 주는 너희의 여호와 하나님이신 줄을 알게 하려 하심이니라
83. ② 84. ②

85. 율법을 낭독하는 때는?(31:10)
    ① 매칠(면제)년 끝 유월절   ② 매칠(면제)년 끝 초막절
    ③ 매칠(면제)년 끝 무교절   ④ 매칠(면제)년 끝 맥추절

86. 율법의 말씀을 다 책에 써서 마친 후 어디에 두었는가?(31:26)
    ① 성소 안에   ② 지성소 안에   ③ 궁 안에   ④ 언약궤 곁에

87. 모세의 노래는 몇 장에 기록되었는가?

88. 모세의 노래 가운데 이스라엘의 다른 이름은?(32:15)

    참조 : 직역하면 '옳은 자'라는 뜻으로 이스라엘을 가리키는 애칭이다. 이 애칭은 하
    나님께 배은 망덕한 이스라엘을 아주 날카롭게 지적하기 위해 사용한 것이다.

89. 모세가 죽기 전에 이스라엘 자손을 축복 가운데 누구의 총회의 기업
    이라고 하였는가?(33:4)
    ① 아브라함   ② 이삭   ③ 야곱   ④ 요셉

90. 다음은 모세가 어느 지파에게 축복한 것인가?(33:8)
    "주의 둠밈과 우림이 주의 경건한 자에게 있도다 주께서 그를 맛사
    에서 시험하시고 므리바 물가에서 그와 다투셨도다"

    ① 르우벤   ② 유다   ③ 레위   ④ 베냐민

_____

85. ② 86. ④ 87. 32장 88. 여수룬 89. ③ 90. ③

참조 : 이스라엘 지파의 축복

지파	내 용
르우벤	죽지 아니하고 살기를 원하며 그 사람 수가 적지 아니하기를 원하나이다.
유다	음성을 들으시고 인도하시며 자기를 위하여 싸우게 하시며 주께서 도우사 대적을 치게 하소서.
레위	주의 둠밈과 우림이 주의 경건한자에게 있도다. 주의 법도를 야곱에게 주의 율법을 이스라엘에게 가르치며 온전한 번제를 제단 위에 드리로다. 재산을 풍족하게 하시고 대적과 미워하는 자의 허리를 꺾으소서.
베냐민	날이 마치도록 보호하시고 어깨 사이에 있게 하소서.
요셉	첫 수송아지 같이 위엄이 있다. 그 뿔이 들소의 뿔 같도다. 이것으로 민족들을 받아 땅 끝까지 이르리니 에브라임은 만만이요, 므낫세는 천천이다.
스불론	바다의 풍부한 것과 모래에 감추인 보배를 흡수하리로다.
갓	광대하신 이에게 찬송을 부를 지어다. 암사자 같이 엎드리고 팔과 정수리를 찢는도다. 여호와의 공의와 이스라엘과 세우신 법도를 행하도다.
단	바산에서 뛰어나오는 사자의 새끼로다.
납달리	은혜가 풍성하고 복이 가득하다. 서쪽과 남쪽을 차지할지로다.
아셀	그의 형제에게 기쁨이 되며 그의 발이 기름에 잠길지로다. 문빗장은 철과 놋이 될것이니 네가 사는 날을 따라서 능력이 있으리로다.

91. 모세의 축복 중 빠진 지파는?(33:6~24)

　　① 시므온　　② 갓　　③ 단　　④ 아셀

　　참조 : 야곱도 이스라엘 각 지파를 축복하였다(창 49:3~27).

92. 모세가 요셉을 축복 가운데 어느 자손은 만만이요 어느 자손은 천천이라 했는가?(33:17)

---

91. ① 92. 에브라임, 므낫세

93. 은혜가 풍성하고 여호와의 복이 가득한 축복을 받은 지파는?(33:23)
    ① 단　　　② 납달리　　　③ 아셀　　　④ 요셉

94. 모세가 죽은 곳은?(34:1)
    ① 호렙산　　② 아라랏 산　　③ 그리심 산　　④ 느보 산

95. 종려나무의 성읍은 어느 곳을 말하는가?(34:3)
    ① 실로　　② 엘림　　③ 세겜　　④ 여리고

96. 모세는 어느 땅에서 죽었는가?(34:5)
    ① 모압　　② 암몬　　③ 에돔　　④ 시돈

97. 모세가 죽었을 때의 나이는?(34:7)
    ① 백 세　　② 백십 세　　③ 백이십 세　　④ 백삼십 세

98. 모세를 위하여 이스라엘 자손이 애곡한 기간은?(34:8)
    ① 십 일　　② 이십 일　　③ 삼십 일　　④ 사십 일

99. 이스라엘에 여호와께서 대면하여 아시던 자로 누구와 같은 선지자가 일어나지 못하였다고 하였는가?(34:10)

100. 신명기는 모두 몇 장으로 기록되었는가?

---

93. ②　94. ④　95. ④　96. ①　97. ③　98. ③　99. 모세　100. 34장

여 호 수 아

여호수아 개요

1. 기록자

여호수아(아마도 여호수아보다 더 오래 살았던 지도자들이 그가 죽은 뒤에 일어났던 일들을 기록하였을 것이다)

2. 기록연대

B.C. 1410~1350년 사이

3. 기록장소

정복전쟁 이전에 요단 강 동편과 정복 전쟁이 시작 된 이후에 요단 강 서편 가나안 땅.

4. 기록대상

이스라엘 백성

5. 핵심어 및 내용

여호수아의 핵심어는 '선택하라', '섬기라' 이다. 여호수아는 그의 설교를 통하여 이 두 가지를 다 강조하였다. "너희 섬길 자를 오늘날 택하라 오직 나와 내 집은 여호와를 섬기겠노라"(수24:15)

각 장의 내용들

1장

  1. 가나안 땅 정복에 대한 하나님의 약속과 명령(1~7, 9)

  2. 율법준수에 대한 명령(8)

  3. 여호수아가 백성들에게 준 명령(10~15)

  4. 백성들의 순종(16~18)

2장

  1. 라합의 집에 숨은 정탐꾼(1~7)

  2. 라합이 두 정탐꾼에게 구원을 약속받음(8~14)

  3. 정탐꾼들의 약속(15~21)

  4. 돌아온 정탐꾼의 보고(22~24)

3장

  1. 요단강을 건너라는 여호수아의 명령(1~6)

  2. 하나님으로부터 건너는 방법을 지시받음(7~13)

  3. 갈라진 요단강(14~17)

4장

  1. 요단강을 건너 기념비 12돌을 취함(1~9)

  2. 요단을 건넌 후 여리고에 들어간 두 지파 반(10~14)

  3. 다시 흘러넘친 요단강(15~18)

  4. 길갈에 세운 12돌(19~24)

5장

  1. 요단 서편 모든 왕들이 요단강에서의 여호와의 일로 정신을 잃음(1)

  2. 길갈에서 할례를 행함(2~9)

  3. 유월절과 만나 그침(10~12)

  4. 여호수아가 여호와의 군대 장관을 만남(13~15)

6장

    1. 여리고 정복에 관한 하나님의 지시(1~7)

    2. 여리고 정복(8~21)

    3. 기생 라합 가족의 구원(22~27)

7장

    1. 아간의 도적질과 아이 성 싸움의 패배(1~15)

    2. 패배의 원인과 아간의 고백(16~21)

    3. 아간을 아골 골짜기에서 처벌함(22~26)

8장

    1. 아이 성 싸움에 대한 하나님의 지시(1~2)

    2. 아이 성 싸움에 대한 여호수아의 지시(3~9)

    3. 아이 성 싸움의 승리(10~29)

    4. 에발 산에서 단을 쌓음(30~35)

9장

    1. 가나안 족속(헷, 아모리, 가나안, 브리스, 히위, 여부스)이 여호수아와 싸우려 함(1~2)

    2. 이스라엘의 종이 된 기브온 족속(16~21)

    3. 기브온 족속의 변명(22~27)

10장

    1. 아모리 다섯왕의 동맹(1~5)

    2. 기브온의 구원 요청과 이스라엘의 승리(6~11)

    3. 태양을 머무르게 한 여호수아의 기도(12~15)

    4. 다섯 왕의 처형(16~27)

    5. 여호와의 명대로 남방 지경을 회복함(28~43)

11장

    1. 하솔 왕의 연합군(1~5)

　　2. 메롬 물가에서 말의 뒷발 힘줄을 끊고 불로 병거를 살라 승리함
　　　　(6~9)

　　3. 하솔을 처형(10~15)

　　4. 가나안 전체 땅 정복(16~23)

12장

　　1. 요단 동쪽에서 정복한 땅들(1~6)

　　2. 요단 서편에서 정복한 31성읍(7~24)

13장

　　1. 정복되지 않은 땅(1~7)

　　2. 요단강 동편의 땅(8~14)

　　3. 르우벤, 갓, 므낫세 반 지파의 기업(15~31)

　　4. 기업을 받지 못한 레위 지파(32~33)

14장

　　1. 요단 서편 땅을 제비뽑기로 분배(1~5)

　　2. 헤브론을 기업으로 요구한 갈렙(6~12)

　　3. 헤브론을 기업으로 얻은 갈렙(13~15)

15장

　　1. 유다 지파의 땅과 경계(1~12)

　　2. 갈렙의 헤브론 정복과 사위 옷니엘(13~19)

　　3. 유다의 성읍들(20~62)

　　4. 유다 자손이 쫓아 내지 못해 예루살렘에 남은 여부스 족속(63)

16장

　　1. 요셉 자손이 분배 받은 땅(1~4)

　　2. 에브라임 지파의 기업(5~9)

　　3. 에브라임이 쫓아 내지 못한 게셀에 거하는 가나안 사람(10)

17장

　　1. 므낫세 지파의 기업(1~6)

　2. 므낫세 지파의 경계(7~13)

　3. 더 많은 기업을 요구하는 요셉 자손(14)

　4. 여호수아의 대답(15~18)

18장

　1. 실로에 세운 회막(1)

　2. 미 정복지의 지도를 그려 오라(2~8)

　3. 여호수아가 제비를 뽑아 땅을 분배 함(9~10)

　4. 베냐민 지파가 얻은 기업(11~28)

19장

　1. 시므온 지파의 기업(1~9)

　2. 스불론 지파의 기업(10~16)

　3. 잇사갈과 아셀 지파의 기업(17~31)

　4. 납달리 지파의 기업(32~39)

　5. 단 지파의 기업(40~48)

　6. 여호수아의 기업(49~50)

　7. 기업 분배의 종결(51)

20장

　1. 도피성에 대한 명령(1~6)

　2. 6개 도피성을 지정(7~9)

21장

　1. 기업을 요청하는 레위 지파(1~2)

　2. 48성읍을 얻은 레위지파(3~42)

　3. 약속대로 이스라엘 백성들에게 땅을 주심(43~45)

22장

　1. 요단동편 용사들을 집으로 돌아감(1~9)

　2. 요단 강변에 쌓은 "엣" 제단으로 인한 분쟁(10~20)

　3. 3지파의 해명(21~29)

4. 3지파의 굳어진 약속(30~34)

23장

    1. 여호와의 행하신 일을 기억하라(1~5)

    2. 율법을 힘써 지키라(6~13)

    3. 우상을 섬기지 말고 하나님만 섬기라(14~16)

24장

    1. 이스라엘 모든 지파를 세겜에 모음(1)

    2. 하나님의 축복을 회고하는 여호수아(2~13)

    3. 섬길 자를 택하라고 촉구함(14~18)

    4. 언약의 갱신(19~28)

    5. 여호수아의 죽음(29~31)

    6. 요셉의 장사와 엘르아살의 죽음(32~33)

6. 여호수아

1. 여호와께서 이스라엘 자손에게 준 영토의 지명 중 <u>아닌</u> 것은?(1:4)
   ① 레바논 ② 유브라데 ③ 가나안 족속의 땅 ④ 해지는 쪽 대해

   참조 : 영토
   광야와 레바논에서부터 큰 강 유브라데 강까지, 헷 족속의 온 땅과 또 해지는 쪽 대해까지

2. 모세가 용사들을 무장하고 먼저 요단을 건널 것을 요구 받은 지파 중 <u>아닌</u> 것은?(1:12~14)
   ① 유다   ② 르우벤   ③ 갓   ④ 므낫세

3. 눈의 아들 여호수아가 두 사람의 정탐꾼을 <u>어디</u>에서 보냈나?(2:1)
   ① 가나안   ② 싯딤   ③ 시돈   ④ 하세롯

4. 여호수아가 두 사람을 보내며 그 땅과 <u>어디</u>를 엿보라고 하였는가?(2:1)

5. 여리고에서 이스라엘의 정탐꾼 두 사람을 숨겨준 <u>여인</u>은?(2:3~4)

---

1. ③ 2. ① 3. ② 4. 여리고 5. 라합

6. 여리고 사람들이 이스라엘 사람들을 두려워하고 간담이 녹는다는 이유 중 아닌 것은?(2:9~11)
① 여호와께서 홍해를 마르게 하신 일
② 아모리 사람의 왕 시혼에게 행한 일
③ 애굽에서 열 재앙을 행하신 일
④ 아모리 사람의 왕 옥에게 행한 일

7. 언약궤를 멘 제사장들과 이스라엘 백성과의 거리는?(3:4)
① 천 규빗 ② 이천 규빗 ③ 삼천 규빗 ④ 사천 규빗

8. 이스라엘 자손들 보다 먼저 가나안에 들어가 싸운 무장한 사람의 수는?(4:13)
① 만 명 ② 이만 명 ③ 삼만 명 ④ 사만 명

9. 여호수아가 요단에서 가져온 열두 돌을 세운 곳은?(4:20)
① 길갈 ② 세겜 ③ 여리고 ④ 아이

10. 여호수아가 이스라엘 자손들에게 할례를 행한 곳은?(5:3)

11. 처음 유월절을 지키고 만나가 그친 곳은?(5:10~12)

12. 칼을 빼어 손에 들고 마주 서 있는 여호와의 군대 대장을 만난 사람은?(5:13~14)

6. ③ 7. ② 8. ④ 9. ① 10. 길갈 11. 길갈 12. 여호수아

13. 여호와께서 여리고성을 무너져 내리게 하기 위하여 여호수아에게 말씀하신 것 중 아닌 것은?(6:1~11))
    ① 성 주위를 매일 한번씩 엿새 동안 돌아라.
    ② 레위인은 일곱 나팔을 잡고 백성 앞에서 나아갈 것이다.
    ③ 일곱째 날에는 그 성을 일곱 번 돌며 제사장들은 나팔을 분다.
    ④ 제사장들이 양각 나팔을 길게 불어 그 나팔 소리가 너희에게 들릴 때에는 백성은 다 큰소리로 외쳐 부를 것이다.

14. 여리고성을 돌 때의 바른 행진 순서는?(6:13)
    ① 무장한 자 - 언약궤를 멘 제사장 - 일곱 양각 나팔을 가진 제사장 - 후군
    ② 무장한 자 - 일곱 양각 나팔을 가진 제사장 - 언약궤를 멘 제사장 - 후군
    ③ 일곱 양각 나팔을 가진 제사장 - 무장한 자 - 언약궤를 멘 제사장 - 후군
    ④ 언약궤를 멘 제사장 - 일곱 양각 나팔을 가진 제사장 - 후군 - 무장한 자

15. 여리고성을 무너지게 하기 위하여 모두 몇 바퀴를 돌았는가?(6:14~15)
    ① 열 바퀴   ② 열한 바퀴   ③ 열두 바퀴   ④ 열세 바퀴

16. 여리고성을 무너뜨리고 여리고를 멸할 때 누구와 그 집에 동거하는 자 모두를 살려 주었는가?(6:17)

---

13. ② 14. ② 15. ④ 16. 라합

17. 여리고성을 점령하고 전리품에 대한 설명으로 틀린 것은?(6:19~21)
    ① 은금과 동철은 여호와의 곳간에 들인다.
    ② 남녀노소를 막론하고 모두 멸한다.
    ③ 소와 양과 나귀를 칼날로 멸한다.
    ④ 어린아이와 여자는 멸하지 않는다.

18. 아래의 밑줄 친 부분은 <u>어느</u> 성을 말하는 것인가?(6:26)
    "이 성을 건축하는 자는 여호와 앞에서 저주를 받을 것이라 그 기초를 쌓을 때에 그의 맏아들을 잃을 것이요 그 문을 세울 때에 그의 막내 아들을 잃으리라 하였더라"

    ① 아이   ② 세겜   ③ 여리고   ④ 에녹

    참조: 이스라엘 왕 아합 때에 벧엘 사람 히엘이 여리고 성을 건축하였는데 그가 그 터를 쌓을 때에 맏아들 아비람을 잃었고 그 성문을 세울 때에 막내 아들 스굽을 잃었다(왕상 16:34).

19. 아이 성을 점령하기 위하여 올라간 이스라엘 백성의 <u>수</u>는?(7:4)
    ① 이천 명   ② 삼천 명   ③ 사천 명   ④ 오천 명

20. 여호와의 언약을 어기고 이스라엘 가운데서 망령된 일을 행한 지파로 <u>어느</u> 지파가 뽑혔는가?(7:18)
    ① 유다   ② 에브라임   ③ 갓   ④ 베냐민

21. <u>누가</u> 뽑혔는가?(7:18)

---

17. ④ 18. ③ 19. ② 20. ① 21. 아간

22. 아간이 여리고 성 전리품을 훔친 것 중 아닌 것은?(7:21)
    ① 외투 한 벌   ② 은 이백 세겔
    ③ 금덩이 오십 세겔   ④ 향유 삼백 데나리온

23. 아간과 그의 자녀와 소유물을 돌로 치고 불사르고 하여 돌무더기를 크게 쌓았는데 오늘날까지 있고 그 곳 이름을 무엇이라고 부르는가?(7:24~26)

24. 아이 성을 점령하기 위하여 여호수아가 취한 방법이 아닌 것은?(8:3, 12, 16)
    ① 용사 삼만 명을 뽑았다.   ② 언약궤를 멘 제사장이 나갔다.
    ③ 아이 성 백성을 유인했다.   ④ 오천 명을 매복시켰다.

25. 아이 사람들이 죽은 수는?(8:25)
    ① 만 명   ② 만 천 명   ③ 만 이천 명   ④ 만 삼천 명

26. 여호수아가 여호와께 묻지 아니하고 화친을 맺도록 속였던 가나안 사람은?(9:3~15)
    ① 헷 사람   ② 아모리 사람   ③ 여부스 사람   ④ 히위 사람

27. 여호수아가 쇠 연장으로 다듬지 아니한 새 돌에 모세가 기록한 율법을 기록하고 이스라엘 하나님을 위하여 제단을 만들어 번제물과 화목제물을 드린 산은?(8:30~32)
    ① 에발 산   ② 그리심 산   ③ 시내 산   ④ 호르 산

---

22. ④ 23. 아골 골짜기 24. ② 25. ③ 26. ④ 27. ①

28. 기브온주민들이 목숨을 얻는 대신에 여호와의 제단을 위하여 <u>무엇</u>을 하는 자들이 되었는가?(9:27)
    ① 짐승을 죽이는 자   ② 나무를 패며 물을 긷는 자
    ③ 불을 지피는 자   ④ 제단을 깨끗하게 하는 자

29. 아모리 다섯 왕 중 <u>아닌</u> 것은?(10:3)
    ① 예루살렘 왕 아도니세덱   ② 헤브론 왕 호함
    ③ 에글론 왕 야비아   ④ 야르못 왕 비람

    참조: 라기스 왕 야비아, 에글론 왕 드빌이 있다.

30. 아모리 족속의 다섯 왕들과 대진하여 싸우고 있을 때 길갈에 있는 여호수아에게 속히 돕기를 <u>구한</u> 사람들은?(10:6)

    참조 : 히위 사람의 성읍 기브온이다.

31. 다음은 <u>어느</u> 사람과 싸움을 할 때에 일인가?(10:12)
    "태양아 너는 기브온 위에 머무르라 달아 너는 아얄론 골짜기에서 그리할지어다."
    ① 아멜렉   ② 여리고   ③ 아모리   ④ 아이

32. 아모리 다섯 왕들이 도망하여 <u>숨은</u> 곳은?(10:16)
    ① 막게다 굴   ② 아둘람 굴   ③ 막벨라 굴   ④ 엔게디 요새

---

28. ② 29. ③ 30. 기브온 31. ③ 32. ①

33. 태양이 중천에 머물러서 거의 종일토록 속히 내려가지 아니하였다고 기록된 책은?(10:13)

참조 : 야살의 책
이스라엘 초기의 전쟁을 기록한 책으로 아마 시문 형태로 기록되었을 것이다.

34. 가나안의 여러 부족과 연합하여 이스라엘을 대적하였던 하솔의 왕은 누구인가?(11:1)
① 요밥　　　② 악삽　　　③ 드빌　　　④ 야빈

35. 이 왕들이 이스라엘과 싸우기 위하여 진을 친 곳은?(11:5)

36. 가나안은 어느 족속이 유일하게 이스라엘 자손과 화친으로 맺었는가?(11:19)

37. 이스라엘 자손의 땅에는 아낙 사람들이 하나도 남지 않았지만 남아 있는 세 곳 중 아닌 것은?(11:22)
① 가사　　　② 아낙　　　③ 가드　　　④ 아스돗

38. 여호수아와 이스라엘 자손들이 멸한 요단 서편의 왕들의 순서로 바르지 못한 것은?(12:9~24)
① 여리고 → 아이 → 예루살렘　　② 헤브론 → 야르뭇 → 라기스
③ 에글론 → 게셀 → 드빌　　　　④ 게델 → 하솔 → 므깃도

33. 야살의 책 34. ④ 35. 메롬 물가 36. 히위 37. ② 38. ④

참조 : 여호수아와 이스라엘 자손이 멸한 요단 서편의 왕들

여리고 ⇨ 아이 ⇨ 예루살렘 ⇨ 헤브론 ⇨ 야르뭇 ⇨ 라기스 ⇨ 에글론 ⇨ 게셀 ⇨ 드빌 ⇨ 게델 ⇨ 호르마 ⇨ 아랏 ⇨ 립나 ⇨ 아둘람 ⇨ 막게다 ⇨ 벧엘 ⇨ 답부아 ⇨ 헤벨 ⇨ 아벡 ⇨ 랏사론 ⇨ 마돈 ⇨ 하솔 ⇨ 시므론 므론 ⇨ 악삽 ⇨ 다아낙 ⇨ 므깃도 ⇨ 게데스 ⇨ 욕느암 ⇨ 돌 ⇨ 고임 ⇨ 디르사 모두 서른 한 왕이다.

39. 여호수아가 정복한 왕들은 모두 몇 명의 왕인가?(12:24)

　① 서른 한　　② 서른 둘　　③ 서른 셋　　④ 서른 넷

40. 여호수아가 아직 정복하지 못한 지역의 땅을 몇 지파와 누구에게 나누라 하셨나?(13:7)

　① 아홉 지파와 르우벤 반지파　　② 아홉 지파와 갓 반지파

　③ 아홉 지파와 므낫세 반지파　　④ 아홉 지파와 유다 반지파

41. 여호수아가 어느 지파에게 기업으로 준 것이 없었는가?(13:14)

42. 요단 서쪽 가나안 땅을 분배한 방법은?(14:2)

　① 모세의 유언에 따라　　　　② 가계의 서열 순으로

　③ 제비 뽑아서　　　　　　　　④ 인구의 수로

43. 이스라엘의 열두 자손 중 두 지파가 있는 자손은?(14:4)

44. 갈렙이 받은 기업은 어느 땅인가?(14:13)

　참조 : 헤브론의 옛 이름은 '기럇 아르바' 이다.

---

39. ① 40. ③ 41. 레위 지파 42. ③ 43. 요셉 44. 헤브론

45. 갈렙의 아버지 이름은?(14:14)

46. 갈렙이 기럇 세벨을 쳐서 점령한 자에게 딸 악사를 아내로 주겠다고 하였는데 누가 그곳을 점령하고 아내로 맞이했는가?(15:16~17)
① 야일　　　② 옷니엘　　　③ 훌다　　　④ 힐기야

47. 유다 자손이 쫓아내지 못하였으므로 예루살렘에 거주한 가나안 족속은?(15:63)
① 히위　　　② 브리스　　　③ 여부스　　　④ 기르가스

48. 에브라임 자손은 게셀에 거주하는 어느 족속을 쫓아내지 아니하였음으로 오늘까지 에브라임 가운데에 거주하며 노역하는 종이 되었는가?(16:10)
① 헷　　② 히위　　③ 아모리　　④ 가나안

49. 여호와께서 지금까지 내게 복을 주시므로 내가 큰 민족이 되었거늘 한 제비, 한 분깃으로만 내게 주심은 어찌함이니이까?하고 땅을 더 요구한 자손은?(17:14)
① 시므온　　　② 요셉　　　③ 스불론　　　④ 유다

50. 여호수아 때에 어디에 회막을 세웠는가?(18:1)
① 실로　　　② 헤브론　　　③ 세겜　　　④ 벧엘

51. 여호수아가 요구하여 받은 성읍은?(19:50)
참조 : 에브라임 산지에 있다.

---

45. 여분네 46. ② 47. ③ 48. ④ 49. ② 50. ① 51. 딤낫 세라

52. 부지중에 실수로 사람을 죽인 자를 도망하게 하기 위하여, 또는 피의 보복자를 피할 곳을 무엇이라고 하는가?(20:2~3)

53. 모두 몇 개의 성이 있는가?(20:7~8)
  ① 다섯 개   ② 여섯 개   ③ 일곱 개   ④ 여덟 개

54. 도피성이 아닌 것은?(20:7~8)
  ① 베셀   ② 바산 골란   ③ 실로   ④ 세겜

참조 : 도피성

요 단 동 편		요 단 서 편	
지 명	기업(소유)	지 명	기업(소유)
베셀	르우벤	갈릴리 게데스	납달리
길르앗 라못	갓	세겜	에브라임
바산 골란	므낫세	기럇 아르바	유다

55. 요단 동편에 있는 도피성 중 아닌 것은?(20:7~8)
  ① 기럇 아르바 ② 베셀 ③ 길르앗 라못 ④ 바산 골란

56. 제사장 아론의 자손들은 어느 어느 지파로부터 성읍을 받았는가? 그 중 아닌 것은?(21:4)
  ① 유다   ② 시므온   ③ 르우벤   ④ 베냐민

---

52. 도피성 53. ② 54. ③ 55. ① 56. ③

참조 : 레위 사람의 기업 현황

자손	지파	소 유(기업)	성읍
그(고)핫	아론의 자손	유다와 시므온(9), 베냐민(4) 지파	열세
	그외	에브라임(4), 단(4), 므낫세 반(2)지파	열
게르손		잇사갈(4), 아셀(4), 납달리(3), 므낫세 반(2) 지파	열세
므라리		르우벤(4), 갓(4), 스불론(4) 지파	열두
			마흔여덟

57. 레위 사람들이 이스라엘 자손들의 기업 중에서 받은 성읍은 모두 몇 개의 성읍인가?(21:41)

① 열두 성읍   ② 스무 성읍   ③ 마흔 성읍   ④ 마흔여덟 성읍

58. 요단 동편의 두 지파 반이 그들을 위한 제단을 쌓자 요단 서편의 백성들이 누구를 파송하여 알아보도록 하였는가?(22:13)

① 갈렙   ② 비느하스   ③ 엘리에셀   ④ 엘르아살

59. 이들은 이스라엘 온 회중에 진노하셨던 두 가지 예를 들면서 여호와를 거역하지 말라고 하였는데 이 두 가지 예는 무엇인가?(22:17, 20)

   참조 : 브올의 죄악(민25:3), 아간의 범죄(수7:1. 5)

60. 요단 동편의 두 지파 반이 제단을 세운 목적은?(22:27)

① 서로 후대 사이의 증거가 되게 하기 위해서
② 회막의 거리가 멀어서
③ 흠 없는 제물을 드리기 위해서
④ 가까운 곳에 단을 쌓아 자주 제사하기 위해서

---

57. ④ 58. ② 59. 브올의 죄악, 아간의 범죄 60. ①

61. 요단 동편의 두 지파 반이 세운 단의 이름은?(22:34)
① 에벤에셀　② 벧엘　③ 엘엘로해 이스라엘　④ 엣

62. 어디에서 여호수아가 이스라엘 백성들을 향하여 마지막 말을 하였는가?(24:1)
① 세겜　　② 실로　　③ 길갈　　④ 헤브론

63. 아래는 누가 한 말인가?(24:15)
"…… 오직 나와 내 집은 여호와를 섬기겠노라 ……"

64. 여호수아는 몇 세에 죽었는가?(24:29)
① 백세　② 백십 세　③ 백이십 세　④ 백삼십 세

65. 여호수아는 어디에 장사되었는가?(24:30)

66. 이스라엘 자손이 애굽에서 가져온 누구의 뼈를 세겜에 장사하였는가?(24:32)

67. 여호수아는 모두 몇 장으로 기록되었는가?

───────────────

61. ④ 62. ① 63. 여호수아 64. ② 65. 딤낫 세라 66. 요셉 67. 24장

사 사 기

사사기 개요

1. 기록자
누가 기록했는지 알 수 없다(사무엘이 기록했을 가능성도 있다).

2. 기록연대
B.C. 1043~1004년 사이

3. 기록장소
약속의 땅인 가나안

4. 기록대상
이스라엘 백성

5. 핵심어 및 내용

사사기의 핵심어는 '불순종', '심판', '회개', '자비' 등이다. 이스라엘 백성은 반복되는 자신들의 타락에 대해서 회개하고 돌이키기 보다는 계속해서 죄를 범하였다. 그들은 불순종함으로 말미암아 하나님의 심판을 받게 되었다. 그러나 고통 가운데에서 이스라엘 백성이 회개하자 하나님은 그의 자비로써 이스라엘 백성을 회복하고 그들에게 평안한 삶을 허락해 줄 지도자를 세우셨다.

각 장의 내용들

1장

  1. 먼저 가나안에 올라가 싸운 유다와 시므온 지파의 승리(1~10)

  2. 기럇세벨을 쳐서 악사를 아내로 얻은 옷니엘(11~15)

  3. 가나안을 다 쫓아내지 못한 지파들(16~36)

2장

  1. 가나안이 이스라엘에게 가시와 올무가 될 것(1~5)

  2. 여호와의 행하신 일을 본 자들의 충성(6~7)

  3. 여호수아의 죽음과 이스라엘의 망각(8~10)

  4. 이스라엘 백성의 반역과 여호와의 진노(11~15)

  5. 사사를 세우시고 함께 하신 여호와(16~23)

3장

  1. 이스라엘을 시험하신 여호와(1~6)

  2. 옷니엘이 이스라엘을 구원(7~11)

  3. 모압왕 에글론으로 이스라엘을 치신 여호와(12~14)

  4. 에훗을 시켜 에글론을 물리치신 여호와(15~25)

  5. 모압이 이스라엘에게 항복(26~30)

  6. 이스라엘을 구원한 삼갈(31)

4장

  1. 가나안 왕 야빈으로 이스라엘을 치신 여호와(1~3)

  2. 여사사 드보라와 바락의 전투계획(4~10)

  3. 시스라와 이스라엘의 전투(11~16)

  4. 말뚝에 박혀 죽은 야빈의 군대장관 시스라(17~23)

5장

  1. 이스라엘의 하나님 여호와를 찬양(1~5)

  2. 야빈의 폭정과 하나님의 구원을 찬양(6~11)

3. 전투를 회상하며 찬양(12~23)

4. 야엘에 대한 칭송과 여호와의 인도하심 간구(24~31)

6장

1. 7년 동안의 미디안 압제(1~6)

2. 이스라엘의 회개와 여호와의 책망(7~10)

3. 기드온에게 나타난 여호와의 사자(11~19)

4. 여호와의 사자에게 음식을 대접한 기드온(20~24)

5. 바알과 아세라 상을 파괴한 기드온(25~27)

6. 성읍 사람들에게 바알이 우상임을 말하는 요아스(28~32)

7. 기드온에게 임한 여호와의 영(33~35)

8. 함께 하심의 증거를 달라고 요구하는 기드온(36~40)

7장

1. 전투 위해 300명을 선택한 기드온(1~8)

2. 기드온에게 용기를 주시는 여호와(9~14)

3. 나팔과 빈 항아리와 횃불(15~18)

4. 이스라엘의 승리(19~25)

8장

1. 시비하는 에브라임을 진정시키는 기드온(1~3)

2. 군대를 거느리고 미디안을 추격하는 기드온(4~17)

3. 세바와 살문나를 죽이는 기드온(18~21)

4. 금 에봇을 만들어 실수하는 기드온(22~28)

5. 기드온의 죽음(29~32)

6. 기드온 사후에 여호와를 잊어버린 이스라엘(33~35)

9장

1. 형제 70명을 죽이고 왕이 된 아비멜렉(1~6)

2. 비유를 들어서 아비멜렉의 잘못을 말하는 요담(7~21)

3. 세겜 사람 에벳의 아들 가알의 반란(22~23)

4. 가알의 보복으로 세겜 사람들을 죽이는 아비멜렉(34~49)

5. 아비멜렉의 죽음(50~55)

6. 요담의 저주가 응함(56~57)

10장

1. 잇사갈 사람 돌라를 통한 구원(1~2)

2. 아들 삼십을 둔 길르앗 사람 야일(3~5)

3. 패역한 이스라엘을 블레셋과 암몬에게 파심(6~9)

4. 이스라엘의 회개와 여호와의 근심(10~16)

5. 미스바에서 전투를 준비하는 이스라엘(17~18)

11장

1. 기생에 의하여 출생된 입다의 추방(1~3)

2. 입다가 이스라엘의 머리가 됨(4~11)

3. 입다의 평화 협상을 거절하고 싸우려는 암몬 왕(12~28)

4. 입다의 서원과 승리(29~33)

12장

1. 에브라임의 시비로 싸움하게 되는 입다(1~7)

2. 베들레헴 사람 입산(8~10)

3. 스불론 사람 엘론(11~12)

4. 비라돈 사람 힐렐의 아들 압돈(13~15)

13장

1. 이스라엘 블레셋의 손에 붙이심(1)

2. 삼손의 출생을 전하는 여호와의 사자(2~7)

14장

1. 블레셋 여인을 좋아하는 삼손(1~4)

2. 사자를 찢고 그 주검에서 꿀을 취하여 먹음(5~9)

3. 결혼 잔치와 수수께끼(10~14)

4. 삼손의 아내를 꾀여서 수수께끼를 푼 블레셋 사람들(15~18)

5. 노하여 집으로 올라온 삼손(19~20)

15장

1. 아내를 찾아 갔으나 장인에게 거절당하는 삼손(1~2)

2. 여우 300마리로 곡식을 불사른 삼손(3~8)

3. 유다 사람에 의해 블레셋에게 넘겨지는 삼손(9~13)

4. 하나님의 영이 임해 나귀 턱뼈로 일천 명을 죽인 삼손(14~17)

5. 목마른 삼손에게 물을 주시는 하나님(18~20)

16장

1. 가사 기생에게 갔다가 위기를 당한 삼손(1~3)

2. 삼손의 힘 근원을 알아 내려는 들릴라(4~17)

3. 들릴라에게 배신 당해 비참하게 된 삼손(18~22)

4. 삼손의 최후(23~31)

17장

1. 에브라임 산지의 미가가 만든 우상(1~5)

2. 한 레위인을 자기집 제사장으로 삼음(6~12)

3. 여호와께 복을 바라는 미가(13)

18장

1. 거할 땅을 찾는 단 지파(1~6)

2. 정탐꾼들의 라이스보고(7~10)

3. 이동하는 단 지파(11~13)

4. 미가의 신상과 제사장을 훔친 단 지파(14~20)

5. 신상을 찾으러 오는 미가(21~26)

6. 라이스를 점령하고 우상을 숭배하는 단 지파(27~31)

19장

1. 첩을 취한 레위인(1~9)

2. 기브아에 머무르는 레위인(10~21)

3. 베냐민 지파 기브아 사람들의 죄악(22~26)

4. 첩의 시체를 12덩이로 찍어서 각 지파에 보내는 레위인(27~30)

20장

1. 첩에 대한 레위인의 말을 들은 이스라엘(1~7)

2. 기브아에게 그대로 행하리라고 결의하는 이스라엘(8~11)

3. 기브아 거민을 옹호하는 베냐민 지파(12~16)

4. 이스라엘의 참패(17~28)

5. 전멸당한 베냐민 지파(29~48)

21장

1. 맹세로 인해 후회하는 이스라엘(1~7)

2. 야베스 길르앗 처녀 400명을 베냐민 지파에게 주는 이스라엘 (8~12)

3. 실로 처녀 200명을 붙들어서 아내로 삼은 베냐민 지파(13~24)

4. 왕이 없으므로 각기 소견대로 행한 이스라엘(25)

7. 사사기

1. 여호수아가 죽은 후 먼저 올라가 가나안 족속들과 싸운 두 지파
는?(1:3)
  ① 르우벤, 갓   ② 스불론, 므낫세
  ③ 유다, 시므온   ④ 베냐민, 잇사갈

2. 옛적에 칠십 명 왕들의 엄지손가락과 엄지발가락을 잘랐던 것처럼
잘리운 사람은?(1:7)

3. 예루살렘과 헤브론을 쳐서 점령한 자손은?(1:8~10)
  ① 베냐민   ② 에브라임   ③ 므낫세   ④ 유다

4. 유다가 헤브론에 거주하는 가나안 족속을 쳐서 죽인 사람 중 아닌 것
은?(1:10)
  ① 세새   ② 아히만   ③ 드빌   ④ 달매

  참조: 이들은 아낙의 세 아들이다(20).

5. 갈렙의 아우며 옷니엘의 아버지는?(1:13)

---

1. ③ 2. 아도니 베섹 3. ④ 4. ③ 5. 그나스

6. 갈렙의 딸이며 옷니엘의 아내는?(1:13)
　① 악사　　② 아스낫　　③ 르우마　　④ 디르사

7. 모세의 장인은 어디 사람인가?(1:16)
　① 길르앗　② 에브라임　③ 겐　④ 헷

8. 베냐민 자손이 예루살렘에 거주하는 어느 족속을 쫓아내지 못하였는가? (1:21)
　① 브리스　② 여부스　　③ 아모리　　④ 아셀

9. 벧엘의 본 이름은?(1:23)
　① 기럇세벨　② 기럇 아르바　③ 벧세메스　④ 루스

10. 에브라임이 어디에 거주하는 가나안 족속을 쫓아내지 못하였나? (1:29)
　① 게셀　　② 벧스안　　③ 다아낙　　④ 돌

참조 : 각 지파가 쫓아내지 못한 가나안 족속

이스라엘 지파	가나안 족속
유다	골짜기 주민
베냐민	여부스
므낫세	벧스안, 다아낙, 돌, 이블르암, 므깃도
에브라임	게셀
스불론	기드론, 나할론
아셀	악고, 시돈, 알랍, 악십, 헬바, 아빅, 르홉
납달리	벧세메스, 벧아낫
단	아모리

6. ① 7. ③ 8. ② 9. ④ 10. ①

11. 아모리 족속을 쫓아내지 못하고 도리어 쫓김을 당한 이스라엘 자손은?(1:34)

① 납달리　　②아셀　　③단　　④므낫세

12. 여호와의 사자가 나타나 언약을 지키지 못함과 쫓아내지 못한 족속들이 가시가 되고 그들의 신들이 올무가 된다는 말을 듣고 이스라엘 백성들이 소리 높여 울며 제사 드린 곳은?(2:5)

① 보김　　②실로　　③벧엘　　④길갈

13. 여호와의 종 눈의 아들 여호수아가 죽어 장사된 곳은?(2:9)

참조 : '딤낫세라' 로도 기록하고 있다(수 24:30).

14. 여호와께서 이방 민족들을 남겨 두신 이유는?(3:4)

15. 여호와께서 남겨 둔 이방 민족 중 아닌 것은?(3:3, 5)

① 블레셋　　②가나안　　③시돈　　④에돔

참조 : 히위, 헷, 아모리, 브리스, 여부스 등이 있다.

16. 사사 에훗을 대적한 적은?(3:12)

① 스불론　　②모압　　③블레셋　　④미디안

17. 왼손잡이로 길이가 한 규빗이 되는 좌우에 날선 칼을 오른쪽 허벅지 옷 속에 차고 다닌 사사는?(3:15~16)

① 옷니엘　　②에훗　　③삼갈　　④기드온

---

11. ③　12. ①　13. 딤낫 헤레스　14. 시험하사 조상들에게 이르신 명령들을 순종하는지 알고자　15. ④　16. ②　17. ②

18. 요단 강 나루를 장악한 장사요 용사인 모압 사람 약 만 명을 죽인 사사는?(3:28~29)

19. 다음 중 가장 오랫동안 이스라엘의 사사로 지낸 사람은?(3:30)
    ① 옷니엘　　② 에훗　　③ 드보라　　④ 삼손

20. 아낫의 아들로 소 모는 막대기로 블레셋 사람 육백 명을 죽인 사사는?(3:31)
    ① 옷니엘　　② 에훗　　③ 삼갈　　④ 야일

21. 메소보다미아 왕 구산리사다임을 팔 년 동안 섬기던 이스라엘 자손을 구원한 첫 사사는?(3:8~9)
    ① 에훗　　② 삼갈　　③ 옷니엘　　④ 드보라

22. 철 병거 구백 대가 있어 이스라엘 자손을 이십 년 동안 학대한 왕은?(4:3)
    ① 여룹바알　　② 구산 리사다임　　③ 에글론　　④ 야빈

23. 여선지자며 이스라엘의 사사가 된 사람은?(4:4)

24. 여자 사사 드보라의 남편은?(4:4)

25. 야빈 왕의 군대 장관 시스라와 만 명을 거느리고 다볼 산에서 내려가 싸운 아비노암의 아들은 ?(4:6, 14)
    ① 바락　　② 헤벨　　③ 야엘　　④ 게라

---

18. 에훗　19. ②　20. ③　21. ③　22. ④　23. 드보라　24. 랍비돗　25. ①

참조 : 사사들의 행적

대	이름	아버지	치세	대 적	행 적
1	옷니엘	그나스	40년	메소보다미아	8년 동안 섬기던 왕 구산 리사다임으로부터 구원함.
2	에훗	게라	80년	모압	왼손잡이. 길이가 한 규빗 되는 날선 칼을 오른쪽 허벅지에 찼다. 왕 에글론을 죽임. 요단 강 나루에서 모압사람 약 만명을 죽임.
3	삼갈	아낫	—	블레셋	소 모는 막대기로 육백 명을 죽임.
4	드보라	—	40년	하솔	랍비돗의 아내며 여선지자로 사심. 왕 야빈은 철병거 900대가 있어 24년간 학대함. 바락이 10,000명을 데리고 야빈의 군대장관 시스라의 철 병거를 물리침. 도망한 시스라는 헤벨의 아내 야엘에 의해 말뚝에 박혀 죽음.
5	기드온	요아스	—	미디안	7년 동안 미디안을 섬김. 구원자의 표징을 보여 달라 하여 불이 바위에서 나와 제물을 태움. 또 양털만 이슬이 내리는 것과 양털은 마르고 주변만 이슬이 내리는 표징을 보여 달라 함. 여룹바알이라고도 부름. 300명으로 미디안을 이김.
6	아비멜렉	기드온	—	—	형제 70명을 죽이고 왕이 됨. 한 여인이 망대 꼭대기에서 던진 맷돌 위짝에 머리가 깨어지자 자기 청년에게 찌를 것을 권하고 그 청년으로 인하여 죽음.
7	돌라	부아	23년	—	에브라임 산지 사밀에 거주 함.
8	야일	므낫세	—	—	아들 30명, 어린 나귀 30, 성읍 30을 가짐.
9	입다	길르앗	6년	암몬	기생의 아들이다. 암몬과 전쟁에서 이기고 돌아올 때 누구든지 내 집에서 먼저 나와서 영접하는 자를 번제물로 드리겠다는 서원으로 딸을 제물로 바침. 에브라임을 물리침.
10	입산		7년		아들 30명, 딸 30명. 딸들을 밖으로 시집을 보냈고, 아들들을 위하여 밖에서 30명을 데려옴.
11	엘론	스불론	10년	—	아얄론에 장사됨.
12	압돈	힐렐	8년	—	아들 40명, 손자 30명, 어린나귀 70 마리를 탐.
13	삼손	마노아	20년	블레셋	'기묘자' 라는 여호와의 사자가 임신할 것을 예언함. 나실인으로 태어남. 아스글론의 30명을 죽임. 여우 300마리의 꼬리에 불을 붙여 블레셋 곡식을 불사름. 나귀의 턱뼈로 천 명을 죽임. 소렉 골짜기의 들릴라의 꾀임에 빠져 머리가 밀리고 힘이 없어진 후 블레셋에 잡혀 블레셋의 신 다곤에게 제사할 때 두 기둥을 무너뜨림으로 3,000명과 함께 죽음.

26. 야빈의 군대 장관 시스라와 싸우기 위하여 바락이 만 명을 동원한

26. ③

두 지파는?(4:6)

① 르우벤, 유다　　　　　② 시므온, 에브라임

③ 납달리, 스불론　　　　④ 갓, 므낫세

27. 야빈 왕의 군대 장관 시스라를 죽인 사람은?(4:21)

① 헤벨　　② 야엘　　③ 기드온　　④ 아비멜렉

참조: 헤벨은 야엘의 남편이다.

28. 드보라와 바락의 노래가 몇 장에 기록되었는가?

29. 이스라엘이 어느 족속으로 말미암아 궁핍함이 심할 때에 기드온이 사사로 부름을 받았는가?(6:6~12)

① 에돔　　② 블레셋　　③ 미디안　　④ 모압

30. 이스라엘을 미디안 손에서 구원할 자로 부름을 받았을 때 기드온이 표징을 보여 달라고 하자 하나님의 사자가 어떤 표징을 보여 주었는가?(6:17~21)

① 불붙은 떨기나무를 보여 주었다.

② 지팡이가 뱀이 되게 하였다.

③ 손에 나병이 들게 하였다.

④ 불이 바위에서 나와 고기와 무교병을 살랐다.

---

27. ②　28. 5장　29. ③　30. ④

31. 여호와의 사자를 대면하여 보았음으로 슬퍼하는 기드온에게 죽지
아니하리라는 여호와의 말씀을 듣자 기드온이 제단을 쌓고 무엇이
라고 하였는가?(6:22~24)
① 여호와 살롬 ② 여호와 삼마 ③ 여호와 닛시 ④ 여호와 이레

참조 : 창세기 123번 문제

32. 이것이 오늘까지 아비에셀 사람에게 속한 어디에 있다고 하였
나?(6:24)

참조 : 칠십인역에서는 '에브라다' 라고 읽는다. 이곳의 확실한 위치는 알 수 없지만
사해 남서쪽에 있는 것으로 추측된다.

33. 여호와께서 기드온에게 하라고 하신 말씀이 아닌 것은?(6:25~26)
① 아버지에게 있는 바알 제단을 헐라
② 아세라 상을 찍어라
③ 아세라 나무로 번제를 드려라
④ 어린양을 화목제로 드려라

34. 바알의 제단을 파괴하였으므로 바알이 그와 더불어 다툴 것이라는
뜻으로 불려진 기드온의 다른 이름은?(6:32)

35. 기드온이 하나님께 이슬이 양털에만 있고 주변 땅은 마르게 하고 또
양털만 마르고 주변 땅에 이슬이 있게 하는 양털의 시험을 한 이유
는?(6:36~37)

---

31. ① 32. 오브라 33. ④ 34. 여룹바알
35. 이스라엘을 구원할 자인지 알기 위하여

36. 여호와께서 따르는 백성이 너무 많아 미디안 사람을 넘겨주지 않는
다고 하신 이유는?(7:2)

37. 처음 모인 백성의 수는?(7:3)
① 삼백 명   ② 만 명   ③ 이만 이천명   ④ 삼만 이천 명

38. 이스라엘을 구원하기 위하여 남은 백성은 몇 명인가?(7:7)

39. 기드온의 부하는?(7:10)
① 부라   ② 아리옥   ③ 시스라   ④ 헤벨

40. 미디안 방백으로 바위에서 죽고, 포도주 틀에서 죽은 사람은?(7:25)

41. 어떤 사람이 보리떡 한 덩어리가 굴러와 장막을 덮어 장막이 쓰러지
는 꿈을 친구에게 말하자 그 친구는 무엇이라고 말하였는가?(7:13~14)
① 기드온의 군대   ② 기드온의 창
③ 기드온의 칼   ④ 기드온의 횃불

42. 기드온이 삼백 명으로 누구와 싸워 이겼는가?(7:15)
① 블레셋   ② 모압   ③ 압몬   ④ 미디안

---

36. 나를 거슬러 스스로 자랑하기를 내 손이 나를 구원하였다 할까함 37. ④38.
삼백 명 39. ① 40. 오렙, 스엡 41. ③ 42. ④

43. 기드온이 싸움하기 전에 준비한 것이 <u>아닌</u> 것은?(7:16~18)
    ① 삼백 명을 세 대로 나누었다.
    ② 손에 나팔과 횃불을 들게 했다.
    ③ 항아리 안에 횃불을 감추게 했다.
    ④ 나팔을 불며 여호와를 위하라 기드온을 위하라 하라 했다.

44. 미디안과 싸우러 갈 때에 우리를 부르지 아니하였으니 이같이 대접함은 어찌됨이냐고 다툰 <u>지파</u>는?(8:1)
    ① 에브라임   ② 납달리   ③ 아셀   ④ 므낫세

45. 다투는 지파에게 '에브라임의 끝물 포도가 누구의 맏물 포도보다 낫지 아니하냐' 하여 노여움을 풀도록 하였나?(8:2)
    ① 납달리   ② 아셀   ③ 아비에셀   ④ 므낫세

    참조 : 기드온이 아비에셀의 자손이다(6:11, 수 17:2).

46. 기드온과 함께 한 삼백 명이 추격한 미디안의 <u>두 왕</u>은?(8:5)

47. 기드온이 나를 따르는 백성이 피곤하니 떡덩이를 주라고 청하였지만 거절한 <u>두 곳</u>의 사람들은?(8:8)

48. 기드온이 미디안의 군대 <u>몇</u> 명과 싸워 이겼는가?(8:10)
    ① 만 오천 명   ② 십이만 명
    ③ 십삼만 오천 명   ④ 십사만 오천 명

---

43. ② 44. ① 45. ③ 46. 세바, 살문나 47. 숙곳, 브누엘 48. ③

49. 기드온이 들가시와 찔레로 징벌한 사람들은?(8:16)
  ① 브누엘   ② 숙곳   ③ 갑골   ④ 하롯

50. 미디안의 두 왕 세바와 살문나를 잡아 맏아들에게 죽이라 하였지만 아직 어려서 칼을 빼지 못하고 두려워하였는데 이 기드온의 맏아들 이름은?(8:20)

51. 기드온이 요청하여 금 귀고리의 무게가 천칠백 세겔과 장식, 패물 등을 모았는데 기드온이 그 금으로 무엇을 만들어 오브라에 두었더니 온 이스라엘이 그것을 음란하게 위하므로 기드온과 그의 집의 올무가 되었는가?(8:26~27)
  ① 등잔대   ② 에봇   ③ 물두멍   ④ 제단

52. 기드온이 낳은 아들은 모두 몇 명인가?(8:30)
  ① 오십 명   ② 육십 명   ③ 칠십 명   ④ 팔십 명

53. 기드온이 죽으매 이스라엘 자손들이 돌아서서 바알들을 따라가 음행 하였으며 또 무엇을 자기들의 신으로 삼았는가?(8:33)
  ① 아세라   ② 드라빔   ③ 주상   ④ 바알브릿

  참조 : 주상은 가나안 족속들이 그들이 섬기는 신들을 돌로 만든 것을 말한다 (출 34:13).

54. 형제 칠십 명을 죽이고 왕이 된 여룹바알의 아들은?(9:4~6)
  ① 여델   ② 아비멜렉   ③ 요담   ④ 아비에셀

___

49. ② 50. 여델 51. ② 52. ③ 53. ④ 54. ②

55. 스스로 숨어 죽음을 면한 여룹바알의 막내 아들은?(9:5)

56. 아비멜렉을 왕으로 삼은 두 족속은?(9:6)

57. 아비멜렉을 왕으로 삼은 것은 가시나무가 좋은 나무들의 왕이 된 것과 같다고 비유하여 세겜 족속을 꾸짖은 사람은?(9:7~21)

58. 나무들이 자신들 위의 왕을 삼으려고 한 나무들 중 아닌 것은?(9:9, 11, 13)
    ① 상수리나무   ② 감람나무   ③ 무화과나무   ④ 포도나무

59. 아비멜렉의 신복은?(9:28)
    ① 가알   ② 여델   ③ 요담   ④ 스불

60. 아비멜렉을 추종하고 있던 세겜 사람들을 충동하여 반역케 한 사람은?(9:28)
    ① 가알   ② 요담   ③ 스불   ④ 여델

61. 그의 형제 칠십 명을 죽였고 한 여인이 맷돌 위짝을 망대에서 던져 두개골이 깨어지고 무기를 든 청년에게 칼로 찌를 것을 요구하여 그 칼에 의해 죽은 사람으로 하나님이 자기 아버지에게 행한 악행으로 인하여 머리에 갚은 사람은?(9:53~57)
    ① 스불   ② 가알   ③ 아비멜렉   ④ 에벳

---

55. 요담 56. 세겜, 밀로 57. 요담 58. ① 59. ④ 60. ① 61. ③

62. 다음은 어느 사사를 말하는 것인가?(10:3~5)
 - 길르앗 사람이다.
 - 이십 이년 동안 사사가 되었다.
 - 아들 삼십 명이 있어 어린 나귀 삼십을 탔다.
 - 성읍 삼십을 가졌다.
 - 가몬에 장사되었다.

  ① 돌라　　　② 야일　　　③ 입다　　　④ 입산

63. 큰 용사였으나 기생의 아들이므로 아버지의 기업을 잇지 못하고 형제들을 피하여 돕 땅에 잡류와 거주하다 길르앗 장로들의 간청으로 사사가 된 사람은?(11:1~11)
  ① 돌라　　　② 야일　　　③ 입다　　　④ 입산

64. 사사 입다가 크게 무찔러 항복을 얻어낸 자손은?(11:32~33)
  ① 모압　　　② 블레셋　　　③ 에돔　　　④ 암몬

65. 잘못된 서원으로 미스바에서 자기 딸을 번제물로 바친 사사는? (11:39)
  ① 돌라　　　② 야일　　　③ 입다　　　④ 입산

66. 싸우러 갈 때에 우리를 함께 부르지 않았느냐고 불평한 에브라임 지파와 다투거나 싸운 두 사사는?(8:1, 12:1)
  ① 기드온, 입다　② 아비멜렉, 돌라　③ 야일, 입산　④ 압돈, 삼손

---

62. ②　63. ③　64. ④　65. ③　66. ①

67. 길르앗 사람들이 에브라임 사람인지 아닌지를 알기 위하여 <u>무엇</u>을 발음해 보라고 하였는가?(12:6)

   참조 : 에브라임 사람들은 '쉽볼렛' 이라고 발음하지 못하고 '십볼렛' 이라고 한다. 이 때 에브라임 사람들이 요단 강 나루턱에서 죽은 자가 사만 이천 명이었다.

68. 아들 삼십 명의 여자를 밖에서 데려오고 딸 삼십 명을 밖으로 <u>시집</u> 보낸 사사는?(12:9)
   ① 돌라   ② 야일   ③ 입다   ④ 입산

69. 아들 사십 명과 손자 삼십 명과 어린 나귀 칠십 마리를 탄 <u>사사</u>는? (12:14)
   ① 입산   ② 압돈   ③ 야일   ④ 입다

70. 삼손은 <u>어느</u> 지파인가?(13:2)
   ① 에브라임   ② 므낫세   ③ 단   ④ 베냐민

71. 삼손의 아버지의 <u>이름</u>은?(13:2)

72. 태에서 나옴으로부터 하나님께 나실인으로 <u>바쳐진</u> 사사는?(13:5)

73. 나실인으로 태어난 삼손이 지켜야 할 것 중 <u>아닌</u> 것은?(13:4~5)
   ① 머리에 삭도를 대지 말아야 한다.
   ② 포도주와 독주를 마시지 말아야 한다.
   ③ 부정한 것도 먹지 말아야 한다.
   ④ 여인을 가까이 하지 말아야 한다.

---

67. 쉽볼렛 68. ④ 69. ② 70. ③ 71. 마노아 72. 삼손 73. ④

74. 삼손이 <u>누구</u>의 손에서 이스라엘을 구원하기 시작하였는가?(13:5)
    ① 에돔   ② 미디안   ③ 블레셋   ④ 암몬

75. 삼손의 아버지 마노아가 여호와의 사자에게 당신의 이름이 무엇이
    냐고 물었을 때 <u>무엇</u>이라고 말하였는가?(13:17~18)

76. 삼손이 딤나의 한 여자와 결혼하기 위하여 낸 수수께끼의 답으로 단
    것은 꿀이고 강한 것은 <u>무엇</u>인가?(14:18)
    ① 사자   ② 곰   ③ 하마   ④ 악어

77. 삼손이 블레셋 사람 천명을 죽인 나귀 턱뼈를 내던지고 그곳을 <u>무엇</u>
    이라고 이름 하였는가?(15:17)

78. 삼손이 행한 일 중 <u>아닌</u> 것은?(14:6, 15:4~5, 15)
    ① 사자를 염소 새끼를 찢는 것 같이 찢었다.
    ② 요단 강 나루를 장악하여 모두 장사요 용사인 모압 사람 만 명을
      죽였다.
    ③ 여우 삼백 마리의 꼬리와 꼬리를 매고 그 두 꼬리 사이에 홰를 만
      들어 블레셋 사람들의 곡식과 포도원과 감람나무들을 살랐다.
    ④ 나귀의 새 턱뼈로 천명을 죽였다.

79. 삼손이 심히 목말라 여호와께 부르짖자 하나님이 레히에서 한 우묵
    한 곳을 터트리어 물이 솟아나오게 하니 삼손이 그 물을 마시고 정

---

74. ③ 75. 기묘자 76. ① 77. 라맛 레히 78. ② 79. 엔학고레

신이 회복되고 소생한 후 그 샘의 이름을 <u>무엇</u>이라고 불렀는 가?(15:18~19)

참조 : '부르짖은 자의 샘' 이란 뜻이다.

80. 블레셋 사람의 방백들이 어느 여인에게 삼손이 <u>무엇</u>으로 말미암아 큰 힘이 생기는지 알려 주면 은 천백 개씩을 준다고 하였나?(16:4~5)
① 딤나 여인　　　　　　　② 가사에 있는 기생
③ 소렉 골짜기의 들릴라　　④ 에담 여인

81. 삼손이 약해져서 다른 사람과 같이 된다고 들릴라에게 말한 4가지 중 <u>아닌</u> 것은?(16:7, 11, 13, 17)
① 마르지 아니한 새 활줄 일곱으로 결박하면
② 새 옷을 입히고 결박하면
③ 삼손의 머리털 일곱 가닥을 베틀의 날실에 섞어 짜면
④ 내 머리가 밀리면

참조 : '새 활줄' 은 활시위나 현악기의 줄을 나타낸다(시 11:2).

82. 블레셋 방백들이 우리의 신이 우리 원수 삼손을 우리 손에 넘겨 주었다고 하며 <u>무슨</u> 신에게 큰 제사를 드리고 즐거워 하였는가?(16:23)
① 다곤　　　② 그모스　　　③ 밀곰　　　④ 아세라

83. 어머니가 은 이백을 가져다가 은장색에게 주어 한 신상을 새기고 한 신상을 만들어 에브라임 산지 <u>누구</u>의 집에 있었는가?(17:4)
① 에훗　　　② 입다　　　③ 미가　　　④ 입산

---

80. ③　81. ②　82. ①　83. ③

84. 레위인을 한 개인 가족의 제사장으로 <u>고용</u>한 사람은?(17:10, 18:4)

85. 미가의 신상과 그 제사장을 취하고 라이스를 정복하여 그 성읍을 단이라 하고 신상을 세워 하나님의 집이 실로에 있는 동안 미가가 만든 신상을 가지고 있던 <u>자손은</u>?(18:27~31)
    ① 에브라임   ② 단   ③ 므낫세   ④ 납달리

86. 모세의 손자이며 게르솜의 아들로 단 지파의 제사장이 <u>된</u> 사람은?(18:30)

87. 사사 시대에 하나님의 집은 <u>어디</u>에 있었는가?(18:31)
    ① 길갈   ② 세겜   ③ 벧엘   ④ 실로

88. <u>어느</u> 성읍의 거류하는 자들이 레위인의 첩을 능욕하고 죽였는가?
    (19:16~26)
    ① 가사 성읍   ② 여부스 성읍   ③ 기브아 성읍   ④ 세겜 성읍

89. 사사 시대에 레위인의 첩과 행음하고 죽인 사건으로 인하여 이스라엘 자손이 미스바에 모인 보병의 <u>수는</u>?(20:1~2)
    ① 사십만 명   ② 오십만 명   ③ 육십만 명   ④ 칠십만 명

90. 사사 시대에 레위인의 첩과 음행하고 죽인 사건으로 미스바에서 이스라엘의 다른 지파들과 전쟁을 한 지파는?(20:12~14)
    ① 므낫세   ② 에브라임   ③ 베냐민   ④ 단

---

84. 미가 85. ② 86. 요나단 87. ④ 88. ③ 89. ① 90. ③

91. 왼손잡이로 물매로 돌을 던지면 틀림이 없는 자들로 이스라엘 자손과 싸우기 위하여 모인 칠백 명의 주민들은 어느 주민들인가?(20:15~16)

92. 이스라엘 자손이 벧엘에 올라가서 누가 먼저 베냐민 자손과 싸우리까 하고 여쭙자 누가 먼저 가라고 여호와께서 말씀하셨나?(20:18)
① 르우벤   ② 유다   ③ 스불론   ④ 납달리

93. 이스라엘 사람들이 미스바에서 맹세하여 어느 지파에게는 딸을 주지 않기로 하였나?(21:1)

94. 레위인의 첩과 행음한 일로 일어난 전쟁에서 베냐민 지파는 모두 몇 명이 살아남았는가?(20:47)
① 삼백 명   ② 사백 명   ③ 오백 명   ④ 육백 명

95. 사사 시대에 이스라엘 지파로 미스바에 올라와서 총회에 참석하지 않은 주민은?(21:8~9)

96. 전쟁에서 살아남은 베냐민 지파 남자들은 어느 주민들의 딸들을 취하여 후손을 이을 수 있었는가?(21:13~14)

---

91. 기브아 92. ② 93. 베냐민 94. ④ 95. 야베스 길르앗
96. 야베스 길르앗

97. 사사 시대에 다른 지파와 분쟁을 일으킨 지파가 <u>아닌</u> 것은?
　① 에브라임　② 단　③ 유다　④ 베냐민

98. 사사기는 모두 <u>몇 장</u>으로 기록되었는가?

---

97. ③　98. 21장

룻기 개요

1. 기록자
누가 기록했는지 알 수 없다(전승에 의하면 사무엘이 기록했다 한다).

2. 기록연대
확실하지 않다(하지만 B.C. 1011~931년 사이에 기록됐다는 견해가 지배적이다).

3. 기록장소
기록장소는 어디인지 모른다(아마도 유다에서 기록했을 것이다).

4. 기록대상
이스라엘 백성

5. 핵심어 및 내용

> 룻기의 핵심어는 '기업 무를 자', '조상' 등이다. 보아스는 나오미의 친척으로서 나오미의 기업에 대한 권리를 회복시켜주기 위하여 기꺼이 기업 무를 자가 되었다. 그래서 그는 룻과 결혼을 하였고 아들을 낳아 나오미 집안의 가계를 이어 주었다. 이렇게 하여서 룻은 다윗의 족보 속에 들어갔다. 보아스와 룻은 다윗의 증조부와 증조모가 되었다.

각 장의 내용들

1장
1. 엘리멜렉 가족의 이주와 남자들의 죽음(1~5)
2. 자부들을 돌려 보내려는 나오미(6~14)
3. 룻의 결심(15~18)
4. 베들레헴으로 돌아온 룻과 나오미(19~22)

2장
1. 엘리멜렉의 유력한 친족 보아스(1)
2. 보아스의 밭에서 이삭 줍는 룻(2~3)
3. 룻을 선대한 보아스(4~16)
4. 엘리멜렉 집의 기업을 무를 자 중 하나인 보아스(17~23)

3장
1. 룻에게 안식할 곳을 찾아주는 나오미(1~5)
2. 시어머니의 명대로 순종하는 룻(6~8)
3. 보아스에게 결혼을 요청하는 룻(9)
4. 보아스의 약속(10~13)
5. 보아스의 성실을 인정하는 나오미(14~18)

4장
1. 기업 무를 자의 권리 포기(1~8)
2. 보아스가 증인을 세우고 그 기업을 삼(9~12)
3. 룻의 결혼과 오벳 출생(13~17)
4. 베레스에서 다윗까지 계보(18~22)

8. 룻 기

1. 사사들이 치리하던 때에 그 땅에 흉년이 들어 유다 베들레헴에 한 사람이 그의 아내와 두 아들을 데리고 어느 지방에 가서 거류하였는가?(1:1)

   ① 모압   ② 에돔   ③ 암몬   ④ 애굽

2. 유다 베들레헴의 한 사람의 이름은?(1:2)

3. 아내의 이름은?(1:2)

4. 두 아들의 이름은?(1:2)

5. 두 아들이 모압 여자 중에서 아내를 맞이하였는데 그들의 이름은? (1:4)

   참조 : 아내들
   1. 엘리멜렉의 아내 - 나오미
   2. 말론의 아내 - 룻
   3. 기룐의 아내 - 오르바

---

1. ① 2. 엘리멜렉 3. 나오미 4. 말론, 기룐 5. 오르바, 룻

6. 나오미가 두 며느리에게 자기 백성에게 돌아가라고 했을 때 "어머니의 백성이 나의 백성이 되고 어머니의 하나님이 나의 하나님이 되시리니"라고 말하며 떠나지 <u>않은</u> 며느리는?(1:16)

7. 베들레헴 사람들이 나오미라고 부르자 나오미라 하지 말고 <u>무엇</u>이라 부르라고 했나?(1:20)

참조 : 마라는 '전능자가 나를 심히 괴롭게 하셨음이니라' 는 것이다.

8. 나오미가 모압 지방에서 돌아왔을 때 베들레헴은 <u>어느</u> 때 였는가?(1:22)
　　① 밀 추수 시작할 때　　② 밀 추수 마칠 때
　　③ 보리 추수 시작할 때　　④ 보리 추수 마칠 때

9. 룻은 우연히 엘리멜렉 친족 <u>누구</u>에게 속한 밭에서 이삭을 줍게 되었는가?(2:3)

10. 룻이 주운 이삭의 양으로 <u>바른</u> 것은?(2:17)
　　① 보리 한 에바　　② 보리 두 에바
　　③ 보리 세 에바　　④ 보리 네 에바

---

6. 룻 7. 마라 8. ③ 9. 보아스 10. ①

11. 보아스가 곡식 단 더미의 끝에 함께 누운 룻에게 보리를 몇 번 되어
    지어주었는가?(3:15)
    ① 네 번   ② 다섯 번   ③ 여섯 번   ④ 일곱 번

12. 보아스가 엘리멜렉과 기룐과 말론에게 있는 모든 것을 나오미의 손
    에서 산 일에 증인으로 성읍 장로 몇 명을 청하였는가?(4:2)
    ① 일곱 명   ② 여덟 명   ③ 아홉 명   ④ 열 명

13. 옛적 이스라엘 중에는 모든 것을 무르거나 교환하는 일을 확정하기
    위하여 어떻게 하는 것이 증명하는 전례가 되었는가?(4:7)
    ① 옷을 준다.   ② 신을 벗어 이웃에게 준다..
    ③ 제사를 드린다.   ④ 제사장에게 보인다.

14. 성문에 있는 모든 백성들과 장로들이 어느 집과 같이 되기를 원한다
    고 말하였는데 그 중 아닌 것은?(4:11~12)
    ① 라헬   ② 레아   ③ 라합   ④ 다말

15. 이웃 여인들이 룻이 낳은 아들을 나오미에게 아들이 태어났다하여
    지어 준 이름은?(4:17)

---

11. ③ 12. ④ 13. ② 14. ③ 15. 오벳

16. 오벳의 손자는?(4:22)

    ① 다윗   ② 이새   ③ 살몬   ④ 나손

17. 룻기서는 몇 장으로 기록되었는가?

_____

16. ① 17. 4장

사 무 엘 상

사무엘 상 개요

1. 기록자
누가 기록했는지 알 수 없다(아마도 갓과 나단의 회고록에서 발췌하여 사무엘이 기록하였을 것이다).

2. 기록연대
아마도 B.C. 1050~931년 사이에 기록했을 것이다. 그러나 B.C. 930~722년 사이의 어느 시점에 이르러서야 한 권의 책으로 완성되었다.

3. 기록장소
기록장소는 어디인지 모른다(아마도 이스라엘에서 기록했을 것이다).

4. 기록대상
이스라엘 백성

5. 핵심어 및 내용

사무엘상의 핵심어는 '시기', '마음'이다. 이 책은 시기심으로 가득 차 있다. 이스라엘은 이웃나라들에게 왕이 있는 것을 보고 그것을 시기하였다. 또한 사울은 다윗이 승리하는 것을 시기하였다. 하지만 하나님은 사람의 마음을 감찰하시기 때문에 인간들이 생각하는 방식대로 하나님의 사람을 선택하시지는 않는다.

각 장의 내용들

1장

　　1. 자식이 없어서 고통당하는 한나(1~8)

　　2. 하나님께 서원하는 한나(9~11)

　　3. 간절히 기도하는 한나(12~18)

　　4. 하나님께 얻은 아들을 서원대로 바치는 한나(19~28)

2장

　　1. 한나의 감사 기도(1~11)

　　2. 하나님을 멸시하는 엘리의 두 아들(12~17)

　　3. 여호와 앞에서 자라는 사무엘(18~21, 26)

　　4. 여호와의 성소를 더럽히는 엘리의 아들들(22~25)

　　5. 엘리의 잘못으로 가문이 멸망할 것(27~36)

3장

　　1. 사무엘을 부르시는 여호와(1~11)

　　2. 엘리 집안이 멸망할 것을 사무엘에게 말씀하신 여호와(12~14)

　　3. 들은대로 엘리에게 말하는 사무엘(15~18)

　　4. 사무엘에게 나타나신 하나님(19~21)

4장

　　1. 블레셋과 싸움에서 패한 후 언약궤를 실로에서 가져오는 이스라엘(1~4)

　　2. 언약궤를 빼앗기고 엘리의 두 아들이 죽임 당함(5~11)

　　3. 엘리의 죽음(12~18)

　　4. 비느하스의 아내가 이가봇을 낳고 죽음(19~22)

5장

　　1. 언약궤를 둔 다곤신상을 파괴시킨 여호와(1~5)

2. 언약궤가 가는 곳마다 재앙을 당하는 블레셋(6~12)

6장

  1. 여호와의 궤를 돌려 보내려는 회의(1~9)

  2. 벧세메스로 돌아 온 여호와의 궤(10~16)

  3. 블레셋 사람들이 속건제로 드린 금독종과 금쥐(17~18)

  4. 여호와의 궤를 들여다 보다가 죽은 벧세메스 사람들(19~21)

7장

  1. 20년동안 아비나답 집에 거한 여호와의 궤(1~2)

  2. 사무엘의 촉구를 듣고 우상을 제하는 이스라엘(3~4)

  3. 미스바의 회개와 전쟁에서의 승리(5~11)

  4. 이스라엘을 지키시는 여호와의 손(12~14)

  5. 벧엘, 길갈, 미스바, 라마에서의 다스림(15~17)

8장

  1. 사무엘 아들들의 범죄(1~3)

  2. 여호와를 버리고 왕을 요구하는 이스라엘(4~9)

  3. 왕의 제도를 설명하는 사무엘(10~18)

  4. 왕을 허락하시는 여호와(19~22)

9장

  1. 잃어버린 나귀를 찾아 나선 사울(1~5)

  2. 나귀를 찾기 위해 사무엘을 찾아오는 사울(6~14)

  3. 사무엘과 사울의 만남(15~21)

  4. 사무엘의 대접을 받는 사울(22~27)

10장

  1. 사무엘에게 기름부음 받은 사울(1~8)

  2. 사울에게 하나님의 신이 임함(9~16)

  3. 백성들에 의해서 왕으로 선출되는 사울(17~27)

11장
1. 곤경에 빠진 길르앗 야베스(1~5)
2. 사울이 암몬을 쳐 승리(6~11)
3. 사울의 왕권 확립(12~15)

12장
1. 사무엘의 양심 선언(1~5)
2. 왕을 요구한 이스라엘에게 경고(6~18)
3. 진심으로 여호와를 경외하라고 당부(19~25)

13장
1. 이스라엘을 쳐 들어온 블레셋(1~7)
2. 사울이 하나님께 범죄(8~15)
3. 이스라엘의 빈약한 무장(16~23)

14장
1. 블레셋을 공격하는 요나단(1~15)
2. 이스라엘을 블레셋에게서 구원하신 여호와(16~23)
3. 사울의 경솔한 맹세(24~46)
4. 사울의 업적(47~52)

15장
1. 아말렉의 모든 것을 진멸하라는 명령을 받은 사울(1~3)
2. 여호와의 명령을 어긴 사울(4~9)
3. 사울의 변명과 여호와의 책망(10~23)
4. 사울의 형식적 회개(24~31)
5. 아각을 처형하고 사울을 떠나는 사무엘(32~34)
6. 사울을 왕 삼으신 것을 후회하신 여호와(35)

16장
1. 기름을 부으러 이새의 집으로 가는 사무엘(1~5)
2. 기름부음을 받은 다윗(6~13)

17장

  1. 이스라엘을 괴롭히는 골리앗(1~11)

  2. 심부름으로 전쟁터에 온 다윗(12~23)

  3. 하나님만 믿고 골리앗에게 나아가는 다윗(24~40)

  4. 하나님의 도우심으로 승리하는 다윗(41~54)

  5. 다윗의 집안을 묻는 사울(55~58)

18장

  1. 다윗과 요나단의 우정(1~5)

  2. 다윗을 시기해 죽이려는 사울(6~16)

  3. 다윗과 미갈을 정략 결혼 시키는 사울(17~30)

19장

  1. 요나단의 우정어린 중재(1~7)

  2. 다윗을 죽이려는 사울(8~17)

  3. 라마 나욧의 사무엘에게 도피한 다윗(18~24)

20장

  1. 사울의 의중을 확인하려는 다윗과 요나단(1~11)

  2. 다윗을 향한 요나단의 맹세(12~23)

  3. 요나단이 다윗을 변호(24~29)

  4. 다윗을 죽이려는 사울의 결심을 확인하는 요나단(30~34)

  5. 다윗과 요나단의 작별(35~42)

21장

  1. 놉 땅에서 진설병을 먹는 다윗(1~6)

  2. 골리앗의 칼을 얻은 다윗(7~9)

  3. 가드로 피신한 다윗(10~15)

22장

  1. 아둘람 굴로 피신한 다윗(1~5)

  2. 도엑에 의하여 고발당하는 다윗(6~10)

3. 놉의 제사장을 죽이는 사울(11~18)

4. 다윗에게 도망온 아히멜렉의 아들 아비아달(19~23)

23장

1. 블레셋에게서 그일라를 구한 다윗(1~5)

2. 그일라 거민의 배반 예고(6~14)

3. 십으로 도망한 다윗을 격려하는 요나단(15~18)

4. 십 거민의 밀고(19~23)

5. 블레셋 군대의 침입으로 마온에서 위기 모면(24~29)

24장

1. 엔게디에서 사울을 살려준 다윗(1~7)

2. 범죄하지 말라는 다윗의 호소(8~15)

3. 사울의 뉘우침과 다윗의 맹세(16~22)

25장

1. 사무엘의 죽음(1)

2. 마온 사람 나발에게 도움을 청하는 다윗(2~8)

3. 나발의 거절(9~13)

4. 보복하려는 다윗을 지혜로 막는 나발의 아내 아비가일(14~35)

5. 나발의 죽음(36~38)

6. 다윗이 아비가일을 아내로 맞이함(39~42)

7. 다윗의 아내들(43~44)

26장

1. 다윗을 죽이려 다시 좇는 사울(1~5)

2. 십 황무지에서 다시 살려주는 다윗(6~12)

3. 사울에게 충고하는 다윗(13~20)

4. 다윗에게 사죄하는 사울(21~25)

27장

1. 가드 왕 아기스에게 피신하는 다윗(1~7)

2. 다윗이 그술, 기르스, 아말렉 사람을 멸함(8~12)

28장

1. 블레셋을 보고 두려워하는 사울(1~7)

2. 신접한 여인을 찾아간 사울(8~14)

3. 자신이 파멸될 것을 들음(15~19)

4. 두려워 하는 사울(20~25)

29장

1. 블레셋 방백에게 불신임 당하는 다윗(1~5)

2. 아기스의 군대와 작별(6~11)

30장

1. 시글락을 약탈한 아말렉(1~6)

2. 노략당한 것을 되찾은 다윗(7~20)

3. 전리품 분배(21~30)

31장

1. 사울과 세 아들의 죽음(1~6)

2. 길르앗 야베스 거민들이 장사함(7~13)

9. 사무엘 상

1. 여로함의 아들이요 엘리후의 손자요 도후의 증손이요 숩의 현손은 누구인가?(1:1)

2. 엘가나의 두 아내의 이름은?(1:2)

3. 당시 실로의 제사장은 누구인가?(1:3)
   ① 아비멜렉　② 엘리후　③ 엘리　④ 홉니

4. 엘리의 두 아들의 이름은?(1:3)

5. 한나가 어디에 있는 하나님의 집에서 아들을 달라고 기도하였는가?(1:9)
   ① 세겜　　② 실로　　③ 벧엘　　④ 헤브론

6. 한나가 자식이 없었다가 여호와께서 생각하심으로 낳은 아들의 이름은?(1:19~20)
   ① 사무엘　② 예레미야　③ 다니엘　④ 이사야

---

1. 엘가나　2. 한나, 브닌나　3. ③　4. 홉니, 비느하스　5. ②　6. ①

7. 한나가 아들을 얻고 드린 찬양과 감사의 기도는 <u>몇 장</u>에 기록되었는가?

   참조 : 이 찬양과 감사의 기도는 신약의 마리아의 찬양(눅 1:46~55)과 유사한 까닭에 '구약의 찬가' (Magnificat of the OT)로 불린다.

8. 여호와께서 한나에게 간구하여 얻어 바친 아들을 대신하여 <u>얼마</u>의 자식을 더 낳게 하셨나?(2:20~21)
   ① 두 아들과 두 딸　　　② 두 아들과 세 딸
   ③ 세 아들과 두 딸　　　④ 세 아들과 세 딸

9. 여호와보다 아들들을 더 중히 여긴 엘리에게 하나님의 사자가 전해 준 하나님의 심판의 말씀 중 <u>아닌</u> 것은?(2:27~36)
   ① 전에 네 집과 네 조상의 집이 내 앞에 영원히 행하리라 하였으나 결단코 그렇게 하지 아니하리라
   ② 네 집에 노인이 하나도 없게 하는 날이 이를지라
   ③ 이스라엘에게 모든 복을 내리는 중에 내 처소의 환난을 볼 것이다.
   ④ 내 제단에서 내가 끊어 버리지 아니할 네 사람이 네 눈을 쇠잔하게 하고 네 마음을 슬프게 할 것이다.
   ⑤ 네 집에서 출산하는 모든 자가 젊어서 죽을 것이다.
   ⑥ 네 두 아들이 한 날에 죽을 것이다.
   ⑦ 충실한 제사장을 일으킬 것이다.
   ⑧ 네 집에 남은 사람이 제사장의 직분 하나를 맡겨 떡 조각을 먹게 하소서 하리라

10. 여호와께서 사무엘을 <u>몇 번</u> 부르셨는가?(3:4~10)
   ① 4번　　② 5번　　③ 6번　　④ 7번

---

7. 2 장　8. ③　9. 모두 맞다.　10. ①

11. 여호와로부터 엘리집의 심판을 듣고 엘리에게 알게 하기를 두려워하는 사무엘을 불러 자세히 말할 것을 청하여 전해 듣고 엘리가 한 말은?(3:18)

12. 이스라엘이 블레셋 사람과 싸울 때 언약궤는 어디에 있었는가?(4:3)
    ① 벧엘   ② 실로   ③ 에그론   ④ 에벤에셀

13. 이스라엘은 어느 사람들과의 싸움에서 언약궤를 빼앗겼는가?(4:11)
    ① 애굽   ② 에돔   ③ 모압   ④ 블레셋

14. 엘리의 두 아들 홉니와 비느하스는 어느 사람들과 싸움에서 죽었는가?(4:11)
    ① 애굽   ② 에돔   ③ 모압   ④ 블레셋

15. 엘리는 몇 세에 죽었는가?(4:15~18)
    ① 구십육 세   ② 구십칠 세   ③ 구십팔 세   ④ 구십구 세

16. 엘리는 몇 년 동안 이스라엘의 사사가 되었는가?(4:18)
    ① 삼십 년   ② 사십 년   ③ 오십 년   ④ 육십 년

17. "영광이 이스라엘에서 떠났다"는 뜻을 가진 비느하스의 아내가 낳은 아들의 이름은?(4:21)

---

11. 이는 여호와시니 선하신 대로 하실 것이니라 12. ② 13. ④ 14. ④
15. ③ 16. ② 17. 이가봇

18. "영광이 이스라엘에서 떠났다"는 이유 중 <u>아닌</u> 것은?(4:21~22)

① 하나님의 궤가 빼앗겼기 때문이다.

② 시아버지의 죽음 때문이다.

③ 아주버님의 죽음 때문이다.

④ 남편의 죽음 때문이다.

19. 이스라엘 백성이 블레셋 사람들에게 하나님의 궤를 빼앗긴 <u>곳</u>은?(5:1)

① 벧엘   ② 실로   ③ 에벤에셀   ④ 에그론

참조 : 언약궤의 이동

장 소	사 건
실로⇩	회막이 있었던 곳
벧엘⇩	이스라엘 자손이 형제 베냐민 자손과 싸워야 하는 가를 묻기 위하여 날이 저물도록 금식하고 번제와 화목제를 드렸다(삿 20:26~27).
실로⇩	돌아옴(삼상 1:3)
에벤에셀⇩	블레셋 사람과의 싸움에서 이기기 위하여 가져왔으나 빼앗김(삼상 4:3).
아스돗⇩	블레셋 사람들이 다곤 신전에 들어가서 다곤 곁에 둠. 다곤 신상이 부숴짐. 독한 종기의 재앙으로 침(삼상 5:1~7)
가드⇩	큰 자와 작은 자를 다 쳐서 독한 종기가 나게 하심(삼상 5:9).
에그론⇩	독한 종기로 치심(삼상 5:12). 블레셋 지방에 일곱 달 있었음(삼상 6:1).
벧세메스⇩	여호와께 번제와 다른 제사를 드림. 벧세메스 사람들이 언약궤를 들여다 본 까닭에 (오만) 칠십 명 죽음(삼상 6:12~18).
기럇여아림⇩	아비나답의 집에 들여놓고 그의 아들 엘리아살이 지키게 함. 이십 년 동안 이곳에 있었음(삼상 7:1~2).
오벧에돔⇩	아비나답의 집에서 싣고 오다가 나곤의 타작 마당에서 소들이 뛰므로 웃사가 손을 들어 하나님의 궤를 잡다가 죽은 것으로 인하여 다윗이 두려워하여 석 달 동안 머물게 됨. 여호와께서 그의 온 집에 복을 주심(삼하 6:3~11).
다윗 성⇩	시온의 다윗 성에 둠(삼하 6:12~17).
예루살렘 성전⇩	솔로몬이 둠(왕상 8:1~11).
바벨론	유다 왕 시드기야 때 바벨론의 침략으로 이민족에게 두 번째로 빼앗김(대하 36:6~21).

---

18. ③ 19. ③

20. 언약궤가 블레셋 지역에 있었던 곳 중 아닌 것은?(5:1~10)
    ① 아스돗   ② 가드   ③ 에그론   ④ 벧세메스

21. 여호와의 궤가 블레셋 사람들의 지방에 얼마 동안 있었는가?(6:1)
    ① 세 달   ② 다섯 달   ③ 일곱 달   ④ 열 달

22. 블레셋 경계선을 넘어 벧세메스 사람 누구의 밭 큰 돌 있는 곳에 이르렀는가?(6:14)

23. 블레셋 사람이 여호와께 속건 제물로 드린 금 독종 중 아닌 것은?(6:17)
    ① 아스돗을 위하여 하나   ② 가사를 위하여 하나
    ③ 블레셋을 위하여 하나   ④ 아스글론을 위하여 하나

    참조 : 가드, 에그론 모두 다섯 개 이다.

24. 여호와의 궤를 돌려주면서 블레셋 사람들이 속건 제물로 그들의 성읍의 수대로 드린 것은 무엇인가?(6:18)
    ① 금 송아지   ② 금 쥐   ③ 금 다곤   ④ 금 드라빔

25. 여호와의 궤를 들여다 본 까닭으로 죽임을 당한 사람들은 누구인가?(6:19)
    ① 아스돗의 사람들   ② 가사의 사람들
    ③ 에그론의 사람들   ④ 벧세메스 사람들

---

20. ④ 21. ③ 22. 여호수아 23. ③ 24. ② 25. ④

26. 여호와의 궤가 기럇여아림 아비나답의 집에 <u>몇 년</u> 동안 있었는 가?(7:2)

① 십 년   ② 이십 년   ③ 삼십 년   ④ 사십 년

27. 사무엘과 함께 이스라엘 자손이 바알과 아스다롯을 제거하고 금식하며 우리가 여호와께 범죄하였다고 기도한 <u>곳</u>은?(7:6)

① 미스바   ② 에벤에셀   ③ 벧엘   ④ 길갈

28. 미스바에서 블레셋 사람들과 싸울 때에 여호와께서 <u>무엇</u>을 발하여 블레셋 사람들을 어지럽게 하여 이기게 하셨는가?(7:10)

① 어둠   ② 홍수   ③ 우박   ④ 큰 우레

29. 이스라엘 사람들이 미스바에서 나가 블레셋 사람들을 추격하여 물리친 후 사무엘이 돌을 취하여 미스바와 센 사이에 세우고 그 곳 이름을 <u>무엇</u>이라고 하였는가?(7:12)

참조 : 에벤에셀은 '여호와께서 여기까지 우리를 도우셨다' 는 의미이다.

30. 해마다 벧엘과 길갈과 미스바로 순회하여 이스라엘을 다스린 <u>사람</u>은?(7:15~16)

31. 사무엘이 자기 집에서도 이스라엘을 다스리며 여호와를 위하여 제단을 쌓은 <u>곳</u>은?(7:17)

① 벧엘   ② 길갈   ③ 라마   ④ 미스바

---

26. ② 27. ① 28. ④ 29. 에벤에셀 30. 사무엘 31. ③

32. 사무엘의 두 아들의 이름은?(8:2)

33. 이스라엘의 모든 장로들이 모여서 사무엘에게 왕을 세워 다스릴 것을 요구한 내용은 몇 장에 기록되었는가?

34. 사울은 어느 지파 사람인가?(9:1)
   ① 유다   ② 에브라임   ③ 단   ④ 베냐민

35. 사울의 아버지는?(9:2)
   ① 기스   ② 아비엘   ③ 스롤   ④ 아비아

36. 옛적 이스라엘 사람들이 하나님께 가서 물으려 하면 말하기를 "선견자"에게로 가자하였으나 지금은 무엇이라고 하는가?(9:9)

37. 다음과 같이 말한 사람은 누구인가?(9:21)
   "나는 이스라엘 지파의 가장 작은 지파 베냐민 사람이 아니니이까 또 나의 가족은 베냐민 지파 모든 가족 중에 가장 미약하지 아니하니이까"

38. 사울이 사무엘로부터 기름 부음을 받고 길갈로 내려가면서 있게 될 징조 중 아닌 것은?(10:1~7)

---

32. 요엘, 아비야 33. 8장 34. ④ 35. ① 36. 선지자 37. 사울 38. 모두 맞다.

① 라헬의 묘실 곁에서 두 사람을 만나 암나귀를 찾고 아버지의 염려를 들을 것이다.

② 벧엘로 올라가는 세 사람을 만나 문안 받고 떡 두 덩이를 받을 것이다.

③ 하나님의 산에 이르러 블레셋 사람들의 영문으로 들어갈 때에 선지자의 무리가 산당에서부터 비파와 소고와 저와 수금을 앞세우고 예언하며 내려오는 곳을 만날 것이다.

④ 여호와의 영이 크게 임하여 그들과 함께 예언하고 변하여 새 사람이 될 것이다.

39. 사울은 누구로부터 여호와의 기업의 지도자로 기름 부음을 받았나?(10:1)

40. 벧엘로 올라가는 세 사람의 모습 중 아닌 것은?(10:3)
① 한 사람은 염소 새끼 셋을 이끌었다.
② 한 사람은 수소 새끼 다섯을 가졌다.
③ 한 사람은 떡 세 덩이를 가졌다.
④ 한 사람은 포도주 한 가죽부대를 가졌다.

41. 하나님의 영이 크게 임하여 선지자들과 함께 예언한 이스라엘의 왕은 누구인가?(10:10~11)
① 솔로몬   ② 다윗   ③ 사울   ④ 르호보암

42. 사울을 알던 모든 사람들이 선지자들과 함께 예언함을 보고 생긴 속담은?(10:11~12)

---

39. 사무엘 40. ② 41. ③ 42. 사울도 선지자들 중에 있느냐

43. 사무엘이 백성을 어디로 불러 여호와 앞에 모으고 사울을 이스라엘 왕으로 뽑았는가?(10:17)
　① 벧엘　　　② 길갈　　　③ 미스바　　　④ 기브아

참조: 사울은 이미 라마에서 사무엘로부터 기름부음을 받았다.(10:1)

44. 사울이 이스라엘 왕으로 뽑힌 방법은?(10:20~21)
　① 여호와의 임명　　　　② 사울의 임명
　③ 여러 지파의 추대　　　④ 제비뽑기

참조: 하나님의 뜻을 깨닫고 확신하여 일을 추진하기 위하여 이 방법을 사용하였고 이것은 하나님이 제정하신 제도이다(민 26:55).

실례:
1. 제사장이 아사셀을 위한 염소를 선택할 때 사용하였다(레 16:8~10).
2. 가나안에서 이스라엘 각 지파에게 땅을 분배할 때 사용하였다(민 26:56, 수 14:2).
3. 베냐민과의 전쟁 시 각 지파에서 사람을 뽑을 때 사용하였다(삿 20:9).
4. 사울을 왕으로 뽑을 때 사용하였다(삼상 10:20).
5. 제사장 그 반열의 차례대로 하나님 앞에서 제사장의 직무를 행하게 할 때 사용하였다(눅 1:8~9).
6. 가룟 유다를 대신하여 맛디아를 뽑아 사도의 직무를 대신하게 할 때 사용하였다(행 1:26).

45. 사울의 자기 집은 어디인가?(10:26)
　① 라마　　　② 미스바　　　③ 기브아　　　④ 벧엘

46. 길르앗 야베스와 맞서 싸우려다 사울에게 패한 사람들은?(11:1~11)
　① 암몬　　　② 에돔　　　③ 모압　　　④ 블레셋

---

43. ③　44. ④　45. ③　46. ①

- 252 -

47. 암몬 사람 나하스와 싸울 때에 사울의 군사 수는?(11:8)
    ① 삼십만 명   ② 삼십삼만 명   ③ 사십만 명   ④ 사십삼만 명

    참조: 이스라엘 자손은 삼십만 명, 유다 사람은 삼만 명이었다.

48. 이스라엘 백성이 어디서 사울을 이스라엘의 왕으로 삼았는가?(11:15)
    ① 헤브론   ② 실로   ③ 벧엘   ④ 길갈

49. 사무엘이 온 이스라엘에게 마지막 한 말은 몇 장에 기록되었는가?

50. 사무엘의 마지막 말 중에 애굽에서 인도하여 낸 조상들이 여호와를
    잊음으로 사람들의 손에 넘겼다고 하였는데 그 중 아닌 것은?(12:9)
    ① 시스라의 손   ② 블레셋 사람들의 손
    ③ 암몬 왕의 손   ④ 모압 왕의 손

51. 사무엘의 마지막 말 중에 사방 원수의 손에서 건져내기 위해 여호와
    께서 보낸 사람들 중 아닌 것은?(12:11)
    ① 여룹바알   ② 베단과 입다   ③ 여호수아   ④ 사무엘

52. 사무엘의 마지막 말 중에 밀 베는 때지만 여호와께 아뢰자 우레와
    비를 보내셨는데 무슨 죄가 큼을 알게 한 것인가?(12:17~18)

53. 다음과 같이 말한 사람은 누구인가?(12:23)
    "나는 너희를 위하여 기도하기를 쉬는 죄를 여호와 앞에 결단코 범
    하지 아니하고 선하고 의로운 길을 너희에게 가르칠 것인 즉"

---

47. ② 48. ④ 49. 12장 50. ③ 51. ③ 52. 왕을 구한 일 53. 사무엘

54. 사울은 몇 세에 이스라엘 왕이 되었는가?(13:1)
　① 삼십 세　　② 사십 세　　③ 오십 세　　④ 육십 세

55. 이스라엘 사람들이 위급함을 보고 절박하여 사울이 번제를 드리는
　것으로 인하여 사무엘로부터 왕이 망령되이 행하였고 명령을 지키
　지 않음으로 왕의 나라가 길지 못할 것이라는 말은 누구와의 싸움에
　임하기 전 인가?(13:5~14)
　① 블레셋　　　② 모압　　　③ 압몬　　　④ 아말렉

56. 이때 블레셋 사람들이 히브리 사람으로 인하여 두려워 한 것은?(13:19)
　① 군사가 많음 때문에　　　② 애굽의 재앙 때문에
　③ 칼이나 창을 만들까봐　　④ 사울 때문에

57. 사울의 나라가 길지 못할 것이라는 말을 사무엘로부터 들은 이유
　는?(13:12)
　① 왕의 후손이 없어서　　　② 우상을 섬겨서
　③ 많은 군사를 의지해서　　④ 번제를 드려서

58. 다음과 같이 말한 사람은 누구인가?(14:6)
　"여호와의 구원은 사람이 많고 적음에 달리지 아니하였느니라."

59. 블레셋과의 싸움에서 요나단과 그 무기를 든 자가 반나절 갈이 땅
　안에서 처음으로 죽인자의 수는?(14:14)
　① 십 명　　② 이십 명　　③ 삼십 명　　④ 사십 명

---

54. ② 55. ① 56. ③ 57. ④ 58. 요나단 59. ②

60. 사울은 블레셋 사람들과의 싸움터에서 하나님의 궤를 가져오라고 <u>누구</u>에게 하였는가?(14:18)

① 이가봇　　② 아히야　　③ 아히둡　　④ 비느하스

참조 : 엘리의 가계도

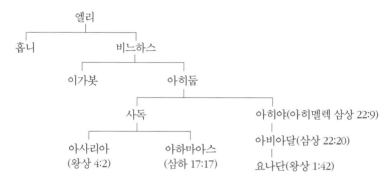

61. 사울이 하나님에게 블레셋 사람들을 추격하리이까 주께서 그들을 이스라엘의 손에 넘기시겠나이까 물었으나 대답하지 않자 이 죄가 누구에게 있나 알아보자하여 <u>뽑힌 사람</u>은?(14:42)

참조 : 사울이 원수를 보복할 때까지 아무 음식이든지 먹는 사람은 저주를 받는다 하였으나 듣지 못하고 먹은 죄로 하나님은 대답하지 않으셨다. 그는 백성들의 요구로 구원하여 죽지 않게 되었다.

62. 사울이 이스라엘 왕위에 오른 후 싸워 이긴 대적들 중 <u>아닌</u> 것은? (14:47~48)

① 모압　　② 암몬　　③ 에돔　　④ 아람

---

60. ②　61. 요나단　62. ④

63. 사울의 아들 중 아닌 것은?(14:49~51)

① 요나단　　　② 이스위　　　③ 아브넬　　　④ 말기수아

64. 사울의 두 딸 이름은?

참조 : 사울의 가계도

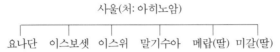

사울(처: 아히노암)

요나단　이스보셋　이스위　말기수아　메랍(딸)　미갈(딸)

65. 사울의 군 사령관은?(14:50)

참조 : 군 사령관(군대 장관)

비골	그랄 왕 아비멜렉의 군대 장관(창 21:32, 26:26)
시스라	가나안 왕 야빈의 군대 장관(삿 4:7)
아브넬	사울의 군대 장관(삼상 14:50)
소박	아람 사람 하닷에셀의 군 사령관(삼하 10:15~16)
요압	다윗의 군 사령관(삼하 8:16)
아마사	압살롬 군대의 군 지휘관이었지만 다윗의 지휘관이 되어 요압에 의해 죽임을 당하였다(삼하 17:25, 19:13, 20:9~12).
시므리	이스라엘의 왕 엘라의 병거 절반을 통솔한 지휘관이었으나 그를 모반하고 이스라엘의 왕이 되었다. 그러나 그의 군대 장관 오므리의 모반으로 죽임을 당해 그의 통치는 7일간으로 끝났다(왕상 16:8~15).
오므리	시므리의 군대 장관으로 시므리를 죽이고 이스라엘의 왕이 되어 12년을 다스렸다(왕상 16:16~23).
아드나	사울의 군대 장관으로 다윗을 도와 주었다(대상 12:20).
여호하난	여호사밧의 군대 장관(대하 17:15)
아리옥	느부갓네살 왕의 근위대장(단 2:14~15)

---

63. ③　64. 메랍, 미갈　65. 아브넬

66. 사울이 아멜렉을 칠 때 이스라엘 모든 자손이 애굽에서 올라올 때에 선대하였던 <u>어느</u> 사람들을 떠나라 하였나?(15:6)
① 겐 사람　② 기르스 사람　③ 여라무엘 사람　④ 그술 사람

67. "내가 사울을 왕으로 세운 것을 후회한다"는 여호와의 말씀이 <u>어느</u> 사람들을 진멸한 후에 사무엘에게 임하였나?(15:10~11)
① 블레셋　② 아말렉　③ 암몬　④ 에돔

68. 사울이 하나님의 목소리를 청종하지 않고 살려준 아각은 <u>어느</u> 사람들의 왕인가?(15:20~21)
① 블레셋　② 아말렉　③ 암몬　④ 에돔

69. 사울이 아말렉과의 싸움에서 승리한 후 자기를 위하여 기념비를 세운 곳은?(15:12)
① 갈멜　② 길갈　③ 기브아　④ 아얄론

70. 다음 (　) 안에 들어갈 말은?(15:22)
"…(　)이 제사보다 낫고 (　) 것이 숫양의 기름보다 나으니"

71. 다음 (　) 안에 들어갈 말은?(15:29)
"이스라엘의 지존자는 (　)이나 (　)이 없으시니 그는 사람이 아니시므로 변개하지 않으심이니다"

---

66. ①　67. ②　68. ②　69. ①　70. 순종, 듣는　71. 거짓, 변개함

72. 사무엘이 죽는 날까지 사울을 다시 가서 보지 않은 <u>이유</u>는?(15:35)
　① 하나님이 버렸기 때문에　　　② 기념비를 세웠기 때문에
　③ 사울을 위하여 슬퍼함 때문에　④ 제사를 드렸기 때문에

73. 사무엘이 여호와의 말씀대로 왕을 세우기 위해 베들레헴 사람 이새의 집에 가서 <u>누구</u>를 보고 마음에 이르기를 여호와의 기름 부으실 자가 과연 주님 앞에 있도다 하였나?(16:6)
　① 엘리압　　② 아비나답　　③ 시므아　　④ 다윗

74. 다음 (　　) 안에 들어갈 말은?(16:7)
　"내가 보는 것은 사람과 같지 아니하니 사람은 (　　)로 보거니와 나 여호와는 (　　)을 보느니라"

75. 이새의 아들이 <u>아닌</u> 사람은?(16:6~9)
　① 엘리압　　　② 아비나답　　　③ 삼마　　　④ 아비엘

　참조 : 이새에게는 8명의 아들이 있다. 엘리압, 아비나답, 시므아(삼마), 느다넬, 랏대, 오셈, 다윗(원래 이새는 8명의 아들이 있었으나 한 명은 일찍 죽은 듯 하다. 대상 1:12~15)

76. 이새의 아들 중 사무엘에게 기름부음을 <u>받은</u> 아들은?(16:13)

77. 다윗은 이새의 아들 중 <u>몇</u> 째인가?(16:10~11)
　① 여섯째　　② 일곱째　　③ 여덟째　　④ 아홉째

---

72. ③　73. ①　74. 외모, 중심　75. ④　76. 다윗　77. ③

78. 이스라엘 군대를 모욕한 자로 블레셋 사람들의 진영에서 싸움을 돋우는 자의 <u>이름</u>은?(17:4)

79. 블레셋 진영에서 싸움을 돋우는 자는 <u>어디</u> 사람인가?(17:23)
① 아말렉　　② 가드　　③ 애굽　　④ 암몬

80. 아래는 <u>누가</u> 한 말인가?(17:45)
"너는 칼과 창과 단창으로 내게 나아 오거니와 나는 만군의 여호와의 이름 곧 네가 모욕하는 이스라엘 군대의 하나님의 이름으로 네게 나아가노라"

81. 다윗이 <u>무엇과 무엇</u>으로 블레셋 사람 골리앗과 싸워 이겼는가?(17:50)
① 칼과 수금　② 물매와 돌　③ 칼과 단창　④ 갑옷과 칼

82. 사울의 아들 중 다윗을 자기 생명과 같이 사랑했던 <u>사람</u>은?(18:1)
① 요나단　　② 이스보셋　　③ 이스위　　④ 말기수아

83. 다음 (　　) 안에 들어갈 말은?(18:7)
"여인들이 뛰놀며 노래하여 이르되 사울이 죽인 자는 (　　)이요 다윗은 (　　) 이로다 한지라"
① 십십, 백백　② 백백, 천천　③ 천천, 만만　④ 만만, 십만

---

78. 골리앗　79. ②　80. 다윗　81. ②　82. ①　83. ③

84. 다윗을 사랑한 사울의 딸은?

참조 : 사울은 큰 딸 메랍을 주려고 하였으나 므홀랏 사람 아드리엘에게 주었고 둘째 딸 미갈이 다윗을 사랑하여 다윗의 첫 번째 아내가 되었다. 그러나 사울은 미갈을 갈림에 사는 라이스의 아들 발디에게 주었다(삼상 25:44).

85. 다윗이 왕의 사위가 되는 조건으로 블레셋 사람들의 포피 백 개를 원한 사울의 숨은 생각은?(18:25)
① 블레셋 사람들의 손에 죽게 하려고
② 살인한 자라 하기 위하여
③ 백성들의 사랑으로부터 멀어지게 하기 위하여
④ 블레셋 사람들을 멸하기 위하여

86. 사울이 전령들을 보내어 다윗을 죽이려 할 때 창에서 달아내려 피하도록 한 사람은?(19:11~17)
① 미갈   ② 요나단   ③ 메랍   ④ 아브넬

87. 사울이 걸어가며 예언하고 옷을 벗고 사무엘 앞에서 예언하며 하루 밤낮을 벗은 몸으로 누운 곳은?(19:23~24)
① 베들레헴   ② 기브아   ③ 라마 나욧   ④ 길갈

88. 사울을 피하여 놉으로 도망한 다윗에게 진설병 곧 여호와 앞에서 물려 낸 거룩한 떡을 다윗에게 준 놉 땅의 제사장은?(21:1~6)
① 아비아달   ② 아히놉   ③ 아비야   ④ 아히멜렉

---

84. 미갈 85. ① 86. ① 87. ③ 88. ④

89. 에돔 사람으로 사울의 신하며 목자장의 <u>이름</u>은?(21:7)

90. 놉 땅의 제사장이 다윗에게 준 칼은 <u>누구</u>의 것인가?(21:9)
    ① 사울   ② 요나단   ③ 골리앗   ④ 아히멜렉

91. 다윗이 사울을 두려워하여 도망하던 중 가드 왕 <u>누구</u> 앞에서 미친체
    하였는가?(21:10~15)
    ① 아히멜렉   ② 아기스   ③ 아비아달   ④ 말기수아

92. 환난 당한 자, 빚진 자, 마음이 원통한 자들이 약 사백 명 가량이 다
    윗이 <u>어디</u>에 있을 때 모여 왔는가?(22:1~2)
    ① 아둘람 굴   ② 그일라   ③ 가드   ④ 라마 나욧

93. 하나님이 나를 위하여 어떻게 하실지를 내가 알기까지 나의 부모가
    나와서 함께 있기를 다윗이 <u>청한 왕</u>은?(22:3)
    ① 에돔 왕   ② 암몬 왕   ③ 모압 왕   ④ 아람 왕

94. 다윗에게 이방인의 요새에 있지 말고 유다 땅으로 가라고 말한 <u>선지
    자</u>는?(22:5)
    ① 사무엘   ② 갓   ③ 나단   ④ 하나니

95. 아히멜렉이 놉 땅에서 다윗을 도와 준 사실을 사울에게 고하고 사울
    의 명령으로 제사장 아히멜렉을 죽인 자는?(22:9~19)
    ① 시므이   ② 시스라   ③ 이가봇   ④ 도엑

---

89. 도엑 90. ③ 91. ② 92. ① 93. ③ 94. ② 95. ④

96. 사울의 신하들이 여호와의 제사장들을 죽이기 싫어하자 도엑에게
    명하여 그가 죽인 제사장은 모두 몇 명인가?(22:18)
    ① 칠십 명   ② 칠십오 명   ③ 팔십 명   ④ 팔십오 명

97. 사울이 여호와의 제사장들을 죽인 일을 다윗에게 알린 자는?(22:21~22)
    ① 아히둡   ② 아히멜렉   ③ 아비아달   ④ 사무엘

98. 사울에게 도망하는 다윗이 블레셋 사람들이 타작마당을 탈취했다
    는 소식을 듣고 여호와께 물은 후 어느 주민들을 구원하였는
    가?(23:1~5)
    ① 그일라   ② 미스베   ③ 놉   ④ 베들레헴

99. 다윗이 사울을 피해 도망 다녀야 했기 때문에 헤어져 있던 요나단과
    만난 곳은?(23:15~18)
    ① 아둘람 굴   ② 그일라   ③ 십 광야 수풀   ④ 가드

100. 다윗이 사울을 피해 다닌 곳 중 아닌 것은?
    ① 미스베   ② 에그론   ③ 마온 광야   ④ 하길라 산

---

96. ④ 97. ③ 98. ① 99. ③ 100. ②

놉 땅	제사장 아히멜렉의 도움을 받았다. 거룩한 떡인 진설병을 먹었다(21:1~9).
가드	가드와 아기스를 두려워하여 미친체 하였다(21:10~15).
아둘람 굴	그의 형제와 아버지의 온 집, 환난 당한 자, 빚진 자, 마음이 원통한 자 등 400명이 모였다(22:1~2).
모압 미스베	모압 왕에게 다윗이 부모와 함께 있기를 청하자 인도하여 함께 있게 하였다(22:3~4).
헤렛 수풀	선지자 갓이 이방인의 요새에 있지 말고 떠나 유다 땅 들어가라 하여 이곳에 이르렀다(22:5).
그일라	블레셋 사람들이 타작 마당을 탈취하자 여호와께 두 번 묻고 블레셋 사람들과 싸워 이 지역사람들을 구원하였다(23:1~5).
십 광야 수풀	사울의 아들이자 다윗의 친구인 요나단을 만났다.(23:15~23)
마온 광야 아라바	다윗을 뒤쫓던 사울이 블레셋 사람들이 침략한다는 소식을 듣고 사울이 돌아간 곳이다. 이곳을 셀라하마느곳이라 칭한다(23:24~28).
엔게디 광야	뒤를 보러 온 사울을 칠 수도 있었지만 여호와의 기름 부음을 받은 내 주를 치는 것은 여호와께서 금하는 것이라 하고 겉옷 자락을 가만히 벤 곳이다(23:29~24:22).
바란 광야	사무엘이 죽자 내려간 곳이다(25:1).
마온	심히 부한 나발에게 도움을 청하지만 거절 당하였다. 이로 나발을 진멸하려 하였지만 나발의 아내 아비가일이 다윗을 만나 남편은 이름처럼 미련자이니 용서를 구하고 용서함을 받는다. 나발은 여호와께서 치시매 죽었고 아비가일은 다윗과 결혼 하였다(25:2~42).
하길라 산	진영 가운데서 잠자는 사울을 치지 않고 그의 창과 물병만 가지고 나왔다(26:1~25).
가드	블레셋 땅 가드 왕 마옥의 아들 아기스에게로 갔다. 아기스가 시글락을 주었다. 블레셋 지방에서 1년 4개월 머물렀다(27:1~7).
이스르엘	사울과 싸우기 위하여 이스르엘에 있는 샘 곁에 진을 쳤지만 블레셋 방백들이 좋아하지 않음으로 돌아오는 중에 시글락을 침노한 아말렉을 물리쳤다(29:1~25).

101. 다윗을 추격하던 사울이 블레셋 사람들이 땅을 침노한다는 소식을 듣고 돌아간 곳은?(23:25~28)
    ① 십 광야 수풀   ② 마온 황무지   ③ 바란 광야   ④ 하길라 산

102. 사울이 다윗 뒤쫓기를 그치고 돌아와 블레셋 사람들을 치러 갔으므로 그 곳을 무엇이라 칭하는가?(23:28)

    참조 : '분리하는 바위' 라고도 한다.

103. 사울이 삼천 명을 거느리고 다윗을 찾으러 가다가 뒤를 보기 위해 다윗이 숨은 굴속에 들어온 사울의 겉옷 자락을 벤 곳은?(24:3~4)
    ① 아둘람 굴   ② 헤렛 수풀   ③ 하길라 산   ④ 엔게디 광야

104. 다윗이 사울의 겉옷 자락만을 벤 직접적인 이유로 바른 것은?(24:6)
    ① 여호와의 기름을 부음 받은 자이기 때문에
    ② 여호와가 왕으로 세우셨기 때문에
    ③ 영이 임하여 예언하는 왕이기 때문에
    ④ 여호와가 사랑받는 왕이기 때문에

105. 다윗이 사울을 향하여 내 손으로 왕을 해하지 아니하리라 하며 말한 옛 속담은?(24:13)

---

101. ② 102. 셀라하마느곳 103. ④ 104. ① 105. 악은 악인에게서 난다

106. 이때 다윗 자신이 왕에게 위협이 될만한 존재가 아니라는 의미로 무엇에 비유하였는가?(24:14)

107. 생업이 갈멜에 있고 심히 부하여 양이 삼천 마리요 염소가 천 마리를 가진 사람에게 사울에게 쫓기던 다윗이 도움을 요청하였지만 거절한 마온의 심히 부한 자는 누구인가?(25:2~3)
    ① 도엑   ② 나발   ③ 아기스   ④ 아히멜렉

108. 마온의 심히 부한자는 어느 족속인가?(25:3)
    ① 갈렙 족속 ② 레위 족속 ③ 유다 족속 ④ 베냐민 족속

109. 다윗의 도움을 거절한 마온의 심히 부한 자를 해하기를 결정하자 급히 다윗을 찾아와 남편을 해하지 말 것을 요청하고 후일에 다윗의 아내가 된 여인은?(25:14~42)
    ① 메랍   ② 미갈   ③ 이스르엘 아히노암   ④ 아비가일

110. 다윗의 아내가 아닌 것은?
    ① 아히노암   ② 미갈   ③ 메랍   ④ 아비가일

참조 : 다윗의 아내들
미갈, 아비가일, 아히노암, 밧세바 4 명이다.

---

106. 죽은 개, 벼룩 107. ② 108. ① 109. ④ 110. ③

111. 다윗은 사울을 해할 수 있는 기회를 가졌는데도 몇 번 살려주었는가?
    ① 1번　　　② 2번　　　③ 3번　　　④ 4번

   참조: 엔게디 광야, 하길라 산 두 곳이다.

112. 하길라 산 진영 가운데 누워 자고 있던 사울을 아비새가 죽이려 하자 다윗이 죽이지 말라하고 무엇만을 가지고 나왔는가?(26:7~12)
    ① 창, 물병　　② 창, 칼　　③ 칼, 투구　　④ 투구, 물병

113. 가드 왕 아기스가 다윗에게 준 땅으로 오늘까지 유다 왕에게 속한 곳은?(27:6)
    ① 그술　　② 길보아　　③ 헤브론　　④ 시글락

114. 다윗이 블레셋 사람들의 지방에서 산 날 수는?(27:7)
    ① 일년 이 개월　　　　② 일년 삼 개월
    ③ 일년 사 개월　　　　④ 일년 오 개월

115. 사울이 블레셋 사람들의 군대를 보고 두려워서 마음이 크게 떨려 여호와께 물었지만, 여호와께서 세 가지 응답의 방법으로도 대답하지 않았는데 이 세 가지 중 아닌 것은?(28:5~6)
    ① 꿈　　② 우림　　③ 에봇　　④ 선지자

111. ② 112. ① 113. ④ 114. ③ 115. ③

116. 사무엘이 죽자 신접한 자와 박수를 쫓아내는 일을 하였지만 여호와의 응답이 없자 어디에 거주하고 있는 신접한 여인을 찾아 갔는가?(28:7~9)

① 길갈 ② 헤브론 ③ 라마 ④ 엔돌

117. 사울은 신접한 여인에게 누구를 불러 올리라 하였는가?(28:11)

① 모세 ② 사무엘 ③ 아브라함 ④ 여호와

118. 시글락을 침노하여 다윗의 두 아내를 포로로 잡아간 사람들은?(30:1~8)

① 아말렉 ② 모압 ③ 암몬 ④ 에돔

119. 다윗은 이들을 구하기 위해 몇 명을 데리고 쫓아갔나?(30:10)

① 삼백 명 ② 사백 명 ③ 오백 명 ④ 육백 명

참조 : 다윗은 육백 명 중 피곤하여 브솔 시내를 건너지 못하는 이백 명을 두고 쫓아갔다.

120. 블레셋 사람들과 의 싸움에서 패전하고 도망하다 사울과 그의 아들들이 죽은 곳은?(31:1)

① 하길라 산 ② 마온 황무지 ③ 길보아산 ④ 가드

116. ④ 117. ② 118. ① 119. ② 120. ③

121. 사울의 시체와 그의 아들들의 시체를 가져다가 에셀 나무 아래에
   장사하고 칠 일 동안 금식한 주민들은?(31:11~13)
   ① 기브아   ② 길갈   ③ 길르앗 야베스   ④ 실로

122. 사무엘상은 몇 장으로 기록되었는가?

---

121. ③ 122. 31장

사 무 엘 하

사무엘 하 개요

1. 기록자
누가 기록했는지 알 수 없다(아마도 갓과 나단이 기록했을 것이다).

2. 기록연대
아마도 B.C. 1010~931년 사이에 기록되었을 것이다. 그러나 B.C. 930~722년 사이의 어느 시점에 이르러서야 한 권의 책으로 완성 되었다.

3. 기록장소
기록장소는 어디인지 모른다(아마도 이스라엘 내에서 기록했을 것이다).

4. 기록대상
이스라엘 백성

5. 핵심어 및 내용

사무엘하의 핵심어는 '기름부음 받은 자', '다윗' 등이다. 이 책의 전체 내용은 기름 부음을 받은 다윗의 일생을 중심으로 전개되고 있다. 다윗이 전쟁에서 승리하거나 좌절하고 범죄했던 그의 모든 삶은 하나님이 그에게 베풀어 주신 중요한 직분의 차원에서 이해해야 한다.

각 장의 내용들

1장

    1. 아말렉 소년에게 사울의 죽음을 전해들은 다윗(1~10)

    2. 아말렉 소년을 죽이는 다윗(11~16)

    3. 사울과 요나단의 죽음을 슬퍼하는 다윗의 노래(17~27)

2장

    1. 헤브론에서 유다의 왕이 되는 다윗(1~7)

    2. 아브넬이 추대한 이스라엘 왕 이스보셋(8~11)

    3. 이스라엘과 유다의 싸움(12~23)

    4. 아브넬의 도주(24~29)

    5. 아브넬에게 속한 자 360명 죽임(30~32)

3장

    1. 헤브론에서 낳은 다윗의 여섯 아들(1~5)

    2. 아브넬이 이스보셋을 배반하다(6~11)

    3. 다윗에게 투항한 아브넬(12~21)

    4. 요압에게 살해 당한 아브넬(22~30)

    5. 아브넬의 죽음을 슬퍼하는 다윗(31~39)

4장

    1. 아브넬의 죽음으로 인해 놀라는 이스라엘(1~3)

    2. 요나단의 아들 므비보셋(4)

    3. 레갑과 바아나가 이스보셋을 살해(5~8)

    4. 다윗이 암살자 레갑과 바아나를 처형(9~12)

5장

    1. 다윗이 전체 이스라엘 왕으로 기름부음을 받음(1~5)

    2. 여부스 족속으로부터 시온 성을 빼앗음(6~10)

    3. 두로왕 히람이 다윗을 원조(11~12)

4. 예루살렘에서 태어난 다윗의 자녀들(13~16)

5. 블레셋을 두차례 물리친 다윗(17~25)

6장

1. 바알레유다에서 하나님의 궤를 옮기는 다윗(1~5)

2. 하나님의 궤를 만지다가 급사하는 웃사(6~8)

3. 오벧에돔의 집으로 궤를 옮김(9~11)

4. 다윗 성으로 옮겨진 하나님의 궤(12~19)

5. 책망 받은 미갈(20~23)

7장

1. 나단에게 성전건축을 허락받은 다윗(1~3)

2. 후계자가 성전을 건축케 될 것을 말씀하신 하나님(4~17)

3. 하나님의 말씀에 대한 다윗의 감사기도(18~29)

8장

1. 블레셋, 모압, 소바, 다메섹을 정복(1~8)

2. 전리품을 하나님께 드리는 다윗(9~12)

3. 에돔정복 후 수비대를 둠(13~14)

4. 다윗의 통치 조직(15~18)

9장

1. 사울의 유족을 찾는 다윗(1~8)

2. 므비보셋에게 은혜를 베푼 다윗(9~13)

10장

1. 다윗의 사자를 욕보인 암몬 왕 하눈(1~5)

2. 아람 동맹군이 요압 앞에서 도망(6~14)

3. 다윗에게 재 도전하는 아람(15~19)

11장

1. 밧세바와 간음(1~5)

2. 죄악을 감추려고 계책을 꾸미려는 다윗(6~8)

3. 우리아의 충성심(9~13)

4. 우리아를 죽이는 다윗(14~25)

5. 밧세바를 취하는 다윗(26~27)

12장

1. 나단의 비유(1~6)

2. 다윗의 범죄에 대한 나단의 책망(7~15)

3. 죄에 대한 벌로 밧세바가 낳은 아들이 죽음(15~23)

4. 솔로몬의 출생(24~25)

5. 암몬 땅 랍바성을 점령(26~31)

13장

1. 다말을 사모하는 암논(1~6)

2. 암논이 다말을 강간함(7~14)

3. 암논이 다말을 버림(15~19)

4. 다말의 친 오빠 압살롬이 암논을 죽임(20~29)

5. 다윗의 통곡(30~36)

6. 압살롬이 도망함(37~39)

14장

1. 요압이 압살롬을 위하여 계책을 세움(1~3)

2. 다윗에게 비유로 말하는 드고아 여인(4~11)

3. 다윗에게 요압의 일을 말하는 드고아 여인(12~20)

4. 압살롬의 귀환을 허락하는 다윗(21~24)

5. 압살롬의 용모(25~27)

6. 다윗과 압살롬의 화해(28~33)

15장

1. 백성들의 환심을 사는 압살롬(1~6)

2. 헤브론에서 반역을 일으킨 압살롬(7~12)

3. 아들에게 쫓겨 피신하는 다윗(13~23)

    4. 다윗을 따르는 제사장들(24~29)

    5. 다윗의 정탐꾼으로 자원하는 후새(30~37)

16장

    1. 므비보셋의 재산을 차지하는 시바(1~4)

    2. 다윗을 저주하는 시므이(5~14)

    3. 압살롬을 속인 후새(15~19)

    4. 다윗의 후궁을 범하는 압살롬(20~23)

17장

    1. 아히도벨의 모략(1~4)

    2. 후새의 모략과 압살롬의 선택(5~14)

    3. 다윗에게 정보를 제공하는 후새(15~20)

    4. 아히도벨의 자살(21~23)

    5. 압살롬의 추격과 다윗의 피신(24~26)

    6. 소비, 마길, 바르실래의 음식 대접(27~29)

18장

    1. 군대를 정비하는 다윗(1~5)

    2. 압살롬을 패배시킨 다윗의 군대(6~8)

    3. 압살롬을 죽이는 요압(9~15)

    4. 압살롬의 기념비(16~18)

    5. 승전보를 전해들은 다윗(19~31)

    6. 압살롬을 위한 다윗의 애곡(32~33)

19장

    1. 압살롬으로 인한 슬픔을 그치라고 간청하는 요압(1~8)

    2. 다윗의 환궁(9~15)

    3. 자기를 저주한 시므이를 용서함(16~23)

    4. 므비보셋에 대한 다윗의 처사(24~30)

    5. 바르실래의 친절에 대한 보상(31~39)

6. 유다와 이스라엘 사람들의 다툼(40~43)

20장

1. 세바의 반란(1~2)

2. 후궁을 가둔 다윗(3)

3. 아마사를 죽이는 요압(4~13)

4. 성읍을 구한 지혜로운 여인(14~22)

5. 다윗의 신복들(23~26)

21장

1. 사울의 자손 일곱을 죽임으로 기근이 멈춤(1~9)

2. 사울과 후손의 뼈를 기스의 묘에 장사하는 다윗(10~14)

3. 블레셋을 물리친 다윗의 용사들(15~22)

22장

1. 노래할 이유(1)

2. 여호와의 구원을 찬양하는 다윗(2~51)

23장

1. 다윗의 신앙고백(1~7)

2. 세 용사와 공적(8~12)

3. 목숨을 걸고 물을 떠다 바친 세 용사(13~17)

4. 아비새와 브나야의 행적(18~23)

5. 30용사의 명단(24~29)

24장

1. 이스라엘 전체의 인구조사 실시(1~9)

2. 다윗의 회개와 삼일 간의 전염병(10~17)

3. 다윗의 제사로 재앙을 멈추시는 여호와(18~25)

10. 사무엘 하

1. 다윗에게 사울과 요나단이 죽은 사실을 알린 청년은 어디 사람인
   가?(1:13)
   ① 블레셋   ② 아말렉   ③ 야베스   ④ 기브아

   참조 : 사울의 죽음에 대한 내용은 조금 차이가 있다. 삼상 31장에서는 할례 받지
   않은 자들이 와서 찌르고 모욕할까봐 두려워하여 무기를 든 자에게 찌를 것을 요구
   하였으나 찌르지 못하자 스스로 목숨을 끊은 것으로 기록하고 있지만, 삼하 1장은
   사울의 요청에 의해 청년이 죽인 것으로 기록하고 있다.

2. 사울과 그의 아들 요나단을 조상하고 다윗이 지어 부른 노래로 야살
   의 책에 기록된 노래는 무슨 노래인가?(1:17~18)

3. 다윗이 지어 부른 노래 속에 '두 용사' 는 누구를 말하는 것인가?(1:23)

4. 다윗을 유다 사람들이 와서 기름을 부어 유다 족속의 왕으로 삼은 곳
   은?(2:1~4)
   ① 길갈   ② 실로   ③ 벧엘   ④ 헤브론

5. 사울의 군 사령관 아브넬이 사울의 아들 누구를 이스라엘의 왕으로
   삼았는가?(2:8~9)
   ① 이스보셋   ② 므비보셋   ③ 아비나답   ④ 말기수아

   참조 : 40세에 왕이 되었으며 2년 동안 왕위에 있었다.

---

1. ② 2. 활 3. 사울, 요나단 4. ④ 5. ①

6. 다윗이 유다 족속의 왕이 된 날 수는(2:11)

　① 칠년 육 개월　　　　　　　② 칠년 칠 개월

　③ 칠년 팔 개월　　　　　　　④ 칠년 구 개월

7. 마하나임에서 이스보셋을 왕으로 추대하였고 다윗왕조와 싸웠던 사울의 군사령관은?(2:8~23)

　① 아브넬　　　② 요압　　　③ 아비새　　　④ 아사헬

8. 아브넬이 이끄는 이스보셋의 신복과 다윗의 신복 각 12명이 상대방의 머리를 잡고 칼로 찔러 모두 죽은 곳을 무엇이라 일컬었는가?(2:15~16)

　참조 : '날카로운 칼의 밭' 이란 뜻이다.

9. 스루야의 세 아들 중 발은 들 노루와 같이 빠른 자로 아브넬을 쫓다가 죽임을 당한 사람은?(2:18)

　① 요압　　　② 아비새　　　③ 아사헬　　　④ 시므이

10. 다윗이 헤브론에서 낳은 아들 중 아닌 사람은?(3:2~5)

　① 암논　　　② 길르압　　　③ 스바댜　　　④ 아비달

참조 : 헤브론에서 낳은 다윗의 아들과 처

첫째 아들	암논	아히노암의 소생
둘째 아들	길르압	아비가일의 소생
셋째 아들	압살롬	마아가의 소생
넷째 아들	아도니야	학깃의 소생
다섯째 아들	스바댜	아비달의 소생
여섯째 아들	이드르암	에글라의 소생

6. ① 7. ① 8. 헬갓 핫수림 9. ③ 10. ④

11. 헤브론에서 다윗의 아내 중 아닌 사람은?(3:2~5)
　　① 아비가일　　② 밧세바　　③ 학깃　　④ 에글라

12. 아브넬이 통간한 사울의 첩은 누구인가?(3:7)
　　① 리스바　　② 메랍　　③ 마아가　　④ 아비달

13. 다윗이 블레셋 사람의 표피 백 개로 정혼한 사울의 딸은 누구인가?
　　(3:14)
　　① 메랍　　② 미갈　　③ 에글라　　④ 아비가일

14. 사울은 블레셋 사람의 표피 백 개로 정혼한 딸을 누구에게 처로 주
　　었는가?(3:15)
　　① 나발　　② 아브넬　　③ 요압　　④ 발디엘

15. 요압과 그의 동생 아비새가 아브넬을 죽인 까닭은 무엇인가?(3:30)
　　① 다윗 왕을 속였기 때문에　　② 동생 아사헬을 죽였기 때문에
　　③ 왕이 되려 했기 때문에　　④ 다윗 왕의 지시 때문에

16. 다리를 저는 요나단의 아들은 누구인가?(4:4)

17. 이스보셋의 군 지휘관으로 이스보셋을 죽이고 다윗에게 왔지만 다
　　윗으로부터 죽임을 당한 두 사람은 누구인가?(4:2~12)

---

11. ② 12. ① 13. ② 14. ④ 15. ② 16. 므비보셋 17. 바아나, 레갑

18. 다윗은 삼십 세에 왕위에 올라 <u>몇 년</u> 동안 다스렸는가?(5:4)

    ① 삼십 년   ② 사십 년   ③ 오십 년   ④ 육십 년

    참조 : 다윗은 30세에 왕위에 올라 헤브론에서 7년 6개월, 예루살렘에서 33년 동안 이스라엘과 유다를 다스렸다.

19. 예루살렘에서 여부스 사람들을 쫓아 낸 시대는 <u>언제</u>인가?(5:6~7)

    ① 사사 시대   ② 사울 시대   ③ 다윗 시대   ④ 솔로몬 시대

    참조 : 사사 시대에 예루살렘에 거주하는 여부스 족속들을 쫓아내기 위하여 베냐민 지파가 공격하였지만 실패하였다.

20. 성의 이름 중 <u>다른</u> 하나는?(5:7)

    ① 예루살렘 성   ② 시온산 성   ③ 다윗 성   ④ 헤브론 성

21. 다윗이 자신을 위하여 집을 짓는데 사절들과 백향목, 목수, 석수를 보낸 두로 왕은 <u>누구</u>인가?(5:11)

    ① 아합   ② 히람   ③ 요람   ④ 예후

22. 다윗이 예루살렘에서 낳은 열한 아들 중 <u>아닌</u> 사람은?(5:14~16)

    ① 삼무아   ② 나단   ③ 아도니야   ④ 엘리사마

    참조 : 삼무아, 소밥, 나단, 솔로몬, 입할, 엘리수아, 네벡, 야비아, 엘리사마, 엘랴다, 엘리벨렛 등 11명이다.

23. 다윗이 블레셋 사람들을 치고 여호와께서 물을 흩음 같이 내 앞에서

---

18. ② 19. ③ 20. ④ 21. ② 22. ③ 23. 바알브라심

내 대적을 흩으셨다하므로 그곳을 <u>무엇</u>이라 불렀는가?(5:20)

24. 바알레유다의 아비나답 집에 있는 하나님의 궤를 싣고 나오다 나곤의 타작 마당에 이르러 소들이 뛰므로 하나님의 궤를 붙들어 <u>죽임을 당한 사람</u>은?(6:6)
① 나곤　　② 아효　　③ 아비나답　　④ 웃사

25. 다윗은 이곳을 <u>무엇</u>이라고 불렀는가?(6:8)

26. 다윗이 그날에 여호와를 두려워하여 여호와의 궤가 가드 사람 <u>누구</u>의 집에 있게 되었는가?(6:10)

27. 가드 사람의 집에 여호와의 궤가 <u>얼마</u> 동안 있었는가?(6:11)
① 한 달　　② 두 달　　③ 석 달　　④ 넉 달

28. 여호와의 궤가 다윗 성으로 들어올 때에 다윗 왕이 여호와 앞에서 뛰놀며 춤추는 것을 보고 심중에 업신여긴 여인은 <u>누구</u>인가?(6:16)
① 아히노암　　② 아비가일　　③ 학깃　　④ 미갈

29. 여호와께서 다윗의 먼 장래 일을 한 선지자에게 말씀하셨고 그 선지자는 다윗에게 말하였다. 이 선지자는 <u>누구</u>인가?(7:4~19)

---

24. ④　25. 베레스웃사　26. 오벧에돔　27. ③　28. ④　29. 나단

30. 여호와께서 누구에게 네 후손이 여호와의 집을 건축 할 것이라고 말씀하셨나?(7:12~13)

① 사울　　② 다윗　　③ 솔로몬　　④ 사무엘

31. 사무엘하에서 다윗의 기도는 몇 장에 기록되었는가?

32. 다윗이 정복한 모든 나라 중 아닌 나라는?(8:11~13)

① 아람　　　② 모압　　　③ 암몬　　　④ 두로

참조: 블레셋, 아멜렉, 에돔 등이 있다.

33. 다윗의 내 · 외각 구성으로 바르지 못한 것은?(8:15~18)

① 군 사령관 - 요압　　　　② 사관 - 여호사밧

③ 제사장 - 사독, 아히멜렉　　④ 서기관 - 브나야

34. 요나단으로 말미암아 은총을 베풀어 다윗의 왕자들처럼 왕의 상에서 먹은 두 발을 다 저는 요나단의 아들은 누구인가?(9:13)

① 므비보셋　　② 미가　　③ 시바　　④ 삼무아

35. 다윗의 신하 조객들을 하눈이 잡아다 수염 절반을 깎고 의복을 중동 볼기까지 자르고 돌려보낸 자손은?(10:1~4)

① 아람　　　② 에돔　　　③ 모압　　　④ 암몬

---

30. ② 31. 7장 32. ④ 33. ④ 34. ① 35. ④

36. 다윗이 동침한 우리아의 아내는 <u>누구</u>인가?(11:2~4)
　① 아비가일　② 밧세바　③ 마아가　④ 에글라

37. 부한 사람이 자기의 양과 소를 아껴 잡지 않고 가난한 사람의 양 새
　끼를 빼앗아 부자에게 찾아온 행인에게 잡아주었다는 예화로 다윗
　의 범죄를 책망한 선지자는 <u>누구</u>인가?(12:1~7)

38. 다윗이 범한 범죄로 인하여 여호와께서 다윗의 집에 내린 벌 중 <u>아</u>
　<u>닌</u> 것은?(12:10~11)
　① 칼이 영원히 떠나지 않을 것이다.
　② 네 아내를 빼앗아 네 이웃들에게 주게 될 것이다.
　③ 네 후손에게 영원히 노인이 없을 것이다.
　④ 사람들이 네 아내들과 백주에 동침할 것이다.

39. 다윗과 밧세바 사이에 두 번째로 낳은 아들의 이름은?(12:24)
　① 삼무아　② 소밥　③ 솔로몬　④ 입할

40. 여호와께서 이 아들을 사랑하사 선지자 나단을 보내 그 아들의 이름
　을 <u>무엇</u>이라 하셨나?(12:25)

　참조 : '여호와께 사랑을 입음' 이라는 뜻이다.

---

36. ②　37. 나단　38. ③　39. ③　40. 여디디야

41. 다윗의 아들 압살롬에게 아름다운 누이 다말이 있는데 그녀를 억지로 동침한 다윗의 아들은 누구인가?(13:14)
    ① 암논   ② 길르압   ③ 아도니야   ④ 이드르암

42. 암논이 다말을 범할 것을 유혹한 친구는 누구인가?(13:3~5)
    ① 시므아   ② 하눈   ③ 요나답   ④ 요압

43. 다말을 억지로 동침하여 범죄한 암논은 누구에게 죽임을 당하였는가?(13:32~33)
    ① 다윗   ② 압살롬   ③ 요나답   ④ 요압

44. 압살롬이 다윗을 피하여 도망한 곳은?(13:38)
    ① 에돔   ② 암몬   ③ 모압   ④ 그술

45. 압살롬을 예루살렘으로 돌아오게 하기 위하여 예화를 들어 압살롬을 변호하면서 다윗을 설득한 여인은 누구인가?(14:4~24)
    ① 모압 여인   ② 드고아 여인   ③ 수렘 여인   ④ 그술 여인

    참조 : 이 일은 요압이 착안한 것이다.

46. 온 이스라엘 가운데에서 아름다움으로 크게 칭찬 받은 자가 없고 발바닥부터 정수리까지 흠이 없는 사람은 누구를 말하는가?(14:25)
    ① 압살롬   ② 길르압   ③ 마아가   ④ 암논

---

41. ①   42. ③   43. ②   44. ④   45. ②   46. ①

47. 다윗이 압살롬을 피하여 예루살렘에서 도망할 때 "진실로 내 주 왕께서 어느 곳에 계시든지 사나 죽으나 종도 그 곳에 있겠다"고 말한 가드 사람은 누구인가?(15:21)
    ① 요압   ② 우리아   ③ 잇대   ④ 레갑

48. 다윗이 아들 압살롬의 반역으로 예루살렘을 떠나 바후림에 이르렀을 때 '피를 흘린 자여 사악한 자여 가거라 가거라' 라고 저주한 사울의 친족은 누구인가?(16:5~7)
    ① 시바   ② 게라   ③ 사독   ④ 시므이

49. 다윗에게 '이 죽은 개가 어찌 내 주 왕을 저주하리이까 청하건대 내가 건너가서 그의 머리를 베게 하소서' 한 자는 누구인가?(16:9)
    ① 사독   ② 아비새   ③ 스루야   ④ 시바

50. 압살롬에게 위장 전향한 다윗의 친구는 누구인가?(16:15~19)
    ① 사독   ② 시바   ③ 아비아달   ④ 후새

51. 압살롬에게 다윗의 후궁들과 동침하라는 계략을 말한 사람은 누구인가?(16:21)
    ① 아히도벨   ② 후새   ③ 시므이   ④ 아비아달

52. 다윗이 밧세바와의 범죄로 사람들이 아내들과 백주에 동침하리라는 나단의 저주가 누구에 의해 이루어졌는가?(16:22)

    참조 : 삼하 12:11

---

47. ③ 48. ④ 49. ② 50. ④ 51. ① 52. 압살롬

53. 예루살렘에 있던 다윗의 친구 후새가 아히도벨의 계략을 전하기 위해 우물 속에 숨기도 하며 전해준 두 사람은 누구인가?(17:15~21)
① 요나단, 아히마아스　　　② 사독, 아비아달
③ 사독, 아히마아스　　　　④ 아비아달, 요나단

54. 압살롬은 반란시 요압 대신에 누구를 군지휘관으로 삼았는가?(17:25)
① 이드라　　② 아비갈　　③ 아마사　　④ 스루야

55. 다윗이 압살롬의 반란군을 피하여 마하나임에 이르렀을 때 그에게 음식을 주며 환대한 사람들 중 아닌 사람은?(17:27~29)
① 소비　　② 스루야　　③ 마길　　④ 바르실래

56. 다윗이 이스라엘을 치러 갈 때에 백성을 삼분의 일씩 휘하에 두게 한 사람들 중 아닌 자는 누구인가?(18:2)
① 요압　　② 후새　　③ 아비새　　④ 잇대

57. 다윗이 모든 군지휘관에게 압살롬을 죽이지 말라고 명령하였으나 죽인 사람은?(18:14~15)
① 요압　　② 후새　　③ 아비새　　④ 잇대

58. 다윗이 압살롬은 잘 있느냐는 물음에 죽은 사실을 알면서도 큰 소동이 있었으나 무슨 일인지 모르겠다고 말한 사람은?(18:29)
① 사독　　② 아비아달　　③ 아히마아스　　④ 요나단

---

53. ① 54. ③ 55. ② 56. ② 57. ① 58. ③

59. 다윗이 돌아와 요단에 이르렀을 때 먼저 나와 맞이한 두 사람
은?(19:16~23)

참조 : 시므이는 다윗을 저주하였고(16:7), 시바는 요나단의 아들 므비보셋의 종이
면서 주인을 모함하였다.

60. 다윗이 떠난 날부터 평안히 돌아오는 날까지 그의 발을 맵시 내지
아니하고 수염도 깎지 않으며 의복도 빨지 않았던 사람은?(19:24)

참조 : 요나단의 아들이다.

61. 다윗이 마하나임에 머물 때 공궤하였던 바르실래가 함께 예루살렘
으로 가자는 것을 거절하고 누구를 데려가 달라고 하였나?(19:37)
① 소비　　② 마길　　③ 나하스　　④ 김함

62. 베냐민 사람으로 "우리는 다윗과 나눌 분깃이 없으며 이새의 아들
에게서 받을 유산이 우리에게 없다"고 하며 이스라엘 사람들에게
각각의 장막으로 돌아가라고 말한 사람은?(20:1)
① 비그리　　② 세바　　③ 시므이　　④ 시바

63. 다윗이 예루살렘으로 돌아와 재구성한 개각 중 잘못된 것은?
(20:23~26)
① 군대 지휘관 - 요압　　② 감역관 - 아도람
③ 사관 - 여호사밧　　④ 서기관 - 브나야

참조 : 그렛 사람과 블렛 사람의 지휘관 - 브나야, 서기관 - 스와, 제사장 - 사독과 아
비아달, 대신 - 이라

---

59. 시므이, 시바 60. 므비보셋 61. ④ 62. ② 63. ④

64. 사울이 죽인 기브온의 사람 피 값으로 다윗 시대에 임한 징계는 무엇인가?(21:1)
① 기근 ② 홍수 ③ 온역 ④ 지진

참조 : 다윗은 3년 동안 계속되는 기근을 하나님의 징계로 인식하고 그 징계의 원인에 대해 하나님께 물었다. 그 징계의 원인은 사울 왕이 기브온 사람들을 죽인데 있었다(1절). 여호수아가 여호와의 이름으로 기브온 사람들을 이스라엘에서 보호 받을 수 있도록 언약했는데(수 9:15, 26~27) 사울이 이 언약을 파기하고 그들을 죽인 것이다. 그것은 하나님과 언약한 것을 파기한 것이기 때문에 여호와의 이름을 모독하는 것이 된다. 그는 여호와의 영광보다 이스라엘과 유다를 위한 그의 명예를 더 중시했다. 여호와께서는 이 죄에 대하여 물으시고 기근의 징계를 내리신 것이다.

65. 삼백 세겔 되는 놋 창을 들고 새 칼을 찬 블레셋 사람 이스비브놉이 다윗을 죽이려 할 때 다윗을 도와 죽인 사람은?(21:16~17)
① 요압 ② 브나야 ③ 아비새 ④ 후새

66. 가드에서 전쟁할 때 손가락과 발가락이 각기 여섯 개씩 모두 스물네 개 있는 거인족의 소생을 죽인 자는?(21:21~22)
① 삼마 ② 요나단 ③ 아히마아스 ④ 요압

67. 사무엘하 몇 장에 다윗의 시가 기록되었는가?

참조 : 시편 18편과 같다.

68. 다음은 다윗의 용사들의 활동이다. 잘못된 것은?(23:8~39)
① 요셉밧세벳(아디노) - 군지휘관의 두목 단번에 800 명을 쳐 죽임.
② 삼마 - 녹두나무가 가득한 밭 가운데서서 블레셋 사람들을 침.

64. ① 65. ③ 66. ② 67. 22 장 68. ③

③ 엘르아살 - 창을 들어 300명을 죽임.

④ 브나야 - 모압 아리엘의 아들 둘을 죽임. 눈이 올 때 구덩이에 내려 가서 사자 한 마리를 쳐 죽임.

참조 : 다윗의 용사들

요셉밧세벳(아디노)	군지휘관의 두목 단번에 800명을 쳐 죽임.
엘르아살	세 용사 중 한 사람. 블레셋 사람을 침.
삼마	녹두나무가 가득한 밭 가운데서서 블레셋 사람들을 침.
아비새	세 사람의 우두머리. 창을 들어 300명을 죽임. 세 사람 중 가장 존귀한 자. 그러나 첫 세 사람에게는 미치지 못함.
브나야	용맹스런 일을 행한 자. 모압 아리엘의 아들 둘을 죽임. 눈이 올 때 구덩이에 내려가서 사자 한 마리를 쳐 죽임. 장대한 애굽 사람을 죽임. 손에 창이 있어도 막대기를 가지고 애굽 사람의 손에서 창을 빼앗아 죽임. 세 용사 중 한 사람. 삼십 명 보다 존귀하나 세 사람에게는 미치지 못함.
아사헬	30명 중의 한 사람.
총수	37명이었다.

69. 다윗의 용사 중 가장 용감했던 용사가 아닌 사람은?

① 요셉밧세벳   ② 엘르아살   ③ 삼마   ④ 아사헬

70. 다윗의 용사 총수는?(23:39)

① 삼십 칠 명   ② 삼십 팔 명   ③ 삼십 구 명   ④ 사십 명

71. 다윗은 누구에게 인구를 조사하라고 하였는가?(24:2)

---

69. ④ 70. ① 71. 요압

72. 인구조사는 얼마동안 하였는가?(24:8)
　① 여섯 달 스무 날　　　② 일곱 달 스무 날
　③ 여덟 달 스무 날　　　④ 아홉 달 스무 날

73. 이스라엘에서 칼을 빼는 담대한 자와 유다 사람 모두 합하여 몇 명인가?(24:9)

74. 여호와께서 선지자 갓에게 임하여 다윗에게 말하라는 세 가지 재앙 중 아닌 것은?(24:12~13)
　① 칠년 기근　　　② 원수에게 석 달 쫓김
　③ 칠년 홍수　　　④ 사흘 동안 전염병

75. 다윗이 선택한 재앙은 무엇인가?(24:14)
　① 칠년 기근　　　② 원수에게 석 달 쫓김
　③ 칠년 홍수　　　④ 사흘 동안 전염병

76. 다윗은 어디에서 여호와를 위하여 제단을 쌓았는가?(24:18~19)

77. 다윗이 아라우나에게 타작 마당과 소를 얼마에 샀는가?(24:24)
　① 은 사십 세겔　　　② 은 오십 세겔
　③ 은 육십 세겔　　　④ 은 칠십 세겔

78. 사무엘하는 모두 몇 장으로 기록되었는가?

---

72. ④ 73. 일백 삼십만 명 74. ③ 75. ④ 76. 아라우나 타작 마당 77. ②
78. 24장

열 왕 기 상

열왕기상 개요

열왕기상 개요

1. 기록자
누가 기록했는지 알 수 없다(예레미야가 기록했을 가능성이 있다).

2. 기록연대
B.C. 640~550년 사이(이 책은 정해내려 오던 자료들을 모아서 편집한 것이다)

3. 기록장소
기록장소는 어디인지 모른다(아마도 유다와 이집트에서 기록했을 것이다).

4. 기록대상
이스라엘 백성

5. 핵심어 및 내용

열왕기상하의 핵심어는 '지혜', '분열' 등이다. 솔로몬은 자신이 등극했을 때 인간적인 명예나 부를 하나님께 간구하지 않고, 이스라엘 백성을 잘 다스릴 수 있는 지혜를 달라고 간구했다. 하지만 말년에 그의 이방 첩들의 나쁜 영향으로 말미암아 그의 마음은 하나님을 떠나게 되었다. 그 결과로 그의 왕국은 분열되었다. 반면에 열왕기하의 핵심어는 '심판', '포로 생활'이다. 열왕기하의 일반적인 흐름은 특별히 하나님 및 그분과 맺은 언약과 관련하여 각 왕의 삶을 평가하고 심판한다.

각 장의 내용들

1장
  1. 다윗 왕을 봉양한 아비삭(1~4)
  2. 왕위를 노리는 아도니야(5~10)
  3. 솔로몬을 왕으로 삼으려는 나단(11~14)
  4. 밧세바가 다윗을 찾아감(15~21)
  5. 솔로몬이 왕이 될 것을 약속하는 다윗(22~31)
  6. 솔로몬 즉위식에 대하여 말하는 다윗(32~37)
  7. 기혼에서 기름부음을 받은 솔로몬(38~40)
  8. 솔로몬의 왕된 소식을 듣고 피신한 아도니야(41~50)
  9. 아도니야에게 관용을 베푼 솔로몬(51~53)

2장
  1. 다윗의 유언(1~9)
  2. 다윗의 죽음과 통치기간(10~12)
  3. 아도니야의 처형(13~25)
  4. 제사장 아비아달 파면, 요압과 시므이 처형(26~46)

3장
  1. 바로의 딸과 결혼하는 솔로몬(1)
  2. 산당에서 제사하는 솔로몬(2~3)
  3. 일천번제를 드리고 지혜를 구하는 솔로몬(4~15)
  4. 두 창기의 시비를 지혜롭게 재판하는 솔로몬(16~28)

4장
  1. 솔로몬의 신하들(1~6)
  2. 12장관이 왕실 식량을 준비(7~19, 22~23)
  3. 솔로몬 왕국의 태평성대(20~21, 24~28)
  4. 지혜의 왕 솔로몬에 대한 소문(29~34)

5장

1. 두로 왕 히람에게 교역을 제의하는 솔로몬(1~6)

2. 두로와 이스라엘과의 교역(7~12)

3. 성전건축의 역군들(13~18)

6장

1. 성전건축(1~10)

2. 솔로몬에게 임한 여호와의 말씀(11~13)

3. 성전 내부공사와 내소 안에 두 그룹 만듦(14~36)

4. 7년 동안의 성전건축 기간(37~38)

7장

1. 왕궁을 건축한 솔로몬(1~12)

2. 놋쇠 대장장이 히람을 고용(13~14)

3. 성전에 두 놋기둥 야긴과 보아스를 만들어 세움(15~22)

4. 놋으로 바다를 만듦(23~26)

5. 물두멍과 그 받침(27~39)

6. 그 외 놋으로 만든 성전 기구(40~47)

7. 금으로 만든 기구들(48~50)

8. 여호와의 전 곳간에 둔 다윗이 드린 물건들(51)

8장

1. 여호와의 언약궤를 성전으로 옮김(1~11)

2. 성전봉헌을 감사하는 솔로몬(12~21)

3. 솔로몬이 하나님께 드리는 기도(22~53)

4. 이스라엘 백성들을 축복하는 솔로몬(54~61)

5. 왕과 백성들이 화목제의 희생을 드림(62~66)

9장

1. 다윗에게 주신 언약을 솔로몬에게 주신 하나님(1~9)

2. 갈릴리 20성읍을 받고 불만을 표시하는 히람(10~14)

3. 솔로몬의 역군과 여러 성읍 건축(15~24)

4. 건축을 마치고 감사제를 드리는 솔로몬(25)

5. 솔로몬의 해상무역(26~28)

10장

1. 솔로몬을 시험코자 온 스바여왕(1~13)

2. 솔로몬 왕궁의 부와 각 나라에서 받은 예물(14~25)

3. 솔로몬 왕의 군대(26~29)

11장

1. 하나님의 명령을 어기고 우상을 숭배하는 솔로몬(1~8)

2. 솔로몬에 대한 하나님의 진노(9~13)

3. 에돔 사람 하닷이 솔로몬의 대적이 되게 하심(14~22)

4. 르손이 솔로몬의 대적이 되게 하심(23~25)

5. 왕국 분열에 대한 아히야의 예언(26~40)

6. 솔로몬의 죽음과 르호보암의 즉위(41~43)

12장

1. 노역을 가볍게 해달라고 간청하는 백성들(1~5)

2. 젊은 신하들의 말을 듣는 르호보암(6~11)

3. 노역이 가중될 것을 선포하는 르호보암(12~15)

4. 유다와 베냐민을 제외한 열 지파의 분열(16~20)

5. 스마야를 통해서 두 왕국의 전쟁을 막으심(21~24)

6. 북 이스라엘 여로보암의 패역(25~33)

13장

1. 하나님의 사람으로부터 책망받는 여로보암(1~10)

2. 하나님의 사람의 불순종(11~19)

3. 하나님의 진노로 죽은 하나님의 사람(20~32)

4. 여로보암의 패역과 멸망 예언(33~34)

14장

1. 속이고 아히야에게 온 여로보암의 아내(1~6)

2. 여로보암에게 심판을 예언하는 아히야(7~16)

3. 여로보암 아들의 죽음(17~18)

4. 유다 왕 르호보암의 죄악(21~24)

5. 애굽왕 시삭에게 약탈 당하는 예루살렘(25~28)

6. 르호보암의 죽음과 후계자 아비얌(29~31)

15장

1. 르호보암처럼 악을 행하는 아비얌(1~8)

2. 정직하게 통치한 유다 왕 아사(9~22)

3. 아사의 죽음과 여호사밧의 즉위(23~24)

4. 이스라엘 왕 나답에게 임한 하나님의 징계(25~32)

5. 이스라엘 왕 바아사의 악한 통치(33~34)

16장

1. 예후를 통해 바아사 집에 대한 심판 예언(1~7)

2. 멸망하는 엘라와 그 가문(8~14)

3. 하나님의 심판을 받는 시므리(15~20)

4. 이스라엘 왕 오므리의 악행과 죽음(21~28)

5. 더 악한 아합 왕(29~33)

6. 여호수아의 예언이 응한 여리고(34)

17장

1. 아합에게 가뭄 예언을 한 엘리야(1~7)

2. 엘리야를 대접함으로 복받는 사르밧 과부(8~16)

3. 사르밧 과부의 아들을 다시 살리는 엘리야(17~24)

18장

1. 사마리아에 임한 심한 기근(1~6)

2. 오바댜가 엘리야를 만남(7~15)

3. 아합을 만난 엘리야(16~19)

4. 응답하는 신을 택하라(20~24)

5. 바알 선지자들에게 응답이 없는 바알 신(25~29)

6. 엘리야의 제사를 불로써 응답하신 하나님(30~40)

7. 엘리야의 기도로 큰 비가 내림(41~46)

19장

1. 이세벨을 피해 호렙산으로 간 엘리야(1~8)

2. 엘리야에게 나타나신 하나님(9~14)

3. 사명을 주시는 하나님(15~18)

4. 엘리사를 후계자로 세우는 엘리야(19~21)

20장

1. 아람왕 벤하닷의 사마리아 침입(1~12)

2. 하나님의 약속대로 벤하닷을 물리친 아합(13~21)

3. 아합 왕의 두 번째 승리(22~30)

4. 벤하닷을 살려주는 아합(31~34)

5. 선지자에게 책망받은 아합(35~43)

21장

1. 이스르엘 사람 나봇의 포도원을 탈취한 아합(1~16)

2. 아합과 이세벨의 멸망을 예언한 엘리야(17~26)

3. 아합의 겸비함으로 재앙이 아들에게로 연기 됨(27~29)

22장

1. 유다 왕 여호사밧과 동맹한 아합(1~4)

2. 전쟁 출정 여부를 선지자에게 묻는 아합(5~10)

3. 길르앗 라못으로 올라가 승리를 얻으라는 거짓 선지자 시드기야(11~12)

4. 올라가면 왕이 죽는다고 예언한 참 선지자 미가야(13~28)

5. 미가야의 말대로 아합이 전사함(29~40)

6. 유다 왕 여호사밧의 선행(41~50)

7. 악을 행하는 이스라엘 왕 아하시야(51~53)

11. 열왕기 상

1. 나이가 많은 다윗 왕을 받들어 시중들은 여인은 <u>누구</u>인가?(1:3)
   ① 다말　　② 리스바　　③ 아비삭　　④ 미갈

   참조 : 수넴 여인이었다.

2. 자기를 스스로 높여서 내가 왕이 되리라하고 자기를 위하여 병거와 기병과 호위병 오십 명을 <u>준비</u>한 학깃의 아들은?(1:5)
   ① 아도니야　　② 요압　　③ 브나야　　④ 아비아달

3. 다윗 왕 후기에 아도니야 반란에 가담하지 <u>않은</u> 사람 중 아닌 것은?(1:8)
   ① 사독　　② 아비아달　　③ 브나야　　④ 시므이

참조 : 다윗에 대한 반역

압살롬 반역	아히도벨, 아마사가 가담하였다. 후새는 아히도벨의 계략을 막고 다윗을 구하였다. 압살롬과 아마사는 요압에 의해 죽고 아히도벨은 자살하였다(삼하 15:1~18:18).
시므이 저주	압살롬의 반역으로 도망 다니는 다윗이 바후림에 이르렀을 때 저주한 사울의 친족의 한 사람이었다. 그는 죄를 고백하고 용서를 받았지만 다윗의 유언으로 행동 제한을 받지만 명령을 어겨서 솔로몬에게 죽임을 당했다(삼하 16:5~14, 삼하 19:16~23, 왕상 2:36~46).
세바 반역	베냐민 사람 비그리의 아들로 이스라엘의 일부가 그를 추종하였지만 한 지혜로운 여인에게 머리를 베임을 당했다(삼하 20:1~22).
아도니야의 반역	군지휘관 요압, 제사장 아비아달이 가담하였지만 다윗으로부터 왕권을 계승한 솔로몬에 의해 진압되었다. 요압과 아도니야는 솔로몬의 명령으로 브나야에게 죽고, 아비아달은 제사장 직분을 파면당하고 고향 아나돗으로 추방하였다(왕상 1:5~5~10, 2:26~35).

1. ③ 2. ① 3. ②

4. 솔로몬을 두려워하여 제단 뿔을 잡았던 사람은?(1:50)

  ① 스루야   ② 요압   ③ 아비아달   ④ 아도니야

5. 다윗의 유언이 아닌 것은?(2:1~9)

  ① 여호와의 명령을 지켜 그 길로 행하라

  ② 시므이를 용서하고 무죄한 자로 여기라

  ③ 바르실래의 아들들에게 은총을 베풀어라

  ④ 아브넬, 아마사를 죽인 요답이 평안히 스올로 가지 못하게 하라

6. 다윗이 이스라엘 왕이 되어 예루살렘에서 몇 년 동안 다스렸는가?
  (2:11)

  ① 삼십 년   ② 삼십삼 년   ③ 삼십칠 년   ④ 사십 년

7. 다윗 왕은 몇 세에 죽었는가?(2:11)

  ① 50세   ② 60세   ③ 70세   ④ 80세

  참조 : 30세에 왕에 올라(삼하 4:4) 헤브론에서 칠 년, 예루살렘에서 삼십삼 년 동안 다스렸다. 삼하 4:5 비교하면 6개월의 차이가 있다.

8. 다윗을 봉양한 수넴여인 아비삭을 아내로 삼도록 솔로몬에게 말해
  줄 것을 밧세바에게 청한 사람은?(2:13~18)

  ① 브나야   ② 아비아달   ③ 아도니야   ④ 요압

9. 아도니야를 쳐서 죽인 사람은?(2:25)

  ① 요압   ② 여호야다   ③ 아마사   ④ 브나야

---

4. ④ 5. ② 6. ② 7. ③ 8. ③ 9. ④

10. 솔로몬 왕의 명령으로 브나야가 죽인자 중 <u>아닌</u> 자는?(2:25, 34, 46)
 ① 아도니야　　② 요압　　③ 시므이　　④ 아비아달

11. 솔로몬이 기브온 산당에서 일천 번제를 드린 후 여호와께 <u>무엇</u>을 구하매 주의 마음에 들었다고 하였나?(3:4~11)
 ① 지혜　　② 장수　　③ 부　　④ 원수의 생명 멸함

12. 누가 친 어머니인지를 판결해 달라고 솔로몬에게 찾아온 두 여인은 <u>어떤</u> 여인인가?(3:16)
 ① 과부　　② 창기　　③ 후궁　　④ 첩

13. 솔로몬 신하들의 구성이 <u>잘못</u>된 것은?(4:1~19)
 ① 제사장 - 아사리아　　② 사관 - 여호사밧
 ③ 군사령관 - 브나야　　④ 노동 감독관 - 아히살

14. 솔로몬의 내각구성 중 솔로몬의 딸과 결혼한 열두 지방 관장 중 두 지방 관장의 <u>이름</u>은?(4:11, 15)

 참조 : 벤아비나답은 다밧을, 아히마아스는 바스맛을 아내로 삼았다.

15. 유다와 이스라엘이 단에서부터 브엘세바에 이르기까지 각기 포도나무 아래와 무화과나무 아래서 평안히 살았던 때는 <u>어느</u> 왕의 일인가?(4:25)

---

10. ④　11. ①　12. ②　13. ④　14. 벤아비나답, 아히마아스　15. 솔로몬

성경문제집

참조 : 다윗과 솔로몬의 내각 구성 비교

다 윗			솔 로 몬
직 분	조 각 (삼하 8:16~18)	개 각 (삼하 20:23~26)	조 각 (왕상 4:1~19)
제사장	사독, 아히멜렉	사독, 아비아달	아사리아, 사독, 아비아달, 사붓(왕의 벗)
군사령관(지휘관)	요압	요압	브나야
사관	여호사밧	여호사밧	여호사밧
서기관	스라야	스와	엘리호렙, 아히야
대신	다윗의 아들들	이라	아히살(궁내대신)
감역관		아도람	
그렛사람과 블레셋 사람 관할	브나야	브나야	
지방관장의 두령			아사리아
노동 감독관			아도니람
열두 지방 관장			1. 벤홀(에브라임 산지)
*관찰 1. 새로 내각이 구성되고 없어진 내각은 무엇인가? 2. 열두 지방관장 중 솔로몬의 딸을 아내로 삼은 지방관장은 누구인가? 그 딸들의 이름은? 3. 동명은 동일인가? *열두 지방 관장들은 왕과 왕실을 위하여 일년에 한 달씩 양식을 공급하였다(왕상 4:7).			2. 벤데겔(마가스, 사알빔, 벧세메스, 엘론벧하난)
			3. 벤헤셋(소고, 헤벨)
			4. 벤아비나답(나밧 돌 높은 땅, 솔로몬의 딸 다밧을 아내로 삼음)
			5. 바아나(벧스안~아벨므홀라, 욕느암)
			6. 벤게벨(길르앗 라못, 바산 아르곱)
			7. 아히나답(마하나임)
			8. 아하마아스(납달리, 솔로몬의 딸 바스맛을 아내로 삼음)
			9. 바아나(아셀, 아롯)
			10. 여호사밧(잇사갈)
			11. 시므이(베냐민)
			12. 게벨(길르앗)

16. 솔로몬의 지혜가 뛰어남을 말하기 위하여 들은 당시의 지혜자들 중

16. ③

아닌 사람은?(4:30~31)

① 에단　　② 헤만　　③ 아사리아　　④ 갑골

17. 솔로몬이 잠언 몇 가지를 말하였고 노래는 몇 편인가?(4:32)

① 천, 천 다섯　　　　② 이천, 천다섯

③ 천다섯, 삼천　　　　④ 삼천, 천다섯

18. 솔로몬이 성전을 건축하도록 백향목 재목과 잣나무 재목을 보내준 두로 왕은 누구인가?(5:10~12)

19. 솔로몬의 성전을 건축하는 일에 감독을 맡은 자는?(5:14)

① 아사리아　　② 아도니람　　③ 사독　　④ 아비아달

20. 솔로몬이 이스라엘 왕이 된 지 몇 년에 성전 건축을 시작하였는 가?(6:1)

① 이 년　　② 삼 년　　③ 사 년　　④ 오 년

21. 솔로몬 성전의 길이, 너비, 높이가 각각 몇 규빗인가?(6:2)

① 육십, 이십, 삼십　　　　② 이십, 삼십, 육십

③ 삼십, 육십, 이십　　　　④ 육십, 삼십, 이십

22. 솔로몬이 성전을 몇 년 동안 건축하였는가?(6:38)

① 오 년　　② 육 년　　③ 칠 년　　④ 팔 년

---

17. ④ 18. 히람 19. ② 20. ③ 21. ① 22. ③

23. 솔로몬이 자기 왕궁을 몇 년 동안 건축하였는가?(7:1)
   ① 십 년　　② 십일 년　　③ 십이 년　　④ 십삼 년

24. 솔로몬 왕궁의 길이, 너비, 높이가 각각 몇 규빗인가?(7:2)
   ① 오십, 삼십, 백　　　　② 백, 오십, 삼십
   ③ 삼십, 오십, 백　　　　④ 오십, 백, 삼십

25. 납달리 지파 과부의 아들로 놋쇠 대장장은 누구인가?(7:13~14)
   ① 히람　　② 아도니람　　③ 여호야다　　④ 아도니야

26. 성전의 주랑 앞에 세운 두 기둥의 이름은 무엇인가?(7:21)

   참조 : 오른쪽 기둥은 야긴으로 '저가 세우리라' 는 뜻과, 왼쪽의 기둥은 보아스로 '그에게 능력이 있다' 는 뜻이다.

27. 언약궤를 솔로몬 성전에 옮기기 전 어디에 있었는가?(8:1)
   ① 세겜　　② 벧엘　　③ 시온　　④ 실로

28. 언약궤 안에는 무엇만 있었는가?(8:9)
   ① 아론의 싹 난 지팡이　　② 만나 항아리
   ③ 메추라기 항아리　　　　④ 두 돌판

29. 솔로몬의 연설과 기도는 몇 장에 기록되어 있는가?
   ① 5장　　② 8장　　③ 10장　　④ 12장

---

23. ④　24. ②　25. ①　26. 야긴, 보아스　27. ③　28. ④　29. ②

30. 솔로몬의 기도 내용이 <u>아닌</u> 것은?(8:31~53)
    ① 정당한 맹세자와 거짓 맹세자에 대한 기도
    ② 장차 당할지도 모를 재난에 대한 기도
    ③ 이방인의 기도에 대한 기도
    ④ 전쟁에 나가는 사람들에 대한 기도
    ⑤ 백성들이 포로로 잡혀갈 경우에 대한 기도

31. 솔로몬이 성전 봉헌 할 때 화목제의 희생 제물로 드린 소와 양은 각
    각 <u>몇</u> 마리인가?(8:63)
    ① 소 - 이만 이천 마리, 양 - 십이만 마리
    ② 소 - 이만 일천 마리, 양 - 십일만 마리
    ③ 소 - 이만 마리, 양 - 십만 마리
    ④ 소 - 만 마리, 양 - 만 마리

32. 솔로몬의 성전 봉헌식은 <u>며칠</u> 동안 하였는가?(8:65)
    ① 삼 일   ② 칠 일   ③ 십사 일   ④ 삼십 일

33. 여호와께서 이스라엘이 어떤 죄를 범하면 성전에서 던져 버려지고,
    모든 민족의 속담 거리와 이야기 거리가 된다고 하셨는데 그 중 <u>아</u>
    <u>닌</u> 것은?(9:6~9)
    ① 따르지 않으면   ② 다른 신을 경배하면
    ③ 성전 더럽히면   ④ 계명과 법도 지키지 않으면

34. 솔로몬이 성전과 왕궁을 <u>몇</u> 년 만에 건축하기를 마쳤는가?(9:10)
    ① 칠 년   ② 십삼 년   ③ 이십 년   ④ 삼십 년

---

30. 모두 맞다 31. ① 32. ③ 33. ③ 34. ③

참조: 성전 건축은 7년 6개월 만에 완성시켰고(6:38) 궁전은 13년 만에 완성하였다(7:1).

35. 성전과 왕궁을 건축하는 일에 도움을 준 히람에게 갈릴리 땅의 성읍 스무 곳을 주었으나 눈에 들지 않자 히람은 그 곳을 무엇이라고 불렀는가?(9:13)

① 오빌   ② 가불   ③ 숙곳   ④ 사르단

참조: '쓸모없이 버려진 땅' 이란 뜻이다. 그러나 이 땅이 황폐한 땅이 아니었다. 다만 비옥한 해변가에 살던 히람의 눈에는 황폐하게 보였을 것이다.

36. 솔로몬 시대까지 이스라엘 자손이 다 멸망하지 못한 사람들로 솔로몬이 노예로 역군을 삼은 사람들 중 아닌 사람들은?(9:20~22)

① 아모리   ② 헷   ③ 브리스   ④ 기르가스

37. 솔로몬 왕이 홍해 물가의 엘롯 근처 어디에서 배들을 지었는가?(9:26)

38. 솔로몬의 명성을 듣고 와서 어려운 문제로 그를 시험하고자 한 여왕은 어디 사람인가?(10:1)

① 스바   ② 에돔   ③ 애굽   ④ 암몬

39. 솔로몬의 세입금의 무게가 금으로 얼마인가?(10:14)

① 삼백 달란트   ② 오백 달란트
③ 육백육십육 달란트   ④ 칠백칠십칠 달란트

40. 솔로몬이 말과 병거를 어디에서 들여와 헷과 아람으로 되팔았는가? (10:28~29)

---

35. ② 36. ④ 37. 에시온게벨 38. ① 39. ③ 40. ②

① 암몬   ② 애굽   ③ 에돔   ④ 모압

41. 솔로몬이 사랑하였던 이방인의 여인 중 아닌 지역은?(11:1)
    ① 암몬   ② 헷   ③ 시돈   ④ 수리아

    참조 : 애굽, 모압, 에돔 지역의 여인도 사랑했다.

42. 솔로몬의 후궁과 첩은 각각 몇 명인가?(11:3)
    ① 오백 명, 백 명   ② 육백 명, 이백 명
    ③ 칠백 명, 삼백 명   ④ 팔백 명, 사백 명

43. 밀곰은 어느 이방 사람들이 섬긴 우상인가?(11:5)
    ① 암몬   ② 시돈   ③ 모압   ④ 헷

    참조 : 레위기 52 문제

44. 솔로몬의 대적이 아닌 사람은?(11:14~40)
    ① 하닷   ② 그누밧   ③ 르손   ④ 여로보암

참조 : 솔로몬의 대적들

하닷	에돔 사람으로 바로의 눈 앞에 크게 은총을 입어 바로가 처제를 아내로 주었다. 아들 그누밧을 낳았다.
르손	엘리아다의 아들로 수리아의 왕이 되어 이스라엘을 대적하고 미워하였다.
여로보암	솔로몬의 신하 느밧의 아들로 큰 용사이다. 청년의 부지런함으로 성읍의 무너진 것을 수축하는 일에서 요셉 족속을 감독하게 하였다. 이때 실로 사람 선지자 아히야가 새 옷을 12조각으로 찢고 10조각을 주며, 솔로몬에게서 10지파를 다스릴 것이라고 예언했다.

41. ④ 42. ③ 43. ① 44. ②

45. 수리아의 왕이 되어 이스라엘을 대적하고 미워한 <u>사람</u>은?(11:25)
    ① 하닷   ② 여로보암   ③ 르손   ④ 시삭

46. 여로보암에게 옷을 찢어 열 조각을 주며 장차 열 지파를 다스릴 것
    이라고 예언한 <u>선지자</u>는?(11:30~39)

    참조: 44 문제

47. 여로보암은 솔로몬을 피하여 <u>어디로</u> 도망하여 죽기까지 있었는
    가?(11:40)
    ① 애굽   ② 에돔   ③ 아람   ④ 모압

48. 솔로몬이 예루살렘에서 이스라엘을 다스린 날 <u>수</u>는?(11:42)
    ① 이십 년   ② 삼십 년   ③ 사십 년   ④ 오십 년

49. 솔로몬을 이어 이스라엘의 왕이 된 자는 <u>누구</u>인가?(11:43)
    ① 여로보암   ② 르호보암   ③ 나답   ④ 바아사

50. 여로보암과 이스라엘의 온 회중이 와서 고역과 메운 무거운 멍에를
    가볍게 해달라는 요구를 르호보암은 <u>누구</u>의 자문을 받아들였는가?
    (12:4, 13~14)
    ① 선지자   ② 제사장   ③ 노인   ④ 어린 사람

51. 유다의 르호보암에 속하여 유다와 함께 이스라엘을 대항한 <u>지파</u>는?
    (12:21)
    ① 르우벤   ② 에브라임   ③ 베냐민   ④ 단

---

45. ③ 46. 아히야 47. ① 48. ③ 49. ② 50. ④ 51. ③

참조 : 왕들의 배경

1. 왕들의 등극, 모친, 통치

유 다				이 스 라 엘			
왕	등극	모	통치	왕	등극	모	통치
1. 르호보암	40세	나아마(암몬)	17년	1. 여로보암			13년
2. 아비얌 (아비야)		마아가	3년	2. 나답			2년
3. 아사		마아가	41년	3. 바아사			24년
4. 여호사밧	35세	아수바	25년	4. 엘라			2년
5. 여호람	32세		8년	5. 시므리			7일
6. 아하시야	42세	아달랴	1년	6. 오므리			12년
7. 아달랴 (* 여왕)			6년	7. 아합			22년
8. 요아스	7세	시비아	40년	8.아하시야			2년
9. 아마샤	25세	여호앗단	29년	9. 요람 (여호람)	35세		25년
10. 아사랴 (웃시야)	16세	여골리아	52년	10. 예후			28년
11. 요담	25세	여루사 (사독의 딸)	16년	11. 여호아하스			17년
12. 아하스	20세		16년	12. 요아스			16년
13. 히스기야	25세	아비야 (스가랴의 딸)	29년	13. 여로보암 2 세			41년
14. 므낫세	12세	헵시바	55년	14. 스가랴			6달
15. 아몬	22세	므술레멧 (욧바 하루스 의 딸	2년	15. 살룸			1달
16. 요시야	8세	여디다	31년	16. 므나헴			10년
17. 여호아하스 (살룸)	23세	하무달	3달	17. 브가히야			2년
18. 여호야김 (엘리아김)	25세	스비다	11년	18. 베가			20년
19. 여호야긴 (고니야, 여고냐)	8세	느후스다	3달 10일	19. 호세아			9년
20. 시드기야	21세	하무달	11년				

2. 왕들의 업적

유 다	이 스 라 엘
1. 르호보암	**1. 여로보암**
① 유다, 시므온, 베냐민 족속이 여로보암과 전쟁을 하려 하지만 하나님의 사람 스마야의 말을 듣고 돌아섰다. ② 어머니는 암몬 사람이다. ③ 산당과 우상과 아세라 상을 세움. ④ 남색하는 자가 있었고 국민의 모든 악한 일을 본 받음. ⑤ 애굽 왕 시삭이 솔로몬이 만든 성전의 보물과 왕궁의 보물을 빼앗아감. ⑥ 여로보암과 항상 전쟁이 있었다.	① 에브라임 산지에 세겜을 건축하여 살고 부느엘을 건축. ② 두 금송아지를 만들어 벧엘과 단에 둠. ③ 제사장을 레위인이 아닌 일반 백성을 세움. ④ 제단의 죄악으로 손이 마름. ⑤ 선지자 아히야가 왕국이 건설될 것과 죄로 인하여 아들이 죽을 것을 예언함.
2. 아비얌	**2. 나답**
① 아비야라고도 부름. ② 여호와 앞에서 다윗처럼 온전하지 못하였으나 등불을 주시고 아들을 세워 뒤를 잇게 하시고 예루살렘을 견고하게 하심. ③ 여로보암과 전쟁함. ④ 아내 14명과 아들 22명, 딸 16명을 낳았다. ⑤ 남은 사적과 행위와 말은 선지자 잇도의 주석책에 기록됨.	① 여호와 보시기에 악을 행함. ② 잇사갈 족속 바아사가 모반함.
3. 아사(제1차 종교개혁)	**3. 바아사**
① 다윗처럼 정직히 행함. 선지자 아사랴가 고무시킴. ② 남색하는 자와 우상을 없애고 어머니가 만든 아세라 상을 불태우며 태후 위를 폐함. 다만 산당은 없애지 않음. ③ 아람 왕 벤하닷과 연합하여 바아사 왕을 침입. 바아사와 일생동안 전쟁함. ④ 구스 사람 세라의 침입을 받고 하나님께 기도하여 물리침. ⑤ 아람 왕을 의지하고 여호와를 의지 하지 않는다고 책망하는 선견자 하나니를 투옥시킴. ⑥ 늘그막에 발에 병이 듬. 병이 들어 하나님께 의지하지 않고 의원을 더 신뢰함.	① 여호와 보시기에 악을 행함. ② 여호와의 말씀이 예후에게 임하여 바아사를 꾸짖음. ③ 그가 들에서 죽은 즉 공중의 새가 먹을 것이라고 예후가 꾸짖음.
4. 여호사밧(제2차 종교개혁)	**4. 엘라**
① 여호와 앞에서 정직히 행하였으나 아세라의 목상들을 제거함. 산당 만을 제거하지 못함. ② 이스라엘의 왕 아하시아와 교제하고 두 왕이 연합하여 에시온게벨에서 배를 만듦. ③ 다시스의 선박을 제조하고 오빌로 금을 구하러 보내려 하였지만 에시온게벨에서 파선함. ④ 레위 사람과 제사장들을 각 성읍들을 다니며 율법을 가르치게 함. ⑤ 아람과 동맹하여 아람 왕 벤하닷을 침입하지만 실패함. ⑥ 아합과의 동맹을 꾸짖는 선견자 예후의 말을 듣고 회개한 후 남색하는 자를 쫓아 냄. ⑦ 모압 왕 메사의 침입을 받고 이스라엘 왕 여호람과 에돔 왕과 동맹하여 물리침. ⑧ 예후의 글에 기록되었고 이스라엘 열왕기에 올랐다.	① 시므리가 모반 하고 죽임. ② 예후를 통하여 꾸짖은 그대로 됨.
5. 여호람	**5. 시므리**
① 아합의 딸을 아내로 맞음. 여호와께서 다윗을 위하여 멸하지 않으심. 그 이유로는 자손에게 등불을 주겠다고 하셨음이다. ② 에돔과 립나가 배반함. ③ 자신의 아우를 죽임. ④ 블레셋과 아라비아인들의 침입을 받음. ⑤ 병이 그 창자에 들게 함으로 창자가 밖으로 나와 죽음.	① 엘라를 모반하여 죽이고 7일 동안 왕이 됨. ② 오므리가 성읍을 함락시키자 왕궁 요새에 들어가 불을 지르고 그 가운데서 죽음.

유　　　다	이　스　라　엘
6. 아하시야	**6. 오므리**
① 아합의 사위가 됨. ② 아합의 아들 요람과 함께 길르앗 라못으로 가서 아람 왕 하사엘과 싸움. ③ 사마리아에 숨어 있다가 예후에게 죽임을 당함.	① 이스라엘 백성이 둘로 나뉘어 절반은 기낫의 아들 디브니를 따르지만 그를 이기고 왕이 됨. ② 두 달란트로 세멜에게서 사마리아 산을 사고 성읍을 건축하여 사마리아라 부름.
7. 아달랴	**7. 아합**
① 유일한 여왕임. ② 아하시야의 어머니로 자기의 아들이 죽은 것을 보고 왕의 자손을 모두 멸절하였으나 아하시야의 누이 여호세바가 요아스를 빼내어 살아 남게 했다. ③ 제사장 여호야다가 요아스에게 율법책을 주고 기름을 부어 왕으로 삼았다. ④ 제사장 여호야다가 바알의 신당을 허물고 제단들과 우상들을 철저히 깨뜨리고 바알의 제사장 맛단을 죽임.	① 이전의 모든 사람 더욱 악을 행함. ② 이세벨을 아내로 삼고 바알을 섬기고 사마리아에 건축한 바알의 신전 안에 바알 제단을 쌓고 아세라상을 만듦. ③ 이 때 벧엘 사람 히엘이 여리고를 건축하여 맏아들 아비람과 막내 아들 스굽을 잃었으니 여호와께서 여호수아를 통하여 하신 말씀과 같이 됨. ④ 엘리야와 가뭄. 사르밧 과부의 일. 바알 선지자들 450명과 하나님이 누구의 하나님인가의 싸움. 가뭄의 해결. 죽기를 간구하는 엘리야. 엘리사를 부름 등이 있었다. ⑤ 아람 왕 벤하닷과의 싸움에서 이기지만 그를 살려주어 한 선지자가 아합이 대신 죽을 것이라고 예언함. ⑥ 나봇을 죽이고 포도원을 빼앗음. ⑦ 선지자 미가야의 말을 듣지 않고 거짓 선지자 시드기야의 말을 쫓아 유다 왕 여호사밧과 연합하여 길르앗 라못을 되찾기 위해 두 번째 아람 왕 벤하닷과 싸우지만 무심코 쏜 활에 맞아 죽음.
8. 요아스	**8. 아하시야**
① 여호야다가 교훈하는 동안 여호와 보시기에 정직히 행했지만 산당을 제거하지 않음. ② 초기에는 대제사장 여호야다의 말을 들어 성전을 수리하는 등 선정을 하였지만 후기에는 우상숭배를 하였다. ③ 여호야다의 아들 스가랴가 공격하자 그를 살해함. ④ 아람 왕 하사엘의 침입은 그의 악정에 대한 하나님의 심판임. ⑤ 신복 요사갈과 여호사바드의 반역으로 죽임을 당함.	① 여호와 앞에서 악을 행하여 그의 아버지 길과 어머니의 길과 여로보암의 길을 행함. ② 바알을 섬기고 예배하여 여호와를 노하게 함. ③ 다락 난간에서 떨어져 병이 들어 죽일 것이라고 엘리야가 예언함. ④ 엘리야가 하늘로 올라감. 엘리사의 소금을 넣어 물을 고치는 기적. 엘리사가 대머리라고 조롱하는 아이들에게 저주하자 암곰 둘이 나와 42명을 죽임. 과부의 기름. 모압과의 전쟁. 과부의 기름그릇. 아이를 낳지 못하는 수넴여인에게서 아들을 낳게 될 것을 말하고 낳은 아들이 죽자 아이를 살림. 길갈에서 흉년 중에 국을 끓이게 하고 그 안에 독을 없앰. 바알 살리사에서 보리떡 이십 개와 자루에 담긴 채소로 무리를 먹게 함. 나아만의 나병을 고침. 물에 빠진 도끼를 나뭇가지를 물에 던져 쇠도끼가 떠오르게 함. ⑤ 엘리야가 아람 사람의 눈을 어둡게 하고 그들에게 음식을 많이 베풀어 물러가게 함. ⑥ 아람 군대가 사마리아 성을 에워쌈으로 먹을 것이 없자 부모가 자식을 잡아먹는 일이 있었고 주께서 병거소리와 말 소리와 큰 군대의 소리를 듣게 함으로 아람군대가 도망하게 함. ⑦ 하사엘이 아람의 왕이 될 것을 예언함.
9. 아마샤	**9. 요람**
① 정직히 행했으나 다윗과 같지 않고 여전히 산당에서 제사함. ② 부친을 죽인 요사갈과 여호사바드는 죽였으나 모세의 율법 책에 기록한 대로 자녀들은 죽이지 않음. ③ 소금 골짜기에서 에돔 사람 만명을 죽이고 또 전쟁을 하여 셀라를 취하고 욕드엘이라 함. ④ 이스라엘 왕 요아스와 벧세메스에서 싸워 패하고 예루살렘 성벽이 훼파되고 성전의 많은 기구들과 사람들이 포로로 잡혀갔다. 반역이 일어나 라기스로 도망하여 거기서 죽음.	① 여호람이라고도 부름. ② 아람 군대의 포위로 성안의 식량상태가 극심하여 부모가 자식을 잡아먹는 참극을 겪음. ③ 아합의 반역으로 죽임을 당하여 나봇의 밭에 장사됨.

유　　　다	이　스　라　엘
10. 아사랴	**10. 예후**
① 웃시야라고도 부름. ② 정직히 행했으나 산당을 제거하지 않음. ③ 나병환자가 되어 왕자 요담이 치리함. ④ 마음이 교만하여 제사장을 무시하고 성전에 들어가 분향하여 이마에 나병이 생겨 요담에게 통치를 맡기고 별궁에서 살음. ⑤ 초기에는 부국강병을 꾀했으나 제사장 아사랴를 무시하였다. ⑥ 남은 시종 행적은 이사야가 기록함.	① 엘리야가 기름 부어 이스라엘의 왕으로 삼았다. ② 아합 족속과 이세벨을 죽이고 바알신을 훼파함. ③ 유다 왕 아하시야를 죽임.
11. 요담	**11. 여호아하스**
① 병들은 아버지 아사랴를 대신하여 통치함. ② 정직히 행하였으나 산당을 제거하지 않음. ③ 여호와의 성전 윗문을 건축함. ④ 이 때에 여호와께서 비로소 아람 왕 르신과 르말랴의 아들 베가를 보내어 유다를 치게 함.	① 여로보암의 죄를 따라가고 거기서 떠나지 않고 사마리아에 아세라 목상을 그대로 둠. ② 여호와께서 아람 왕 하사엘과 그의 아들 벤하닷의 손에 넘기자 여호와께 간구함.
12. 아하스	**12. 요아스**
① 정직히 행하지 않고 여러 왕의 길로 행하며 이방 사람의 가증한 일을 따라 자기 아들을 불 가운데로 지나가게 하며 또 산당들과 산 위와 모든 푸른 나무 아래서 제사를 드리며 분향함. ② 아람 왕 르신과 르말랴의 아들 베가가 싸우려 하자 앗수르 왕 디글랏 빌레셋에게 구원을 요청함. ③ 다메섹에 있는 우상 제단의 양식을 그려 제사장 우리야에게 보냈고 우리야는 제단을 만들었다. ④ 이곳에서 제사를 드렸다.	① 여로보암의 모든 죄에서 떠나지 않음. ② 유다 왕 아마샤의 침입을 받고 벧세메스에서 사로 잡히고 예루살렘 성 일부가 파괴 됨. ③ 엘리사가 죽을병이 들자 내려와 울었고 활과 화살들의 비유를 통하여 아람에게 부분적으로 승리할 것을 예언 받았다. ④ 승리할 수 있었던 것은 여호와께서 조상들과 맺은 언약 때문이다.
13. 히스기야(제3차 종교개혁)	**13. 여로보암 2 세**
① 다윗의 모든 행위와 같이 정직히 행함. ② 산당 제거. 주상과 아세라 목상 파괴하여 성전 중심의 신앙을 확립. ③ 모세가 만든 놋뱀 제거하고 느후스단이라 부름. ④ 유다에 이러한 왕이 없던 자이다. ⑤ 앗수르 왕 산헤립의 침공으로 공물을 바치고 타협해 버렸다. 이때 이사야 선지자는 하나님을 신뢰하고 싸우라고 충고하였다(사 10:24~26). ⑦ 앗수르의 랍사게가 애굽을 의지해도 소용없고 산당을 헐어 버린 일을 내세워 내부 분열을 선동하였으며, 앗수르의 유다 침공이 여호와의 뜻이라고 선동하다. 이어 두 번째로 여호와와 히스기야를 의지하지 말고 앗수르에게 항복하라고 위협했다. ⑧ 이러한 위기를 당하자 선지자 이사야에게 기도를 요청하였고 이사야는 앗수르 군이 곧 철수할 것이며 산헤립 왕이 피살될 것을 예언하면서 백성들의 신앙을 북돋아 주었다. ⑨ 병이 들어 죽게 되자 낯을 벽을 향하여 기도하여 15년 더 생명 연장 받았고 그 징표로 해가 10도가 뒤로 물러가는 일이 있었다. ⑩ 바벨론 왕 브로닥발라단에게 자신의 부와 힘을 자랑하자 이사야에게 이 허영심으로 인하여 바벨론이 유다를 침입할 것이라는 예언을 들음.	① 여로보암의 모든 죄에서 떠나지 않음. ② 여호와께서 요나를 통하여 하신 말씀과 같이 하맛어귀에서부터 아라바 바다까지 이스라엘 영토를 회복함. ③ 다메섹을 회복하고 유다에 속했던 하맛을 이스라엘에 돌림.

유 　 다	이 스 라 엘
14. 므낫세	**14. 스가랴**
① 산당, 바알, 아세라 목상, 일월성신을 경배하고 섬기며 아들을 불 가운데로 지나가게 하며 점, 사술, 신접한 자, 박수 등을 장려하여 악이 이방 민족보다 심하였다. ② 사마리아를 잰 줄과 아합의 집을 다림 보던 추를 예루살렘에 베풀고 사람이 그릇을 씻어 엎음 같이 예루살렘을 씻어 버린다는 재앙을 말함. ③ 무죄한 자의 피를 많이 흘림. ④ 쇠사슬에 결박된 채 바벨론으로 끌려갔다가 유다에 돌아와 부분적으로 종교개혁을 단행함.	① 여로보암의 죄에서 떠나지 않음. ② 야베스의 아들 살룸이 반역하여 죽이고 왕이 됨. ③ 여호와께서 예후에게 말씀하신 대로 자손이 4대 동안 왕위에 있었다.
15. 아몬	**15. 살룸**
① 아버지 므낫세의 행함같이 여호와 보시기에 악을 행함. ② 아버지가 만든 아로새긴 모든 우상에게 제사함. ③ 신복들의 반역으로 죽음.	① 스가랴를 죽이고 왕이 됨. ② 디르사에서 사마리아로 올라 온 므나헴에게 죽임을 당함.
16. 요시야	**16. 므나헴**
① 여호와 보시기에 정직히 행하여 그의 조상 다윗의 모든 길로 행하고 좌우로 치우치지 않음. ② 성전을 수리하다 대제사장 힐기야가 발견한 율법책을 사반이 읽는 것을 듣고 그의 옷을 찢으며 명령하기를 율법에 따라 아세라 상을 파괴하고 미동의 집을 없애고, 힌놈 골짜기의 도벳에서 사람을 제물로 바치는 몰록신 숭배를 금지시키고, 벧엘의 단과 산당을 무너뜨리고 유월절을 준수하였다. ③ 신접한 자, 점쟁이, 드라빔, 우상과 모든 가증한 것을 다 제거하였다. ④ 애굽 왕 바로느고에 의하여 므깃도에서 죽임을 당함. ⑤ 전에도 후에도 없는 왕이다.	① 여로보암의 죄에서 평생 떠나지 않음. ② 앗수르 왕 불이 치려하자 큰 부자에게서 강탈한 은과 각 사람에게 오십 세겔씩 내어 천 달란트를 주어 돌려 보냈다. 그리고 도와줄 것을 요구하였다. ③ 이것이 앗수르 1차 침입이다.
17. 여호아하스	**17. 브가히야**
① 살룸이라고도 부름. ② 요시야의 넷째 아들로 왕위에 올랐지만 애굽 왕 바로느고에 의해 포로로 잡혀갔다. ③ 여호야김, 시드기야와 형제지간이다.	① 여로보암의 죄에서 떠나지 않음. ② 베가의 반역으로 사마리아 왕궁 호위소에서 아르곱과 아리에와 길르앗 사람 오십 명과 함께 죽었다.
18. 여호야김	**18. 베가**
① 엘리아김이라고도 부름. ② 갈대아, 아람, 모압, 암몬 자손이 쳐 들어옴. ③ 무죄한 자의 피를 흘려 예루살렘에 가득하게 함. * 바벨론 1차 침입	① 여로보암의 죄에서 떠나지 않음. ② 앗수르 왕 디글랏 빌레셀의 침입을 받고 백성이 앗수르로 잡혀 갔다. ③ 호세아의 반역으로 죽임을 당하였다. *앗수르 2차 침입이다.
19. 여호야긴	**19. 호세아**
① 고니야, 여고냐라고도 부름. ② 바벨론 왕 느부갓네살의 신복이 바벨론으로 잡아감. *바벨론 2차 침입	① 악을 행하였으나 그 전 이스라엘 여러 왕들과 같이 하지는 않았다. 베가를 죽이고 이스라엘의 마지막 왕이 되었다. ② 앗수르왕 살만에셀이 올라오니 종이 되고 조공을 드리다가 드리지 않자 올라와 사마리아를 점령하고 이스라엘 사람들을 끌고 감. ③ 이스라엘의 마지막 왕이다. *앗수르 3 차 침입으로 망함(B.C 722).
20. 시드기야	
① 여호야긴의 숙부 맛다니야가 대신하여 왕이 되고 이름을 시드기야라고 고쳤다. ② 여호야김의 형제로 요시야 왕의 셋째 아들이다. ③ 바벨론 왕 느부갓네살의 침입으로 두 눈이 뽑히고 사슬에 결박된 채 바벨론에 포로로 끌려갔다. *바벨론 3 차 침입으로 멸망(B.C 586).	

3. 분열왕국시의 형세

<table>
<tr><th colspan="4">유다</th><th colspan="4">이스라엘</th></tr>
<tr><th>왕</th><th>선지자
(선견자)</th><th>대적</th><th>동맹</th><th>왕</th><th>선지자</th><th>대적</th><th>동맹</th></tr>
<tr><td>1. 르호보암</td><td>스마야</td><td>여로보암
애굽</td><td></td><td>1. 여로보암</td><td>아히야,
벧엘의
늙은 선지자</td><td>르호
보암</td><td></td></tr>
<tr><td>2. 아비얌
(아비야)</td><td></td><td>여로보암</td><td></td><td>2. 나답</td><td></td><td></td><td></td></tr>
<tr><td>3. 아사</td><td>아사랴
오뎃
하나니</td><td>바아사
구스 사람</td><td></td><td>3. 바아사</td><td>예후</td><td>아사</td><td></td></tr>
<tr><td>4. 여호사밧</td><td>미가야
엘리사
예후</td><td>아람
모압
마온</td><td>아합</td><td>4. 엘라</td><td></td><td></td><td></td></tr>
<tr><td>5. 여호람</td><td></td><td>에돔</td><td></td><td>5. 시므리</td><td></td><td></td><td></td></tr>
<tr><td>6. 아하시야</td><td></td><td>아람</td><td>요람</td><td>6. 오므리</td><td></td><td></td><td></td></tr>
<tr><td>7. 아달랴
(* 여왕)</td><td></td><td></td><td></td><td>7. 아합</td><td>엘리야
미가야
시드기야
(거짓선지자)</td><td>아람</td><td>여호
사밧</td></tr>
<tr><td>8. 요아스</td><td></td><td>아람</td><td></td><td>8. 아하시야</td><td>엘리야
엘리사</td><td>모압
아람</td><td></td></tr>
<tr><td>9. 아마샤</td><td></td><td>요아스
에돔</td><td></td><td>9. 요람
(여호람)</td><td></td><td>아람</td><td>아하
시야</td></tr>
<tr><td>10. 아사랴
(웃시야)</td><td></td><td></td><td></td><td>10. 예후</td><td>엘리사</td><td></td><td></td></tr>
<tr><td>11. 요담</td><td></td><td>아람</td><td></td><td>11. 여호아하스</td><td></td><td>아람</td><td></td></tr>
<tr><td>12. 아하스</td><td></td><td>아람</td><td>앗수르</td><td>12. 요아스</td><td>엘리사</td><td>아마샤
아람</td><td></td></tr>
<tr><td>13. 히스기야</td><td>이사야</td><td>앗수르
블레셋</td><td>바벨론</td><td>13. 여로보암
2 세</td><td></td><td></td><td></td></tr>
<tr><td>14. 므낫세</td><td></td><td></td><td></td><td>14. 스가랴</td><td></td><td></td><td></td></tr>
<tr><td>15. 아몬</td><td></td><td></td><td></td><td>15. 살룸</td><td></td><td></td><td></td></tr>
<tr><td>16. 요시야</td><td></td><td>애굽</td><td></td><td>16. 므나헴</td><td></td><td>앗수르</td><td></td></tr>
<tr><td>17. 여호아하스
(살룸)</td><td></td><td></td><td></td><td>17. 브가히야</td><td></td><td></td><td></td></tr>
<tr><td>18. 여호야김
(엘리아김)</td><td></td><td>바벨론
갈대아
아람, 모압
암몬</td><td></td><td>18. 베가</td><td></td><td>앗수르</td><td></td></tr>
<tr><td>19. 여호야긴
(고니야, 여고냐)</td><td></td><td>바벨론</td><td></td><td>19. 호세아</td><td></td><td>앗수르</td><td></td></tr>
<tr><td>20. 시드기야
(맛다니야)</td><td></td><td>바벨론</td><td></td><td></td><td></td><td></td><td></td></tr>
</table>

52. 르호보암에 대항하여 여로보암에 처음 동조한 지파는 모두 몇 지파
    인가?(12:21)
    ① 7지파   ② 8지파   ③ 9지파   ④ 10지파

    참조: 유다와 베냐민 지파는 르호보암에 동조했다.

53. 르호보암이 이스라엘과 싸우려하자 싸우지 말라고 한 하나님의 사
    람은?(12:22)
    ① 스마야   ② 엘리야   ③ 엘리사   ④ 이사야

54. 예루살렘에 있는 여호와 성전에 제사를 드리고자 하여 백성들이 올
    라가면 유다 왕 르호보암에게 돌아갈 것을 염려하여 두 금송아지를
    만들어 벧엘과 단에 둔 이스라엘 왕은?(12:25~29)

55. 아래는 어느 왕을 말하는 것인가?(12:28~33)
    * 두 금송아지를 만들었다.
    * 산당을 지었다.
    * 레위 자손이 아닌 일반 백성을 제사장으로 삼았다.
    * 자기 마음대로 이스라엘의 절기를 정하였다.

56. 유다에서 온 하나님의 사람이 벧엘에서 여로보암이 분향하는 것을
    보고 누가 다윗의 집에 태어나 분향하는 제사장을 제물로 바칠 것과
    사람의 뼈를 사를 것이라고 외쳤는가?(13:2~3)
    ① 여호사밧   ② 히스기야   ③ 요시야   ④ 여호아하스

    참조: 그는 300년 후에 태어날 유다의 제 16대 왕으로 성전에서 발견한 율법책에
    따라 대대적인 종교개혁을 실시하였다.

---

52. ④ 53. ① 54. 여로보암 55. 여로보암 56. ③

57. 여로보암의 아들 아비야가 병이 들자 죽을 것이라고 말한 선지자는 누구인가?(14:1~12)
① 아히야　　② 엘리야　　③ 엘리사　　④ 미가야

58. 르호보암의 어머니 나아마는 어디 사람인가?(14:21)
① 애굽　　② 모압　　③ 암몬　　④ 에돔

59. 르호보암 제 오년에 예루살렘을 치고 성전의 보물과 왕궁의 보물과 솔로몬이 만든 금 방패를 빼앗아 간 이방민족은?(14:25~26)
① 애굽　　② 모압　　③ 암몬　　④ 에돔

60. 다음은 어느 왕을 말하는 것인가?(15:9~14)
- 다윗과 같이 여호와보시기에 정직히 행하였다.
- 남색하는 자를 쫓아내었다.
- 조상들의 우상을 없앴다.
- 어머니가 만든 아세라 상을 찍어 불살랐다.
- 태후의 위를 폐하였다(어머니).
- 다만 산당은 없애지 않았다.

① 아비얌　　② 아사　　③ 여호사밧　　④ 여호람

61. 아사 왕이 일생동안 전쟁을 한 이스라엘 왕은 누구인가?(15:16)
① 여로보암　　② 나답　　③ 바아사　　④ 엘라

57. ①　58. ③　59. ①　60. ②　61. ③

62. 이스라엘 왕이 치러 올라오자 유다 왕 아사가 약조를 상기시키며 도와줄 것을 요구한 벤하닷은 어느 민족의 사람인가?(15:18~19)
① 애굽　　② 모압　　③ 암몬　　④ 아람

63. 여로보암의 온 집을 쳐서 생명 있는 자를 한 사람도 남기지 아니하고 다 멸하였는데 이는 여호와께서 실로 사람 누구를 통하여 하신 말씀과 같이 되었는가?(15:29)
① 아히야　　② 엘리야　　③ 엘리사　　④ 미가야

64. 이스라엘 왕 바아사와 그의 집을 꾸짖은 선지자는?(16:7)
① 아히야　　② 엘리야　　③ 예후　　④ 미가야

65. 이스라엘의 엘라 왕을 모반하여 죽이고 칠 일 동안 왕이 된 후 성읍이 함락됨을 보고 왕궁 요새에 들어가 불을 지르고 그 가운데서 죽은 왕은?(16:8)
① 나답　　② 바아사　　③ 엘라　　④ 시므리

66. 다음은 어느 왕을 말하는 것인가?(16:29~33)
• 여로보암의 죄를 따라 행하는 것을 가볍게 여겼다.
• 시돈 사람의 왕 엣바알의 딸 이사벨을 아내로 삼았다.
• 사마리아에 건축한 바알의 신전에 바알을 위하여 제단을 쌓았다.
• 아세라 상을 만들었다.
• 이스라엘 모든 왕보다 심히 이스라엘 하나님 여호와를 노하게 하였다.

---

62. ④　63. ①　64. ③　65. ④　66. 아합

67. 벧엘 사람 히엘이 여리고성을 건축하다 맏아들 아비람과 막내 아들 스굽을 잃었는데 이일은 이미 누구를 통하여 말씀하신 것이 이루어진 것인가?(16:34)
① 아브라함　② 이삭　③ 야곱　④ 여호수아

68. 엘리야는 어느 이스라엘 왕 때 활동하던 선지자인가?(17:1)
① 엘라　② 시므리　③ 아합　④ 예후

69. 여호와의 말씀에 의하여 요단 앞 그릿 시냇가에 숨어있는 엘리야에게 먹을 것을 가져다 준 짐승은?(17:6)
① 까마귀　② 비둘기　③ 양　④ 소

70. 사르밧 과부의 통에 가루와 병의 기름이 떨어지지 않게 하고 그녀의 죽은 아들을 살려준 선지자는 누구인가?(17:8~22)

71. 아합 왕 때에 왕궁 맡은 자로 여호와를 지극히 경외하는 자였고 이사벨이 여호와의 선지자들을 멸할 때에 선지자 백 명을 오십 명씩 굴에 숨기고 떡과 물을 먹였던 자는 누구인가?(18:3~4)

72. 엘리야 때에 이사벨 상에서 먹는 바알의 선지자와 아세라의 선지자는 모두 몇 명인가?(18:19)
① 칠백 명　② 칠백 오십 명　③ 팔백 명　④ 팔백 오십 명

---

67. ④　68. ③　69. ①　70. 엘리야　71. 오바댜　72. ④

73. 갈멜산에서 불로 응답하는 그가 하나님이라고 응답의 유무에 대하여 엘리야와 경쟁한 바알 선지자들은 모두 몇 명인가?(18:22)
① 사백 명　② 사백오십 명　③ 오백 명　④ 오백오십 명

74. 갈멜 산상에서 엘리야가 몇 번째 드린 기도 만에 비가 내렸는가? (18:43)
① 다섯 번　② 여섯 번　③ 일곱 번　④ 여덟 번

75. 이사벨을 피해 브엘세바로 도망하던 엘리야가 광야로 들어가 무슨 나무 아래서 생명을 거두어 달라고 여호와께 기도하였나?(19:3~4)
① 로뎀 나무　② 감람 나무　③ 포도 나무　④ 무화과 나무

76. 엘리야가 브엘세바에서 사십 주야를 가서 호렙 산에 이르러 그 곳에서 여호와의 소리를 듣기까지의 순서로 바른 것은?(19:8~12)
① 지진 - 바람 - 불 - 세미한 소리
② 바람 - 지진 - 불 - 세미한 소리
③ 불 - 바람 - 지진 - 세미한 소리
④ 지진 - 불 - 바람 - 세미한 소리

77. 엘리야가 기름을 붓지 않은 사람은?(19:15~17)
① 하사엘　② 예후　③ 아합　④ 엘리사

78. 여호와께서 이스라엘 가운데 바알에게 무릎을 꿇지 아니하고 입맞추지 아니한 자 몇 명을 남긴다고 하셨나?(19:18)
① 삼천 명　② 오천 명　③ 칠천 명　④ 만 명

---

73. ②　74. ③　75. ①　76. ②　77. ③　78. ③

성경문제집

79. 엘리사의 아버지는 누구인가?(19:19)
　　① 사밧　　　② 브에리　　　③ 브두엘　　　④ 아밋대

80. 아합 때에 사마리아 성을 에워싸고 친 아람의 왕은?(20:1)
　　① 예후　　　② 벤하닷　　　③ 하닷　　　④ 르손

81. 아람의 왕은 몇 명의 왕을 거느리고 있었는가?(20:1)
　　① 삼십 명　　② 삼십일 명　　③ 삼십이 명　　④ 삼십삼 명

　　참조 : 당시 아람은 세력이 막강한 나라였다. 그러므로 많은 속국을 거느리며 넓은
　　영토를 차지하였다.

82. 아합의 아내 이사벨이 누구의 포도원을 빼앗아 남편에게 주었는가?
　　(21:1~16)

83. 이스라엘 왕 아합이 범죄 한 까닭으로 누구와 누구의 집처럼 될 것
　　이라고 엘리야를 통하여 여호와의 말씀을 들었는가?(21:22)

84. 이스라엘 왕 아합이 아람 왕의 손에 있는 길르앗 라못을 되찾기 위
　　하여 유다의 어느 왕과 연합하였는가?(22:2~4)
　　① 아하스　　② 히스기야　　③ 요시야　　④ 여호사밧

85. 이스라엘 왕 아합이 길르앗 라못에 가서 싸울 것 인지를 몇 명의 선
　　지자를 모으고 첫 번째로 물었는가?(22:6)
　　① 백 명　　② 이백 명　　③ 삼백 명　　④ 사백 명

---

79. ① 80. ② 81. ③ 82. 나봇 83. 여로보암, 바아사 84. ④ 85. ④

86. 이스라엘 왕 아합이 길한 일은 예언하지 않고 흉한 일만 예언한다하여 미워한 선지자 이믈라의 <u>아들</u>은?(22:8)

① 미가야   ② 시드기야   ③ 엘리야   ④ 엘리사

87. 다음과 같이 말한 선지자는 <u>누구</u>인가?

"여호와께서 살아계심을 두고 맹세하노니 여호와께서 내게 말씀하시는 것 곧 그것을 내가 말하리라"(22:14)

88. 참 선지자 미가야의 뺨을 때린 아합 왕의 시대의 <u>거짓</u> 선지자는?
(22:24)

89. 다음은 <u>어느</u> 왕을 말하는 것인가?(22:41~46)

- 삼십오 세에 유다의 왕이 되어 이십오 년 동안 다스렸다.
- 어머니의 이름은 아수바이다.
- 여호와 앞에서 정직히 행하였으나 산당은 폐하지 않았다.
- 이스라엘 왕 아합과 화평하였다.
- 남색하는 자들을 쫓아냈다.

90. 여호사밧이 다시스의 선박을 제조하고 오빌로 금을 구하러 보내려 하였지만 그 배는 <u>어디</u>에서 파선하여 가지 못하였나?(22:48)

---

86. ① 87. 미가야 88. 시드기야 89. 여호사밧 90. 에시온게벨

91. 열왕기상의 기록 내용으로 <u>맞는</u> 것은?

　　① 다윗의 죽음과 솔로몬에서부터 아합의 행적

　　② 아하시야부터 시드기야의 행적

　　③ 다윗 가계와 다윗의 행적

　　④ 솔로몬부터 시드기야(유다 왕들)의 행적

　　참조 : 사무엘상에서부터 역대하의 내용들

　　1. 사무엘상 - 엘가나의 실로 순례, 사울의 행적과 죽음

　　2. 사무엘하 - 사울의 죽음, 다윗의 행적

　　3. 열왕기상 - 다윗의 죽음과 솔로몬에서부터 아합의 행적

　　4. 열왕기하 - 아하시야부터 시드기야의 행적

　　5. 역대상 - 다윗 가계와 다윗의 행적

　　6. 역대하 - 솔로몬부터 시드기야(유다 왕들)의 행적

92. 유다와 이스라엘 왕들 중에 가장 <u>오랫동안</u> 통치한 왕은?

　　① 아사랴　　② 므낫세　　③ 예후　　④ 바아사

93. 유다에서 가장 <u>오랫동안</u> 통치한 왕은?

　　① 므낫세　　② 아사랴　　③ 아사　　④ 요아스

94. 이스라엘에서 가장 <u>오랫동안</u> 통치한 왕은?

　　① 예후　　② 요람　　③ 바아사　　④ 여로보암2세

95. 유다와 이스라엘에서 가장 <u>짧은</u> 기간을 통치한 왕은?

　　① 시드기야　② 살룸　　③ 시므리　　④ 여호야긴

────────────────

91. ① 92. ② 93. ① 94. ④ 95. ③

96. 유다에서 가장 짧은 기간을 통치한 왕은?
　① 여호아하스　② 여호야긴　③ 아하시야　④ 아몬

97. 이스라엘에서 가장 짧은 기간을 통치한 왕은?
　① 살룸　② 스가랴　③ 시므리　④ 엘라

98. 유다와 이스라엘에서 가장 어린 나이에 왕이 된 자는?
　① 요아스　② 요시야　③ 여호야긴　④ 므낫세

99. 열왕기상은 몇 장으로 기록되었는가?

___

96. ① 97. ③ 98. ① 99. 22장

열 왕 기 하

열왕기하 개요

각 장의 내용들

1장

  1. 아합 사후에 이스라엘을 배반한 모압(1)

  2. 다락에서 떨어진 아하시야가 바알세붑에게 병이 나을지 물으러 보냄(2~4)

  3. 아하시야가 죽을 것을 예언한 엘리야(5~8)

  4. 하나님의 불로 50부장을 2번이나 사른 엘리야(9~12)

  5. 세 번째 50부장을 따라 왕에게 나아간 엘리야(13~16)

  6. 아하시야의 죽음(17~18)

2장

  1. 승천하려는 엘리야에게 능력을 구한 엘리사(1~10)

  2. 회오리바람을 타고 승천한 엘리야(11)

  3. 능력을 받아 옷으로 물을 가른 엘리사(12~14)

  4. 엘리야를 찾으러 간 선지자 성도들(15~18)

  5. 좋지 못한 물을 고친 엘리사(19~22)

  6. 엘리사를 조롱하다 곰에게 죽은 아이들(23~25)

3장

  1. 여호람의 통치(1~3)

  2. 여호람과 여호사밧의 동맹군(4~8)

  3. 생축에게 먹일 물이 없어 엘리사를 찾은 동맹군(9~12)

  4. 골짜기에서 물을 낸 엘리사(13~20)

  5. 모압을 이긴 이스라엘(21~27)

4장

   1. 기름으로 과부의 빚을 갚게 한 엘리사(1~7)

   2. 엘리사를 접대한 수넴여인(8~11)

   3. 수넴 여인의 소원을 묻는 엘리사(12~14)

   4. 수넴 여인이 아들을 낳음(15~17)

   5. 죽은 수넴 여인의 아들을 살린 엘리사(18~37)

   6. 길갈에서 독이 있는 국을 해독시킨 엘리사(38~41)

   7. 보리떡 20개와 채소로 100명을 먹임(42~44)

5장

   1. 나병이 든 나아만(1~8)

   2. 고침받은 나아만(9~14)

   3. 나아만의 선물을 거절하는 엘리사(15~19)

   4. 선물을 탐내다 나병이 든 게하시(20~27)

6장

   1. 물 위에 떠오른 도끼(1~7)

   2. 아람 왕의 번뇌(8~13)

   3. 엘리사를 잡으러 왔다가 눈이 먼 아람군대(14~23)

   4. 사마리아 성의 포위와 기근(24~33)

7장

   1. 기근을 면할 것을 예언한 엘리사(1~2)

   2. 네 나병인의 선택과 배부름(3~8)

   3. 아람 군대가 도망간 사실을 알리는 나병인들(9~11)

   4. 아람 군대가 도망간 것을 확인하는 정탐꾼(12~15)

   5. 엘리사의 예언대로 된 사마리아 성(16~20)

8장

   1. 땅을 돌려받은 수넴 여인(1~6)

   2. 왕이 된 하사엘(7~15)

3. 유다 왕 여호람(16~24)

4. 유다 왕 아하시야(25~29)

9장

1. 기름 부음을 받은 예후(1~10)

2. 요람을 배반하는 예후(11~15)

3. 요람을 처형(16~26)

4. 아하시야를 처형(27~29)

5. 이세벨의 죽음(30~37)

10장

1. 예후에게 처형 당한 아합 자손 70명(1~11)

2. 아하시야의 형제들 42인을 모두 죽임(12~14)

3. 사마리아에 남은 아합에게 속한 자 모두를 멸함(15~17)

4. 바알 숭배자들의 처형과 예후의 죄(18~29, 31)

5. 아합 집에 행한 일로 왕위를 4대까지 약속받는 예후(30)

6. 예후의 죽음(32~36)

11장

1. 아달랴의 통치와 요아스의 구출(1~3)

2. 여호야다의 복위 계획(4~8)

3. 왕으로 기름부음 받은 요아스(9~12)

4. 아달랴의 죽음(13~16)

5. 왕과 백성이 여호와와 언약을 맺음(17~21)

12장

1. 요아스를 여호야다가 섭정(1~3)

2. 성전 수리를 위해 여호와의 전에 드리는 은을 사용하게 함(4~8)

3. 드린 은을 기술자들에게 맡김(9~16)

4. 열조가 드린 성물과 금을 보낸 요아스(17~18)

5. 신복들에게 피살당한 요아스(19~21)

13장

  1. 이스라엘 왕 여호아하스(1~9)

  2. 이스라엘 왕 요아스(10~13)

  3. 엘리사의 마지막 예언과 죽음(14~21)

  4. 요아스가 벤하닷을 세 번 쳐서 파하고 성읍들을 회복함(22~25)

14장

  1. 유다 왕 아마샤(1~7)

  2. 아마샤를 사로잡은 요아스(8~14)

  3. 무리의 모반으로 인해 죽은 아마샤(15~22)

  4. 이스라엘 왕 여로보암 2세(23~29)

15장

  1. 유다왕 아사랴(15:1~7)

  2. 이스라엘 왕 스가랴(8~12)

  3. 이스라엘 왕 살룸(13~16)

  4. 이스라엘 왕 므나헴(17~22)

  5. 이스라엘 왕 브가히야(23~26)

  6. 이스라엘 왕 베가(27~31)

  7. 유다 왕 요담(32~38)

16장

  1. 우상숭배를 한 아하스(1~4)

  2. 아람과 이스라엘, 유다와 앗수르 동맹(5~9)

  3. 아하스가 만든 단(10~20)

17장

  1. 앗수르 왕에 의해 옥에 감금된 호세아(1~4)

  2. 포로가 되어 앗수르로 잡혀가는 이스라엘 백성들(5~6)

  3. 이스라엘이 멸망한 원인(7~23)

  4. 이방 민족이 거하는 사마리아(24~26)

5. 이방 민족이 섬기는 우상들(27~41)

18장

1. 히스기야의 선정(1~8)

2. 앗수르 왕 살만에셀의 사마리아 함락(9~12)

3. 앗수르 왕 산헤립의 유다 침공(13~16)

4. 히스기야를 모독하는 랍사게(17~37)

19장

1. 랍사게의 말을 이사야에게 전하는 히스기야(1~5)

2. 이사야의 예언(6~7)

3. 앗수르 왕이 히스기야에게 보낸 편지(8~13)

4. 히스기야의 기도(14~19)

5. 유다 구원에 대한 이사야의 예언(20~34)

6. 앗수르 군대를 물리치신 여호와(35~37)

20장

1. 병들어 죽게 된 히스기야(1)

2. 히스기야의 간절한 기도와 여호와의 응답(2~11)

3. 바벨론 사자에게 실수한 히스기야(12~19)

4. 히스기야의 죽음(20~21)

21장

1. 악한 유다 왕 므낫세(1~9)

2. 예루살렘을 버리시겠다는 여호와(10~15)

3. 므낫세의 죽음(16~18)

4. 아몬의 죄(19~22)

5. 신복들의 반역과 죽음(23~26)

22장

1. 정직한 왕 요시야(1~2)

2. 퇴락한 성전을 수리하게 함(3~7)

3. 율법책 발견과 회개(8~13)

4. 여선지 훌다의 예언(14~20)

23장

1. 언약을 세운 요시야(1~3)

2. 요시야의 종교개혁(4~20)

3. 성대한 유월절(21~23)

4. 율법의 말씀을 이루려 한 요시야(24~25)

5. 므낫세로 인한 여호와의 진노(26~27)

6. 요시야의 죽음(28~30)

7. 애굽으로 잡혀간 여호아하스(31~35)

8. 바로느고에게 주려고 은금을 징수한 여호야김(36~37)

24장

1. 갈대아, 아람, 모압, 암몬으로 유다를 멸하려는 여호와(1~4)

2. 야호야김의 죽음(5~7)

3. 악을 행한 여호야긴(8~9)

4. 느부갓네살에게 함락된 예루살렘(10~17)

5. 악을 행한 시드기야(맛다니야)(18~20)

25장

1. 예루살렘의 멸망(1~7)

2. 포로된 백성들과 성전기물(8~21)

3. 이스라엘에게 죽임당한 총독 그달리야(22~26)

4. 옥에서 풀려난 유다 왕 여호야긴(27~30)

12. 열왕기 하

1. 다락 난간에서 떨어져 에그론의 신 바알세붑에게 병이 낫겠나 물어 보라고 보낸 왕은?(1:2)
   ① 아합　　　② 여호사밧　　③ 아하시야　　④ 히스기야

2. 이러한 왕에게 "네가 올라간 침상에서 내려오지 못할지라 네가 반드 시 죽으리라"는 여호와의 말씀을 전한 선지자는?(1:4)
   ① 사무엘　　② 엘리야　　③ 엘리사　　④ 이사야

3. 털이 많고 허리에 가죽 띠를 띤 선지자는?(1:8)
   ① 사무엘　　② 엘리야　　③ 엘리사　　④ 이사야

4. 아하시야 왕은 엘리야를 부르기 위해 오십부장과 군사 오십 명을 몇 번 보냈는가?(1:9~16)
   ① 두 번　　② 세 번　　③ 네 번　　④ 다섯 번

5. 엘리야가 엘리사에게 여기 머물라고 하였지만 "내가 당신을 떠나지 않겠다"고 하며 동행한 곳이 아닌 곳은?(2:1~6)
   ① 벧엘　　② 여리고　　③ 요단　　　④ 호렙 산

   참조 : 동행한 곳
   길갈 - 벧엘 - 여리고 - 요단

6. 엘리야의 성령이 하시는 역사가 갑절이나 내게 있게 해 달라고 구한 선지자는?(2:9)

---

1. ③ 2. ② 3. ② 4. ② 5. ④ 6. 엘리사

7. 불 수레와 불 말들과 회오리 바람으로 하늘로 올라간 <u>선지자</u>는?(2:11)

8. 엘리사의 행적이 <u>아닌</u> 것은?(2:12~25)
　① 겉옷으로 요단강을 가름　　② 나쁜 여리고 성읍의 물을 고침
　③ 나아만의 나병을 낫게 했다　　④ 사르밧 과부의 아들을 살림

참조 : 엘리야와 엘리사의 행적

1. 엘리야
① 그릿 시냇가에 숨어 있을 때 까마귀들이 아침과 저녁에 떡과 고기를 가져다 주었다(왕상 17:3~6).
② 사르밧 과부의 집에 통의 가루와 병의 기름이 없어지지 않게 하였고 죽은 아들을 살렸다(왕상 17:8~24).
③ 갈멜산에서 바알 선지자 사백오십 명과 어느 하나님이 응답하는가의 싸움에서 엘리야의 하나님이 하늘에서 불이 내려와 제단의 제물과 나무, 돌, 흙을 태우고 도랑의 물을 핥았다(왕상 18:1~38).
④ 아합 때의 가뭄을 갈멜산 꼭대기에서 땅에 꿇어 엎드려 얼굴을 무릎 사이에 넣고 일곱번 기도하여 비를 내리게 하였다(왕상 18:41~45).
⑤ 아합이 마차를 타고 먼저 이스르엘로 출발하였지만 여호와의 능력으로 아합의 앞에서 달렸다(왕상 18:46).
⑥ 이사벨의 협박을 피하여 호렙 산으로 도망하다가 로뎀나무 아래서 죽기를 간구했고 자고 있을 때, 여호와의 천사가 나타나 음식을 주어 먹었고, 호렙산에 이르렀을 때 여호와께서 세미한 소리로 임하여 위로하였다(왕상 19:1~18).
⑦ 엘리사를 부름(왕상 19:19~21).
⑧ 다락 난간에서 떨어져 병들은 아하시야 왕의 죽음을 예언 함(왕하 1:2~4).
⑨ 엘리야를 부르기 위해 아하시야가 보낸 오십부장과 군사 오십 명을 하늘에서 불이 내려와 두 번 사르게 하였고, 세 번째 보낸 사람들의 생명은 죽지 않게 하였다(왕하 1:9~16).
⑩ 요단 강의 물을 겉옷을 말아 쳐 갈라지고 마르게 하여 건넜고, 회오리 바람으로 하늘로 올라갔다(왕하 2:11).

---

7. 엘리야　8. ④

2. 엘리사

① 겉옷으로 요단강 물을 쳐서 갈랐다(왕하 2:14).

② 여리고 성읍의 물이 나쁘므로 토산이 익지 못하고 떨어지자 물의 근원에 소금을 던져 고쳤다(왕하 2:19~22).

③ 벧엘로 올라갈 때에 대머리라고 조롱하는 아이들 42명을 저주하매 암곰 둘이 나와 죽였다(왕하 2:22~24).

④ 유다와(여호사밧 왕) 에돔 왕이 이스라엘과(여호람 왕) 연합하여 모압 왕 메사와 싸워 이길 것을 예언하였다(왕하 3:1~27).

⑤ 선지자의 제자 중 한 과부의 집에 조금 남은 기름 한 그릇으로 빌린 빈 그릇에 기름이 가득하게 하였다(왕하 4:1~7).

⑥ 엘리사를 환대한 수넴 여인이 아들이 없는 것을 알고 아들을 낳을 것이라고 예언하여 한 해가 지나 낳았고, 그 낳은 아들이 죽자 여호와께 기도하고 아이 위에 입, 눈, 손을 마주하고 엘리사가 엎드려 살려주었다(왕하 4:8~37).

⑦ 선지자의 제자들이 끓여 마신 국에 죽음의 독이 있어 마시지 못할 때에 가루를 넣어 독이 없어지게 하였다(왕하 4:38~41).

⑧ 보리 떡 이십(20) 개와 채소 한 자루로 백(100) 명이 먹게 하였다(왕하 4:42~44).

⑨ 아람 왕의 군대 장관 나아만의 나병을 요단 강물에 일곱 번 씻음으로 낫게 하였다(왕하 5:1~14).

⑩ 선지자의 제자들이 나무를 베다가 물에 빠뜨린 쇠도끼를 나뭇가지를 베어 물에 던져 떠오르게 하였다(왕하 6:1~7)

⑪ 아람 왕 벤하닷에 의하여 포위되어 굶주림으로 자식을 삶아먹게 되는 사마리아 성의 비참함을 예언하였다. 그러나 아람 군대가 물러가고 사마리아 성이 다시 풍요로워 질 것을 예언 하였다(왕하 6:24~7:8).

⑫ 흉년으로 블레셋에 피해있던 수넴 여인에게 왕으로부터 땅을 돌려받게 하였다(왕하 8:1~6)

⑬ 하사엘이 아람 왕이 되어 이스라엘 자손에게 행할 모든 악을 알고 그를 보며 울었다(왕하 8:7~15)/

9. 엘리야의 예언이 <u>아닌</u> 것은?

① 가뭄   ② 아합의 멸망

③ 아하시야의 사망   ④ 요아스의 승리

---

9. ④

3. 엘리야와 엘리사의 이적과 예언

엘 리 야		엘 리 사	
이 적	예 언	이 적	예 언
사르밧 과부의 기름이 끊어지지 않음 (왕상 17:14~16)	가뭄 (왕상 17:1)	요단 강물을 가름 (왕하 2:14)	에돔과 유다와 이스라엘 왕에게 승리 (왕하 3:11~20)
사르밧 과부의 아들 살림 (왕상 17:17~24)	아합의 멸망 (왕상 21:17~29)	샘물을 고침 (왕하 2:19~22)	수넴 여인이 아들을 낳을 것 (왕하 4:16)
불로 제물을 태움 (왕상 18:24~38)	아하시야의 사망 (왕하 1:2~17)	과부의 기름을 채움 (왕하 4:1~7)	식량이 풍부해 질 것 (왕하 7:1)
비를 오게 함 (왕상 18:41~45)	여호람의 받을 재앙 (대하 21:12~15)	수넴 여인의 아들을 살림(왕하 4:18~37)	왕의 장관의 죽음 (왕하 7:2, 19~20)
불로 군사들을 사르게 함(왕하 1:10~12)		독을 제거 함 (왕하 4:38~41)	기근 (왕하 8:1~3)
		보리떡 20개와 채소 한 자루로 100명을 먹임(왕하 4:42~44)	벤하닷의 사망 (왕하 8:7~15)
		나아만의 나병을 고침(왕하 5:1~19)	요아스의 승리 (왕하 13:14~19)
		게하시에게 나병이 들게 함 (왕하 5:26~27)	
		쇠도끼가 물에 떠오르게 함(왕하 6:6)	
		사환의 눈을 열어 여호와의 군대를 보게 함(왕하 6:13~17)	
		아람 군대를 눈이 멀게 하여 물리침 (왕하 6:18~23)	

10. 엘리사의 예언이 <u>아닌</u> 것은?

   ① 에돔과 유다와 이스라엘 왕에게 승리

   ② 수넴 여인이 아들을 낳을 것

---

10. ③

③ 아하시야의 사망

④ 벤하닷의 사망

11. 모압 왕 메사와 싸워 이겼던 연합군에 속하지 <u>않은</u> 나라는?(3:9)

① 유다 왕 여호사밧   ② 이스라엘 왕 여호람

③ 에돔 왕   ④ 아람 왕 벤하닷

12. 자기 아들을 성 위에서 번제로 드린 모압 <u>왕은</u>?(3:27)

① 하사엘   ② 메사   ③ 아합   ④ 벤하닷

참조 : 모압의 민족 신은 그모스로 이들은 자기 자녀를 그모스에게 불살라 받침으로써 자신의 소원이 이루어진다고 믿었다. 모압 왕 메사도 이러한 풍습에 따라 맏아들을 그모스에게 불살라 바쳤던 것이다.

13. 집에 한 그릇 외에는 아무것도 없어 엘리사에게 부르짖어 빌린 그릇에 기름이 가득 차게 되는 축복을 받은 <u>여인은</u>?(4:1)

① 이방 여인   ② 사르밧 과부

③ 수넴 여인   ④ 선지자 제자들의 아내 중 한 여인

14. 엘리사에게 세심한 배려를 함으로 축복을 받아 아들을 낳았지만 그 아들이 죽자 엘리사가 살려 준 이 아이의 어머니는 <u>누구</u>인가?(4:8~37)

① 이방 여인   ② 사르밧 과부

③ 수넴 여인   ④ 선지자 제자들의 아내 중 한 여인

15. 선지자의 제자들이 국을 먹다가 죽음의 독이 있는 것을 알고 먹지

---

11. ④ 12. ② 13. ④ 14. ③ 15. ②

못 하고 있을 때 가루를 던져 독을 없게 한 선지자는?(4:38~41)
① 엘리야　　② 엘리사　　③ 이사야　　④ 사무엘

16. 엘리사가 무엇으로 무리 백 명이 먹고도 남게 했나?(4:42~44)
① 보리떡 다섯, 물고기 둘　　② 보리떡 열, 물고기 다섯
③ 보리떡 열, 채소 반 자루　　④ 보리떡 이십, 채소 한 자루

17. 나아만은 어느 군대 장관인가?(5:1)
① 아람　　② 에돔　　③ 모압　　④ 암몬

18. 나아만의 병명은 무엇인가?(5:1)
① 중풍　　② 나병　　③ 피부병　　④ 손 마름병

19. 엘리사의 집 문에 서 있는 나아만에게 엘리사가 사환을 보내어 요단
강에 몇 번 씻으면 살이 회복된다고 하였는가?(5:9~10)
① 다섯 번　　② 여섯 번　　③ 일곱 번　　④ 여덟 번

20. 다음과 같이 말한 사람은 누구인가?(5:15)
"내가 이제 이스라엘 외에는 온 천하에 신이 없는 줄을 아나이다"

21. 나아만에게서 은 두 달란트와 옷 두벌을 받음으로 엘리사에게 책망
을 받고 몸에 나병이 발한 자는 누구인가?(5:20~27)

16. ④　17. ①　18. ②　19. ③　20. 나아만　21. 게하시

22. 선지자의 제자들이 나무를 하다가 <u>무엇</u>을 물에 빠뜨렸는가?(6:5)
　　① 쇠도끼　　　② 낫　　　③ 톱　　　④ 칼

23. 엘리사는 <u>무엇</u>을 물에 던져 빠진 것이 떠오르게 하였는가?(6:6)
　　① 겉옷　　　② 나뭇가지　　　③ 수건　　　④ 허리띠

24. 아람 왕과 이스라엘과 싸울 때에 아람의 진 위치를 알려주던 엘리사가 <u>어디</u>에 있을 때 아람 군사가 잡으려고 성읍을 에워쌌는가?
(6:8~23)
　　① 길갈　　　② 요단　　　③ 도단　　　④ 벧엘

25. <u>어느 왕</u>이 엘리사를 잡으러 왔을 때 여호와께서 불말과 불병거가 엘리사를 두르고 눈을 어둡게 하여 물리치게 했는가?(6:17~18)
　　① 에돔　　　② 아람　　　③ 암몬　　　④ 모압

26. "갑"은 무엇을 재는 단위인가?(6:25)
　　① 부피　　　② 길이　　　③ 높이　　　④ 무게

27. 아람 왕 벤하닷이 군대를 모아 올라와 사마리아 성을 에워싸자 먹을 것이 없어 자식을 잡아먹은 일이 <u>어느</u> 왕 때 있었던 일인가?(6:26~29)
　　① 엘라　　　② 시므리　　　③ 아하시야　　　④ 여호람

28. 굶주림으로 자식을 잡아먹은 사마리아 성을 향하여 엘리야가 예언한 <u>내용</u>은?(7:1)
　　① 고운 밀가루 한 스아와 보리 두 스아가 한 세겔로 매매될 것이다.

---

22. ①　23. ②　24. ③　25. ②　26. ①　27. ④　28. ①

② 고운 밀가루 한 스아와 보리 두 스아가 두 세겔로 매매될 것이다.

③ 고운 밀가루 한 스아와 보리 두 스아가 세 세겔로 매매될 것이다.

④ 고운 밀가루 한 스아와 보리 두 스아가 네 세겔로 매매될 것이다.

29. 여호와께서 병거 소리와 말 소리와 큰 군대의 소리를 듣게하여 포위
했던 아람 군대가 도망한 사실을 가장 먼저 보고 알린 사람들은?
(7:3~11)
① 제사장   ② 엘리사   ③ 나병환자   ④ 게하시

30. 아람군대가 도망한 것을 먼저 보고 알린 사람은 모두 몇 명인가?
(7:3)
① 세 명   ② 네 명   ③ 다섯 명   ④ 여섯 명

31. 엘리사는 이스라엘에 몇 년 동안 기근이 임할 것을 말하였는가?(8:1)
① 삼 년   ② 오 년   ③ 칠 년   ④ 십 년

32. 이스라엘이 기근을 피하여 블레셋 사람들의 땅에 있다가 돌아와 왕
으로부터 집과 전토를 돌려받은 여인은?(8:8:1~6)
① 사르밧 과부   ② 수넴 여인   ③ 헬라 여인   ④ 구스 여인

33. 아람 왕 벤하닷이 병에 걸리자 살아나겠는지 엘리사에게 물어보라
고 보낸 하사엘을 부끄러워 하기까지 쏘아보다가 운 이유는 무엇인
가?(8:7~12)
① 병이 들어 죽을 것을 알았기 때문에
② 전쟁에서 패할 것을 알았기 때문에

---

29. ③ 30. ② 31. ③ 32. ② 33. ④

③ 왕이 될 것을 알았기 때문에

④ 이스라엘 자손에게 행할 모든 악을 알았기 때문에

참조 :
하사엘은 이불을 물에 적셔 왕의 얼굴에 덮어 죽이고 아람의 왕이 되었다(8:15).

34. 이스라엘 왕 아합의 딸을 아내로 삼은 유다의 왕은?(8:16~18)

① 여호사밧　　② 여호람　　③ 아하시야　　④ 아달랴

참조 : 아합의 딸 이름은 아달랴이다(11:1).

35. 여호람이 여호와 보시기에 악을 행하였으나 <u>누구</u>를 위하여 유다 멸하기를 즐겨하지 않으셨나?(8:19)

① 여호수아　　② 사울　　③ 다윗　　④ 솔로몬

참조 :
이는 그와 그의 자손에게 항상 등불을 주겠다고 말씀하셨기 때문이다(왕상 11:36).

36. 여호람 왕 때에 에돔이 유다의 수하에서 배반하였고 함께 <u>배반한</u> 사람들은?(8:22)

① 립나　　　　② 아람　　　　③ 애굽　　　　④ 모압

37. 엘리사가 선지자의 제자 중 한 사람을 불러 허리를 동이고 기름병을 손에 가지고 <u>어디</u>로 가 이스라엘 왕에게 기름을 부으라고 하였는가?(9:1)

① 벧엘　　② 실로　　③ 길르앗 라못　　④ 사마리아

---

34. ②　35. ③　36. ①　37. ③

38. 엘리사가 보낸 선지자의 제자 중 한 사람에게 길르앗 라못에서 기름 부음을 받고 이스라엘 왕이 된 사람은?(9:6)
① 바아사 ② 아합 ③ 아하시야 ④ 예후

39. 예후에 의해 죽임을 당한 사람이 아닌 자는?(9:11~37)
① 요람 ② 아하시야 ③ 하사엘 ④ 이사벨

40. 예후에 의해 죽임을 당한 사마리아에 있는 아합의 아들은 모두 몇 명인가?(10:1~7)
① 삼십 명 ② 오십 명 ③ 칠십 명 ④ 백 명

41. 예후에 의해 죽임을 당한 아하시야 왕의 형제는 몇 명인가?
(10:12~14)
① 삼십이 명 ② 사십이 명 ③ 오십이 명 ④ 육십이 명

42. 예후가 내 마음이 진실하냐? 여호와를 위한 나의 열심을 보라! 하고 손을 잡아 병거에 태운 레갑의 아들 이름은?(10:15~17)

참조 : 레갑 자손
예후는 우의를 나눔으로써 백성들에게 호의를 얻어 자신의 위치를 더욱 견고히 하려 하였다. 여호나답은 모세의 장인 이드로의 자손인 레갑의 아들이며 검소하고 의로운 생활로 인하여 이스라엘 백성들에게 존경을 받고 있었다. 여호나답의 후손들은(레갑 사람) 훗날 '하나님 앞에 설 사람이 영원히 끊어지지 아니하리라' 는 축복을 받았다(렘 35:19). 여호나답은 가나안 문화 속에 바알 숭배가 만연해 있음을 깨닫고 후손들에게 금욕적인 광야 생활을 명령했다. 이 레갑 사람들은 수 백년 동안 조상의 명령을 어기지 않고 순종하였다.

38. ④ 39. ③ 40. ③ 41. ② 42. 여호나답

43. 예후가 아합에 속한 자들을 죽여 진멸한 것은 여호와께서 <u>누구</u>에게 하신 말씀과 같이 된 것인가?(10:17)

① 여호수아　　② 다윗　　③ 엘리야　　④ 엘리사

44. 바알을 섬기는 자를 멸하고 목상을 헐어 이스라엘 중에서 바알을 멸하였으나 벧엘과 단에 있는 금송아지 섬기는 죄에서 떠나게 하지 못한 이스라엘 왕은 <u>누구</u>인가?(10:18~29)

① 예후　　② 여호아하스　　③ 요아스　　④ 여로보암 2세

45. 여호와께서 예후에게 네가 나보기에 정직한 일을 행하되 잘 행하여 내 마음에 있는 대로 아합의 집에 다 행하였은즉 네 자손이 <u>몇 대</u>를 이어 이스라엘 왕위를 지낸다고 말씀하셨는가?(10:30)

① 삼 대　　② 사 대　　③ 오 대　　④ 칠 대

46. 유다 왕 아하시야의 어머니로 왕의 자손을 모두 멸절하고 왕이 된 여인은 <u>누구</u>인가?(11:1)

① 여호사밧　　② 여호람　　③ 아달랴　　④ 요아스

47. 아달랴가 왕의 자손을 모두 멸절할 때 어린 왕자 한 사람을 빼내어 죽임을 <u>면하게</u> 한 사람은?(11:2)

① 엘리사　　② 여호나답　　③ 여호야다　　④ 여호세바

48. 아달랴가 왕의 자손을 모두 멸절할 때 죽음을 면한 어린 왕자의 <u>이름</u>은?(11:2)

---

43. ③　44. ①　45. ②　46. ③　47. ④　48. 요아스

49. 요아스는 몇 년 동안 여호와 성전에 숨어 있었는가?(11:3)
    ① 삼 년   ② 육 년   ③ 칠 년   ④ 구 년

50. 요아스에게 왕관을 씌우며 율법 책을 주고 기름 부은 제사장은 누구인가?(11:12)
    ① 엘리사   ② 여호나답   ③ 여호야다   ④ 여호세바

51. 제사장 여호야다 때에 바알의 제사장은 누구인가?(11:18)
    ① 하사엘   ② 맛단   ③ 벤하닷   ④ 르손

52. 요아스가 왕이 될 때의 나이는?(11:21)
    ① 오 세   ② 육 세   ③ 칠 세   ④ 팔 세

53. 유다 왕 요아스가 통치할 때에 그를 교훈하던 제사장은 누구인가?
    (12:2)
    ① 아비아달   ② 아히멜렉   ③ 사붓   ④ 여호야다

54. 유다 왕 요아스와 이스라엘 왕 여호아하스 때에 어느 왕이 침입하여
    괴롭게 하였나?(12:17~18, 13:2~7)
    ① 아람   ② 암몬   ③ 모압   ④ 에돔

55. 요아스 왕을 죽인 왕의 신복 두 사람은?(12:21)

56. 이스라엘 왕 요아스가 "내 아버지여 내 아버지여 이스라엘의 병거
    와 마병이여" 라고 누구에게 한 말인가?(13:14)

---

49. ② 50. ③ 51. ② 52. ③ 53. ④ 54. ① 55. 요사갈, 여호사바드 56. 엘리사

57. 엘리사가 죽기 전에 이스라엘 왕 요아스에게 활을 쏘게 하고 또 화
    살들을 잡아 땅을 치게 하였는데 각각 의미는 무엇인가?(13:16~19)
    ① 아람에 대한 구원의 화살, 아람을 세 번만 진멸할 것이다.
    ② 암몬에 대한 구원의 화살, 암몬을 세 번만 진멸할 것이다.
    ③ 에돔에 대한 구원의 화살, 에돔을 세 번만 진멸할 것이다.
    ④ 모압에 대한 구원의 화살, 모압을 세 번만 진멸할 것이다.

58. 장사하는 사람들이 모압의 도적 떼들을 보고 시체를 누구의 묘실에
    던져 뼈에 닿자 곧 회생하여 일어섰는가?(13:20~21)

59. 이스라엘 여호아하스가 전쟁 중에 빼앗겼던 성읍을 아람 왕 벤하닷
    을 세 번 쳐서 무찌르고 회복한 왕은 누구인가?(13:14)
    ① 요아스   ② 여로보암 2 세   ③ 스가랴   ④ 살룸

60. 유다 왕 아마샤의 행적이 아닌 것은?(14:1~22)
    ① 부왕을 죽인자와 자녀들을 죽였다.
    ② 소금 골짜기에서 에돔과 싸워 이겼다.
    ③ 이스라엘 왕 요아스와 벧세메스에서 싸워 패하였다.
    ④ 반역으로 인하여 라기스로 도망하였고 거기서 죽임을 당했다.

    참조 : "자녀로 말미암아 아버지를 죽이지 말 것이요 아버지로 말미암아 자녀를 죽
    이지 말 것이라 오직 사람마다 자기의 죄로 말미암아 죽을 것이라"는 모세의 율법
    책에 기록한 대로 하였다(신 24:16).

___

57. ① 58. 엘리사 59. ① 60. ①

61. 이스라엘 왕 여로보암 2세 때 활동하던 선지자는 <u>누구</u>인가?(14:25)
    ① 미가　　② 이사야　　③ 요나　　④ 예레미야

    참조 : 이스라엘에서 활동하던 선지자는 모두 5명으로 엘리야, 엘리사, 요나, 아모스, 호세아이다.

62. 죽는 날까지 나병환자가 되어 별궁에 거하고 아들 요담이 왕궁을 다스리게 했던 유다 왕은 <u>누구</u>인가?(15:3~5)
    ① 아마샤　　② 아사랴　　③ 아하스　　④ 히스기야

63. 이스라엘의 예후 왕가의 마지막 4대 왕은 <u>누구</u>인가?(15:11~12)
    ① 여호아하스　　② 요아스　　③ 여로보암 2세　　④ 스가랴

    참조 : 모두 예후의 왕가이다.

64. 이스라엘 왕 므나헴이 통치하던 때에 불이 침입하였는데 이 불은 어느 나라를 말하는가?(15:19)
    ① 바벨론　　② 아람　　③ 앗수르　　④ 애굽

65. 앗수르 왕 디글랏 빌레셀의 침략을 받은 이스라엘 왕은 <u>누구</u>인가?(15:29)
    ① 살룸　　② 므나헴　　③ 브가히야　　④ 베가

    참조 : 유다 왕 아하스의 요청으로 이스라엘을 침입한 것이다. 이것이 앗수르 2차 침입이다.

---

61. ③　62. ②　63. ④　64. ③　65. ④

66. 아람 왕 르신과 이스라엘 왕 베가가 예루살렘에 올라와서 싸우려 할 때에 앗수르 왕에게 구원을 요청한 유다 왕은 누구인가?(16:5~7)
① 요담　② 아하스　③ 히스기야　④ 므낫세

67. 여호와께서 보시기에 대체적으로 정직히 행하지 않은 왕은?(16:2)
① 아사　② 여호사밧　③ 아하스　④ 히스기야

68. 앗수르 왕을 만나러 다메섹에 갔다가 거기 있는 제단을 보고 모든 구조와 제도의 양식을 그려 제사장으로 하여금 제단을 만들게 한 왕은 누구인가?(16:10)
① 아마샤　② 아사랴　③ 요담　④ 아하스

69. 왕이 다메섹에 보낸 대로 제단을 만든 제사장은 누구인가?(16:11)

70. 이스라엘 왕 호세아 때에 사마리아를 침입하여 점령하고 이스라엘 사람들을 앗수르로 끌고 간 왕은 누구인가?(17:6)
① 살만에셀　② 디글랏 빌레셋　③ 산헤립　④ 벤하닷

71. 이스라엘의 마지막 왕은 누구인가?(17:1~6)
① 므나헴　② 브가히야　③ 호세아　④ 베가

참조 : 앗수르의 왕 살만에셀에 의하여 호세아 9년에 사마리아는 함락되고 이스라엘의 역사는 완전히 끝나고 말았다. 이스라엘은 여로보암에서 호세아까지 209년 간 (B.C. 931~722) 지속되었으며 아홉 왕조에서 나온 19인의 왕들이 통치하였다.

66. ② 67. ③ 68. ④ 69. 우리야 70. ① 71. ③

72. 앗수르 왕이 사마리아를 점령하고 이스라엘 사람들을 사로잡아 끌
    어다가 고산 강가에 있는 여러 고을에 두었는데 그 중 아닌 것은?
    (17:6)
    ① 할라   ② 하볼   ③ 메대   ④ 하맛

73. 앗수르 사람들의 각 민족이 각기 자기의 신상을 만들어 사마리아 사
    람이 지은 여러 산당들에 두었는데 각 민족과 만든 신상이 바르지
    못한 것은?(17:30~31)
    ① 바벨론 사람 - 숙곳브놋   ② 굿 사람 - 네르갈
    ③ 하맛 사람 - 아시마   ④ 스발와임 - 닙하스, 다르닥

    참조 : 아와 사람은 닙하스와 다르닥을 만들었고 스발와임 사람들은 자녀를 불살라
    드리는 아드람멜렉과 아남멜렉을 만들었다.

74. 다음은 유다의 어느 왕을 말하는 것인가?(18:4~6)
    • 여러 산당들을 제거하였다.
    • 주상, 아세라 목상을 제거하였다.
    • 모세가 만든 놋뱀을 분향함으로 부수었다.
    • 여호와를 의지하는데 여러 왕 중에 그러한 자 없었다.

75. 유다 왕 히스기야가 이스라엘 자손이 모세가 만들었던 놋뱀을 분향
    함으로 부수고 무엇이라고 하였는가?(18:4)

    참조 : '놋조각' 이라는 뜻이다.

---

72. ④ 73. ④ 74. 히스기야 75. 느후스단

76. 히스기야 왕 때 올라와서 유다 모든 견고한 성읍들을 쳐서 점령한
    앗수르의 왕은 <u>누구</u>인가?(18:13)
    ① 산헤립   ② 불   ③ 살만에셀   ④ 디글랏 빌레셀

참조 : 앗수르의 이스라엘 및 유다 침입

이 스 라 엘			유 다		
앗수르 왕	이스라엘 왕	비 고	앗수르 왕	유다 왕	비 고
불	므나헴	1차 침입	산헤립	히스기야	이사야가 히스기야에게 하나님을 의지하여 싸울 것을 충고하였지만 산헤립의 공격에 굴복하여 그가 원하는대로 은 300달란트, 금 30달란트의 공물을 바쳐 협상을 요구하였다.
디글랏 빌레셀	베가	2차 침입	다르단 랍사게 랍사리스	히스기야	이들은 앗수르 왕 산헤립의 장수들로 특히 랍사게는 아람 말과 유다 말에 능해 앞에 나서서 성 안에 있는 유다 백성들이 항복할 것을 요구하였다.
살만에셀	호세아	3차 침입			
산헤립	호세아	멸망 (B.C 722)			

77. 앗수르 왕 산헤립의 명령으로 유다의 히스기야 왕을 침입한 장수 중
    <u>아닌</u> 자는 ?(18:17)
    ① 다르단   ② 랍사리스   ③ 에살핫돈   ④ 랍사게

---

76. ① 77. ③

78. 앗수르 왕의 장수들이 유다를 치기 위하여 예루살렘에 올라왔을 때
　　왕을 대신하여 나아간 사람들 중 <u>아닌</u> 자는?(18:18)
　　① 엘리야김　　② 셉나　　③ 요아　　④ 힐기야

79. 앗수르 왕의 장수들 중 유다 말로 성안에 있는 백성들에게 항복을
　　요구한 장수는 <u>누구</u>인가?(18:28)
　　① 다르단　　② 랍사게　　③ 산헤립　　④ 랍사리스

80. 유다 왕 히스기야 때 활동한 선지자는 <u>누구</u>인가?(19:2)
　　① 이사야　　② 아모스　　③ 요나　　④ 미가

　　참조 : 웃시야, 요담, 아하스와 히스기야 때에 활동했던 유다의 선지자이다.

81. 앗수르 왕이 립나와 싸우는 중에 앗수르를 침입한 <u>나라</u>는?(19:9)
　　① 애굽　　② 바벨론　　③ 구스　　④ 암몬

82. 히스기야가 앗수르 왕 산헤립 때문에 기도하는 것을 여호와께서 들
　　으시고 이사야를 통하여 나의 종 <u>누구</u>를 위하여 성을 보호하며 구원
　　하리라고 말씀하셨는가?(19:34)
　　① 다윗　　② 이사야　　③ 히스기야　　④ 이스라엘

83. 앗수르 왕 산헤립의 뒤를 이어 왕이 된 자는 <u>누구</u>인가?(19:37)
　　① 불　　② 디글랏 빌레셀　　③ 에살핫돈　　④ 앗수르바니팔

---

78. ④　79. ②　80. ①　81. ③　82. ①　83. ③

84. 열왕기에 나오는 앗수르의 왕 중 <u>아닌</u> 자는?

　　① 불　　② 디글랏 빌레셀　　③ 에살핫돈　　④ 앗수르바니팔

참조 : **앗수르 왕의 순서**
불 ⇨ 디글랏 빌레셀 ⇨ 살만에셀 ⇨ 사르곤 ⇨ 산헤립 ⇨ 에살핫돈 ⇨ 앗수르바니팔(최고 전성기)

85. 히스기야가 병이 들어 죽게 되자 여호와께 기도하여 병이 낫게 되고 <u>몇 년</u> 더 살수 있게 되었나?(20:5~6)

　　① 오 년　　　② 십 년　　　③ 십오 년　　　④ 이십 년

86. 이사야가 히스기야의 상처에 <u>무엇</u>을 놓아 낫게 하였는가?(20:7)

　　① 무화과 반죽　　② 제단의 제　　③ 생수　　④ 제물의 피

87. 히스기야가 이사야에게 낫게 하시고 삼일 만에 여호와의 성전에 올라가게 하실 징표를 구하자 여호와께서 <u>무슨</u> 징표가 있게 하셨는가? (20:8~11)

88. 히스기야가 보물고, 군기고, 창고의 귀중품 모든 것을 바벨론의 사자들에게 보여 주었는데 이 때 바벨론의 왕은 <u>누구</u>인가?(20:12)

　　① 발라단　　② 브로닥발라단　　③ 앗수르바니팔　　④ 바로느고

89. 다음은 유다 왕의 순위이다. (　　) 안에 들어갈 왕은 <u>누구</u>인가?

　　요담 - 아하스 - (　　) - 므낫세 - 아몬 - 요시야

---

84. ④　85. ③　86. ①　87. 해 그림자가 십도 뒤로 물러가게 하셨다.
88. ②　89. 히스기야

90. 유다의 왕들 중 가장 오랫동안 통치한 왕은 <u>누구</u>인가?(21:1)
    ① 요아스　　　② 아사　　　③ 므낫세　　　④ 아사랴

   참조 : 므낫세는 55년간 통치하였으며 유다와 이스라엘의 모든 왕들 중에 가장 오랫
   동안 통치한 왕이다.

91. 다음은 <u>어느</u> 왕 때 여호와께서 하신 말씀인가?(21:12~13)
    "내가 이제 예루살렘과 유다에 재앙을 내리리니 듣는 자마다 두 귀
    가 울리리라 내가 사마리아를 잰 줄과 아합의 집을 다림 보던 추를
    예루살렘에 베풀고 또 사람이 그릇을 씻어 엎음 같이 예루살렘을 씻
    어 버릴지라"

92. 유다 왕 요시야가 왕위에 오를 때의 <u>나이는</u>?(22:1)
    ① 칠 세　　　② 팔 세　　　③ 십이 세　　　④ 십육 세

93. 요시야 왕 때 성전을 수리하다가 율법 책을 발견한 대제사장은 <u>누구</u>
    인가?(22:8)

94. 이 율법 책을 왕 앞에서 읽은 당시의 서기관은 <u>누구</u>인가?(22:10)

95. 요시야 왕 때 우상 숭배자의 재앙이 요시야 왕에게는 임하지 않을
    것이라고 예언한 당시의 여선지자는 <u>누구</u>인가?(22:14~20)
    ① 드보라　　　② 미리암　　　③ 안나　　　④ 훌다

   _____

   90. ③　91. 므낫세　92. ②　93. 힐기야　94. 사반　95. ④

96. 어느 왕 때의 일을 말하는 것인가?(23:22)

  "사사가 이스라엘을 다스리던 시대부터 이스라엘 여러 왕의 시대와
  유다 여러 왕의 시대에 이렇게 유월절을 지킨 일이 없었더니..."

97. 유다 왕 요시야를 죽인 자는 누구인가?(23:29)
  ① 바벨론 왕 느부갓네살   ② 앗수르 왕 에살핫돈
  ③ 아람 왕 벤하닷   ④ 애굽 왕 바로느고

98. 애굽 왕 바로느고가 왕이 되지 못하게 하고 애굽으로 잡혀가 그 곳
  에서 죽은 유다 왕은 누구인가?(23:33~34)
  ① 여호아하스   ② 여호야김   ③ 여호야긴   ④ 시드기야

99. 앗수르 왕 바로느고가 엘리아김의 이름을 무엇으로 고치고 왕으로
  삼았는가?(23:34)

100. 유다 왕 여호야김 때에 유다를 침입한 바벨론 왕은 누구인가?
  (24:1~4)
  ① 바로느고   ② 느부갓네살   ③ 발라단   ④ 브로닥발라단

101. 바벨론의 2차 침입을 받아 바벨론으로 끌려간 유다 왕은 누구인가?
  (24:15)
  ① 여호아하스   ② 여호야긴   ③ 여호야김   ④ 시드기야

---

96. 요시야 97. ④ 98. ① 99. 여호야김 100. ② 101. ②

참조 : 바벨론 침입

차	바벨론 왕	유다 왕	내　　　　용
1차	느부갓네살	여호야김 (엘리아김)	바로느고에 의해 왕이 됨. 다니엘 잡혀감(B.C 605)
2차	느부갓네살	여호야긴	갈그미스 전투에서 승리를 거둔 왕의 신복들이 침공하여 왕과 에스겔, 모르드개 등을 잡아갔다 (B.C 597).
3차	느부갓네살	시드기야 (맛다니야)	바벨론 왕의 시위대장 느부사라단이 예루살렘을 침공하여 시드기야 왕의 두 눈을 뽑고 사슬로 결박하여 끌고 갔고 성전의 모든 기구와 왕궁의 값진 보물을 약탈해 갔다. 이것이 유다의 멸망이다(B.C 586). 대제사장 스라야와 부제사장 스바냐, 예레미야도 이 때 끌려갔다.

102. 바벨론 왕이 또 여호야긴의 숙부 맛다니야를 대신하여 왕으로 삼고 그의 이름을 무엇으로 고쳤는가?(24:17)

103. 유다는 바벨론에 의해 B.C 몇 년에 멸망하였는가?
　① 605년　　② 597년　　③ 586년　　④ 722년

104. 두 눈이 뽑히고 놋 사슬로 결박된 채 바벨론으로 끌려간 유다 왕은 누구인가?(25:7)
　① 시드기야　② 여호아하스　③ 여호야김　④ 여호야긴

105. 예루살렘을 멸망시키고 유다의 많은 보물을 약탈해 간 바벨론 왕 느부갓네살 왕 시위대장은 누구인가?(25:8~21)

---

102. 시드기야　103. ③　104. ①　105. 느부사라단

106. 예루살렘이 멸망한 후 바벨론 왕 느부갓네살은 누가 유다를 관할
하게 하였는가?(25:22)
① 사반   ② 아히감   ③ 이스마엘   ④ 그달리야

107. 그달리야를 쳐서 죽이고 미스바에 있는 유다 사람과 갈대아 사람
을 죽인 자는 누구인가?(25:25)
① 이스마엘   ② 엘리사마   ③ 느다니야   ④ 요하난

108. 바벨론에 잡혀간 유다 왕 여호야긴은 바벨론 왕 누구 때에 석방되
었는가?(25:27)

109. 열왕기하는 모두 몇 장으로 기록되었는가?

---

106. ④ 107.① 108. 에윌므로닥 109. 25장

역 대 상

1. 기록자

누가 기록했는지 알 수 없다(에스라가 기록했을 가능성이 있다).

2. 기록연대

B.C. 450~400년 사이(이 책은 전해 내려오던 자료들을 모아서 편집한 것이다)

3. 기록장소

기록장소는 어디인지 모른다(예루살렘에서 기록했을 가능성이 있다).

4. 기록대상

바벨론 포로생활에서 돌아온 유다의 남은 자들을 위해서 기록했다.

5. 핵심어 및 내용

> 역대상의 핵심어는 '왕가의 계보'와 '헌신' 등이다. 역대상은 결국 예수 그리스도의 절대 왕권에 이르게 되는 다윗 왕가의 계보를 특별히 자세하게 설명한다. 다윗의 일생은 철저히 하나님께 헌신된 삶으로 묘사된다. 그는 하나님과 깊은 교제를 했으며 언약궤를 예루살렘으로 다시 가져왔고 하나님을 위하여 여호와의 성전을 건축하려 했다.

각 장의 내용들

1장
　1. 아담 - 셈까지(1~4)
　2. 야벳의 자손들(5~7)
　3. 함의 자손들(8~16)
　4. 셈의 자손들(17~23)
　5. 셈 - 아브라함까지(24~27)
　6. 아브라함의 아들(28)
　7. 아스마엘의 아들들(29~31)
　8. 아브라함의 첩 그두라의 자손들(32~33)
　9. 에서의 자손들(34~42)
　10. 에돔의 왕들(43~54)

2장
　1. 야곱의 열두 아들(1~2)
　2. 유다의 자손들(3~17)
　3. 헤스론의 아들 갈렙의 자손들(18~24, 42~55)
　4. 헤스론의 아들 여라므엘의 자손들(25~41)

3장
　1. 다윗의 자녀들(1~9)
　2. 유다 왕들(10~16)
　3. 여고냐의 자손들(17~24)

4장
　1. 유다의 자손(1~23)
　2. 시므온의 자손(24~43)

5장
　1. 르우벤의 자손들(1~10)

2. 갓의 자손들(11~22)

3. 므낫세 반 지파의 자손들(23~26)

6장

1. 레위 자손의 족보(1~30)

2. 성전에 찬양하는 헤만, 아삽, 에단(31~48)

3. 제사장 아론의 자손(49~53)

4. 레위 지파가 거한 정착지(54~81)

7장

1. 잇사갈의 자손들(1~5)

2. 베냐민의 자손들(6~12)

3. 납달리의 자손들(13)

4. 므낫세의 자손들(14~19)

5. 에브라임의 자손들(20~29)

6. 아셀의 자손들(30~40)

8장

1. 베냐민의 자손들(1~32)

2. 사울 왕의 자손들(33~40)

9장

1. 바벨론에서 돌아온 자들(1~9)

2. 돌아온 제사장들(10~13)

3. 돌아온 레위인들(14~16)

4. 돌아온 성전 문지기들(17~27)

5. 레위인의 직무(28~34)

6. 사울 왕의 자손(35~44)

10장

1. 사울의 패전(1~7)

2. 사울의 시체를 다곤 신의 묘에 둔 블레셋(8~10)

3. 사울을 장사 지낸 길르앗 야베스 사람(11~12)

4. 사울이 죽게 된 이유(13~14)

11장

1. 헤브론에게 온 이스라엘의 왕이 된 다윗(1~3)

2. 다윗성이 여부스의 시온산성(4~7)

3. 점점 강성하여진 다윗(8~9)

4. 다윗의 용사들(10~47)

12장

1. 시글락에 숨어 있는 다윗에게 온 용사들(1~22)

2. 헤브론에 모인 군대 339,822명(23~37)

3. 한마음이 된 군대들(38~40)

13장

1. 웃사의 죽음(9~11)

2. 오벧에돔의 집으로 운반된 법궤(12~14)

14장

1. 왕궁을 건축해 주는 두로 왕 히람(1~2)

2. 예루살렘에서 낳은 아들 13명(3~7)

3. 2차에 걸쳐 블레셋을 물리침(8~17)

15장

1. 여호와의 궤를 위하여 처소를 예비(1)

2. 궤를 멜 사람들이 선택(2~10)

3. 궤를 메기 전에 몸을 성결케 함(11~15)

4. 악기를 동원해 노래하며 궤를 운반할 것(16~24)

5. 다윗을 업신여기는 미갈(25~29)

16장

1. 다윗의 감사 제사와 축복(1~3)

2. 감사 찬양(4~36)

3. 성막을 위해 봉사할 자들(37~43)

17장

  1. 성전 건축을 원하는 다윗에게 행하라는 나단(1~2)

  2. 하나님의 거절(3~6)

  3. 다윗에게 주신 하나님의 약속(7~15)

18장

  1. 블레셋과 모압 정복(1~2)

  2. 소바 왕 하닷에셀의 군대 정복(3~8)

  3. 하맛 왕 도우의 문안(9~11)

  4. 다윗의 종이 된 에돔(12~13)

  5. 다윗 왕국의 조직(14~17)

19장

  1. 하눈에게 모욕당한 다윗의 신하들(1~5)

  2. 다윗에게 싸움을 건 암몬 자손(6~7)

  3. 요압과 아비새의 암몬과 아람 징벌(8~15)

  4. 다윗에게 화친을 청한 하닷에셀의 신복(16~19)

20장

  1. 암몬의 랍바 성을 공격하고 종으로 삼음(1~3)

  2. 블레셋을 물리친 용사들(4~8)

21장

  1. 사탄의 격동으로 인구조사를 명한 다윗(1~2)

  2. 요압의 만류(3)

  3. 왕의 재촉(4~6)

  4. 이 일을 괘씸하게 여기신 하나님(7~8)

  5. 인구조사에 대한 벌(9~14)

  6. 다윗의 회개(15~17)

  7. 오르난의 타작 마당에서 제사 드리는 다윗(18~30)

22장
1. 죽기 전에 다윗이 준비한 건축 재료(1~5)
2. 다윗이 전을 건축하지 못한 이유를 말함(6~10)
3. 솔로몬에게 한 다윗의 분부(11~16)
4. 방백들에게 솔로몬을 도울 것을 부탁함(17~19)

23장
1. 솔로몬으로 왕을 삼는 다윗(1~2)
2. 30세 이상 레위인 남자 38,000명(3~5)
3. 게르손 자손(6~11)
4. 그핫 자손(12~20)
5. 므라리 자손(21~23)
6. 레위인의 각종 직무(24~32)

24장
1. 아론 자손의 24반차(1~5)
2. 24제사장들의 직무 순번(6~19)
3. 레위 자손 중에 남은 자의 순번(20~31)

25장
1. 신령한 노래를 맡은 아삽, 헤만, 여두둔의 자손들(1~7)
2. 제비뽑기로 직무 순번 결정(8~31)

26장
1. 문지기(1~19)
2. 창고지기(20~28)
3. 일반 직무를 맡은 자들(29~32)

27장
1. 각 반열대로 달마다 체번할 군대(1~15)
2. 이스라엘 각 지파를 관할하는 자들(16~24)
3. 왕궁의 직무를 분담한 자들(25~31)

   4. 다윗 왕의 모사들(32~34)

28장

   1. 백성에 대한 다윗의 당부(1~8)

   2. 솔로몬에 대한 당부(9~10)

   3. 성전 설계를 주는 다윗(11~18)

   4. 솔로몬을 격려하는 다윗(19~21)

29장

   1. 성전 건축을 위한 다윗의 본(1~5)

   2. 다윗의 말을 듣고 기쁨으로 예물을 바치는 백성들(6~9)

   3. 다윗의 감사 찬양과 기도(10~19)

   4. 백성들의 찬양과 제사(20~22상)

   5. 솔로몬과 사독에게 기름 부음(22하)

   6. 솔로몬의 형통과 백성들의 순종(23~25)

   7. 다윗의 죽음(26~30)

13. 역대상

1. 구스가 낳은 아들로 세상에서 <u>첫</u> 영걸인 사람은?(1:9~10)
　　① 스바　　　② 니므롯　　③ 하윌라　　④ 삽다

2. <u>누구</u> 때에 땅이 나뉘었는가?(1:19)
　　① 벨렉　　　② 셋　　　　③ 야렛　　　④ 라멕

3. 이스라엘 자손을 다스리는 왕이 있기 전에 에돔 땅을 다스린 왕들 중
　<u>아닌</u> 왕은?(1:43~50)
　　① 벨라　　　② 요밥　　　③ 후삼　　　④ 므헤다벨

참조 : 이스라엘에 왕이 있기 전의 에돔 왕, 도성, 족장

순서	왕	도성	족 장
1	벨라	딘하바	① 딤나　　　② 알랴 ③ 여뎃　　　④ 오홀리바 ⑤ 엘라　　　⑥ 비논 ⑦ 그나스　　⑧ 데만 ⑨ 밉살　　　⑩ 막디엘 ⑪ 이람 ＊ 므헤다벨은 하닷 왕의 아내다.
2	요밥		
3	후삼		
4	하닷	아윗	
5	사믈라		
6	르호봇 사울	바이	
7	바알하난		
8	하닷		

---

1. ② 2. ① 3. ④

4. 이스라엘 자손을 다스리는 왕이 있기 전에 에돔 땅을 다스린 왕들의 도성이 <u>아닌</u> 것은?(1:43, 46, 50)

① 딘하바   ② 드빌   ③ 아윗   ④ 바이

5. 이스라엘 자손을 다스리는 왕이 있기 전에 에돔의 족장 중 <u>아닌</u> 것은?(1:51~54)

① 딤나   ② 알랴   ③ 하닷   ④ 여뎃

6. 이스라엘 아들이 아닌 사람은 <u>누구</u>인가?(2:1~2)

① 납달리   ② 이스마엘   ③ 갓   ④ 아셀

참조 : 이스라엘(야곱)의 아들들
첫째 - 르우벤, 둘째 - 시므온, 셋째 - 레위, 넷째 - 유다, 다섯째 - 잇사갈
여섯째 - 스불론, 일곱째 - 단, 여덟째 - 요셉, 아홉째 - 베냐민
열째 - 납달리, 열한째 - 갓, 열둘째 - 아셀

7. 가나안 사람 수아의 딸이 유다에게 낳아 준 아들 중 <u>아닌</u> 자는?(2:3)

① 에르   ② 오난   ③ 셀라   ④ 세라

참조 : 유다는 처음 낳은 세 아들이 죽자 며느리 다말을 취하여 베레스와 세라를 낳아 모두 다섯의 아들이 있었다.

8. 이새의 아들 중 <u>아닌</u> 자는?(2:13~15)

① 엘리압   ② 아비나답   ③ 아마사   ④ 느다넬

참조 : 이새의 자녀들
첫째 - 엘리압, 둘째 - 아비나답, 셋째 - 시므아, 넷째-느다넬, 다섯째 - 랏대
여섯째 - 오셈, 일곱째 - 다윗(자매로는 스루야, 아비가일 두 명이 있다)

---

4. ② 5. ③ 6. ② 7. ④ 8. ③

9. 헤스론의 자손으로 길르앗 땅에서 스물세 성읍을 가진 자는 <u>누구</u>인
가?(2:22)
　　① 야일　　　② 갈렙　　　③ 예셀　　　④ 소밥

10. 다윗이 헤브론에서 칠 년 육 개월을 다스렸고 여기에서 <u>몇 명</u>의 아
들을 낳았는가?(3:4)
　　① 세 명　　　② 여섯 명　　　③ 일곱 명　　　④ 열 명

참조 : 다윗이 헤브론에서 낳은 아들과 처들

순　서	이　름	처
첫째	암논	아히노암
둘째	다니엘	아비가일
셋째	압살롬	마아가
넷째	아도니야	학깃
다섯째	스바댜	아비달
여섯째	이드르암	에글라

11. 다윗이 예루살렘에서 낳은 밧수아(밧세바)의 소생 네 아들 중 <u>아닌</u>
자는 누구인가?(3:5)
　　① 시므아　　　② 소밥　　　③ 나단　　　④ 입할

12. 솔로몬의 자손 요시야의 네 아들 중 <u>아닌</u> 자는 누구인가?(3:15)
　　① 아몬　　② 요하난　　③ 여호야김　　④ 시드기야

　　참조: '살룸'이 있다.

---

9. ①　10. ②　11. ④　12. ①

13. 유다의 자손 중 형제보다 귀중한 자로 지역을 넓히는 것과 환난에서 벗어나는 것과 근심이 없게 하는 복을 구하여 받은 자의 <u>이름은?</u> (4:9~10)

14. 시므온 자손들이 양 떼를 위하여 목장을 구하고자 그돌 지경에 이르러 유다 왕 <u>누구</u> 때에 그곳 장막을 쳐서 무찌르고 모우님 사람을 쳐서 진멸하였는가?(4:39~41)
① 히스기야　② 므낫세　③ 아몬　④ 요시야

15. 르우벤이 장자이지만 아버지의 침상을 더럽혔으므로 장자의 명분이 <u>어느</u> 자손으로 돌아갔나?(5:1)
① 시므온　② 레위　③ 요셉　④ 유다

16. 형제보다 뛰어나고 주권자가 이스라엘의 아들 <u>누구</u>에게서 났는가?(5:2)
① 시므온　② 레위　③ 유다　④ 요셉

17. 르우벤 자손의 지도자로서 앗수르 왕 디글랏빌레셀에게 사로잡힌 자는 <u>누구</u>인가?(5:6)
① 미가　② 브에라　③ 르아야　④ 바알

18. 이방 백성들의 신들을 간음하듯 섬김으로 하나님께서 <u>어느 나라</u> 왕의 마음을 일으켜 르우벤과 갓과 므낫세 반 지파를 사로잡아 가게 하셨나?(5:25~26)
① 애굽　② 바벨론　③ 모압　④ 앗수르

---

13. 야베스　14. ①　15. ③　16. ③　17. ②　18. ④

19. 레위의 자손으로 솔로몬이 예루살렘에 세운 성전에서 제사장의 직분을 행한 자는 <u>누구</u>인가?(6:10)
    ① 아사랴   ② 요하난   ③ 아히마아스   ④ 사독

20. 역대상에서 가장 많은 <u>절수</u>가 들어 있는 장은?
    ① 4장   ② 5장   ③ 6장   ④ 7장

    참조: 레위의 가계로 모두 81절이 들어있다.

21. 다윗이 여호와의 성전에서 찬송하는 직분을 맡긴 자손들 중 아닌 자는 <u>누구</u>인가?(6:33, 39, 44)
    ① 헤만   ② 아론   ③ 아삽   ④ 에단

    참조 : 레위의 세 아들 중 한 명씩으로 그핫의 자손 헤만, 게르손의 후예로 아삽은 헤만의 오른쪽에서, 므라리의 자손으로 에단은 헤만의 왼쪽에서 직무를 행했다.

22. 번제단과 향단 위에 분향하고 제사를 드리며 지성소의 모든 일은 <u>어느</u> 자손이 행하는가?(6:49)
    ① 시므이   ② 미리암   ③ 모세   ④ 아론

23. 딸들만 낳은 슬로브핫은 <u>어느</u> 자손인가?(7:15)
    ① 납달리   ② 므낫세   ③ 잇사갈   ④ 에브라임

24. 눈의 아들 여호수아는 <u>어느</u> 자손인가?(7:23~27)
    ① 납달리   ② 아셀   ③ 베냐민   ④ 에브라임

---

19. ① 20. ③ 21. ② 22. ④ 23. ② 24. ④

25. 요나단의 아들은 <u>누구</u>인가?(8:34)
    ① 므립바알   ② 말기수아   ③ 아비나답   ④ 에스바알

    참조 : 답 외에는 모두 사울이 낳은 아들로 요나단의 형제들이다.

26. 바벨론 포로 생활에서 돌아온 사람들로 이방인으로서 레위인에 편
    입되어 성전봉사 하는 <u>사람들</u>은?(9:2)

    참조 : 여호수아 9:23, 에스라 8:20

27. 블레셋 사람들과 싸움에서 패하여 도망하다 죽임을 당한 사울의 아
    들 중 <u>아닌</u> 자는?(10:2)
    ① 요나단   ② 에스바알   ③ 아비나답   ④ 말기수아

28. 블레셋 사람들로부터 사울의 시체를 거두워 야베스 상수리나무 아
    래에 장사하고 7일간 금식한 <u>사람들</u>은?(10:12)

29. 사울이 죽은 것과 나라를 다윗에게 넘겨준 이유 중 <u>아닌</u> 것은?
    (10:13~14)
    ① 말씀을 지키지 않았기 때문이다.
    ② 신접한 자에게 가르치기를 청하였기 때문이다.
    ③ 여호와께 묻지 않았기 때문이다.
    ④ 전쟁을 많이 하였기 때문이다.

---

25. ① 26. 느디님 27. ② 28. 길르앗야베스 29. ④

30. 이스라엘이 다윗에게 기름을 부어 왕으로 삼은 곳은?(11:3)
　　① 실로　　② 예루살렘　　③ 헤브론　　④ 길갈

31. 다윗이 빼앗기 전 예루살렘에 거주한 <u>주민</u>은?(11:4)
　　① 여부스　　② 아모리　　③ 기르가스　　④ 히위

32. 아래와 같은 일을 한 다윗의 용사는 <u>누구</u>인가?(11:10~47)
　　• 모압 아리엘의 아들 둘을 죽였다.
　　• 눈 올 때에 함정에 내려가서 사자 한 마리를 죽였다.
　　• 키가 다섯 규빗이나 되는 애굽 사람을 막대기를 가지고 내려가서 창을 빼앗고 그 창으로 죽였다.
　　• 다윗이 시위대장으로 삼았다.

　　① 야소브암　　② 엘르아살　　③ 아비새　　④ 브나야

33. 첫째 세 명 중 <u>아닌</u> 사람은?(11:21)
　　① 야소브암　　② 아비새　　③ 엘르아살　　④ 삼마

　　참조: 삼하 23:8~11

34. 헤브론에서 다윗에게 나아온 요단 동편의 군사의 수는 <u>몇 명</u>인가?
　　(12:37)
　　① 십만 명　　② 십일만 명　　③ 십이만 명　　④ 십삼만 명

---

30. ③ 31. ① 32. ④ 33. ② 34. ③

참조 : 다윗의 군사들

자 손	명	비 고
유다	6,800	방패와 창을 들고 싸움을 준비한 자
시므온	7,100	싸움하는 큰 용사
레위	4,600	—
아론 여호야다	3,700	우두머리 여호야다와 함께 있는 자
사독	22	젊은 용사 사독과 그의 가문의 지휘관
베냐민	3,000	사울의 집에서 나온 자
에브라임	20,800	유명한 큰 용사
므낫세 반	18,000	다윗을 세워 왕으로 삼으려 하는 자
잇사갈	200	시세를 알고 이스라엘이 마땅히 행할 것을 아는 우두머리
스불론	50,000	싸움을 잘하는 자
납달리	1,000	지휘관
	37,000	방패와 창을 들고 따르는 자
단	28,600	싸움을 잘하는 자
아셀	40,000	싸움을 잘하는 자
요단동편 르우벤 갓 므낫세 반	120,000	무기를 가지고 능히 싸우는 자

35. 베냐민과 유다에서 다윗을 도운 용사로서 성령이 감싸자 평안을 말한 사람은 누구인가?(12:18)

① 아마새　② 예레미야　③ 에셀　④ 오바댜

36. 다윗은 처음으로 하나님의 궤를 옮기려 할 때 어디에 있었는가? (13:6)

① 벧엘　② 실로　③ 헤브론　④ 기럇여아림

35. ①　36. ④

37. 하나님의 언약궤가 기돈의 타작 마당에 이르러서 소들이 뛰므로 손을 펴서 붙듦으로 죽은 자는 누구인가?(13:9~10)
   ① 아비나답   ② 웃사   ③ 아히오   ④ 여호야다

38. 웃사가 죽은 곳을 다윗은 무엇이라고 불렀는가?(13:11)

39. 다윗이 하나님을 두려워하여 성으로 메어 들이지 못하고 어디로 메어 갔는가?(13:13)
   ① 아비나답의 집   ② 기돈의 집   ③ 오벧에돔의 집   ④ 실로

40. 블레셋 사람들이 르바임 골짜기로 쳐들어오자 다윗은 하나님께 묻고 나아가 이기고 하나님이 물을 쪼갬같이 내 손으로 내 대적을 흩으셨다하여 부른 그곳 이름은?(14:11)

41. 다윗은 어느 사람 외에는 언약궤를 멜 수 없다고 하였나?(15:2)
   ① 레위   ② 시므온   ③ 유다   ④ 베냐민

42. 다윗이 여호와의 궤를 옮기기 위하여 아론 자손과 레위 사람을 모은 총 인원은 몇 명인가?(15:3~10)

37. ② 38. 베레스 웃사 39. ③ 40. 바알브라심 41. ① 42. 팔백육십이 명

참조 : 아론 자손과 레위 사람의 지도자와 수

자 손	지 도 자	명
그핫	우리엘	120
므라리	아사야	220
게르솜	요엘	130
엘리사반	스마야	200
헤브론	엘리엘	80
웃시엘	암미나답	112
총인원		862

43. 레위 사람의 지도자 중 아닌 사람은 누구인가?(15:11~12)

　① 아비아달　② 우리엘　③ 아사야　④ 요엘

44. 여호와의 언약궤가 다윗 성으로 들어올 때에 다윗 왕이 춤추며 뛰노는 것을 보고 그 마음에 업신여긴 자는 누구인가?(15:29)

　① 사독　② 아비아달　③ 미갈　④ 그나냐

45. 오벧에돔의 집에 있던 하나님의 궤를 어느 왕 때 예루살렘 성에 들여 넣었는가?(16:1)

46. 하나님의 궤가 예루살렘 성에 두게 된 것에 대한 다윗의 감사 찬양은 몇 장에 기록되었는가?

　① 13장　　② 14장　　③ 15장　　④ 16장

47. 다윗이 여호와의 집을 건축하려 할 때에 왕의 아들 중 하나가 건축할 것과 그의 왕위를 영원히 견고하게 하시겠다는 하나님의 말씀을 전한 선지자는 누구인가?(17:1~15)

---

43. ① 44. ③ 45. 다윗 46. ④ 47. 나단

48. 다윗이 하닷에셀의 성읍에서 많은 놋을 빼앗았더니 솔로몬이 그것으로 놋대야와 기둥과 놋그릇들을 만들었는데 그는 <u>어느</u> 나라 왕인가?(18:8)
　① 모압　　　② 소바　　　③ 아람　　　④ 암몬

49. 다윗이 소바 왕 하닷에셀의 군대를 쳐서 무찔렀다함을 듣고 자기 아들을 보내어 문안하고 축복한 하맛의 왕은 <u>누구</u>인가?(18:9)
　① 하도람　　② 나하스　　③ 하눈　　④ 도우

50. 소금 골짜기에서 에돔 사람 만 팔천 명을 쳐 죽인 스루야의 아들의 <u>이름</u>은?(18:12)
　① 요압　　② 여호사밧　　③ 아비새　　④ 브나야

51. 암몬 자손의 왕 나하스가 죽자 전에 호의를 베풀었으므로 그의 아들에게 호의를 베풀기 위하여 다윗이 보낸 조문사절의 수염을 깎고 의복을 볼기 중간까지 자르고 돌려보낸 왕은 <u>누구</u>인가?(19:1~4)
　① 도우　　② 하눈　　③ 하도람　　④ 하닷에셀

52. 아람 사람 하닷에셀의 군대사령관으로 다윗에게 <u>죽임</u>을 당한 자는?(19:16~19)
　① 소박　　　② 비골　　　③ 아마사　　　④ 아리옥

53. 블레셋 사람들과 전쟁할 때에 가드 사람 골리앗의 아우 라흐미를 죽인 사람은 <u>누구</u>인가?(20:5)
　① 십브개　　② 요압　　③ 야일　　④ 엘하난

---

48. ②　49. ④　50. ③　51. ②　52. ①　53. ④

54. 누가 일어나 이스라엘을 대적하고 다윗을 충동하여 이스라엘을 계수하게 하였는가?(21:1)
① 요압　　② 사탄　　③ 아비멜렉　　④ 사위사

55. 이스라엘을 계수하려는 다윗에게 "어찌하여 이 일을 명령하시나이까 어찌하여 이스라엘이 범죄하게 하시나이까" 하고 말한 사람은 누구인가?(21:3)
① 나단　　② 아비멜렉　　③ 요압　　④ 브나야

56. 요압이 다윗에게 보고한 이스라엘 백성의 총 수는 얼마인가?(21:5)
① 백오십 육만 명　　　　② 백오십 칠만 명
③ 백오십 팔만 명　　　　④ 백오십 구만 명

참조 : 이스라엘 중 칼을 뺄 만한 자 백십만 명, 유다 중 칼을 뺄 만한 자가 사십칠만 명이다.

57. 요압이 왕의 명령을 마땅치 않게 여겨 계수하지 않은 사람은?(21:6)

58. 여호와께서 다윗의 선견자 갓에게 말씀하신 세 가지 중 아닌 것은?
(21:9~12)
① 삼년 기근
② 석 달을 적군에게 패하여 쫓길 일
③ 삼년 홍수
④ 사흘 동안의 전염병

---

54. ②　55. ③　56. ②　57. 레위와 베냐민　58. ③

59. 이 전염병으로 이스라엘 백성 중에서 죽은 자가 <u>몇 명</u>인가?(21:14)

①사만 명   ② 오만 명   ③ 육만 명   ④ 칠만 명

60. 다윗이 여호와를 위하여 성전을 건축할 수 없었던 <u>이유</u>는 무엇인가?(22:8)

① 피를 심히 많이 흘렸고 크게 전쟁하였기 때문

② 이스라엘을 계수하였기 때문

③ 이방 여인을 아내로 맞이하였기 때문

④ 다윗의 년 수가 다 되었기 때문

61. 다음은 <u>누구</u>를 말하는 것인가?(22:9)

"보라 한 아들이 네게서 나리니 그는 온순한 사람이라 내가 그로 주변 모든 대적에게서 평온을 얻게 하리니 이는 내가 그의 생전에 평안과 안일함을 이스라엘에게 줄 것임이니라"

62. 다윗이 솔로몬을 이스라엘 왕으로 삼고 삼십 세 이상 계수한 레위인 남자 수는 <u>몇 명</u>인가?(23:3)

① 삼만 칠천 명 ② 삼만 팔천 명 ③ 삼만 구천 명 ④ 사만 명

참조 : 각 레위인의 수

직 무	명
여호와의 성전의 일을 보살피는 자	24,000
관원과 재판관	6,000
문지기	4,000
여호와께 찬송을 드리기 위하여 만든 악기로 찬송하는 자들	4,000
총 수	38,000

---

59. ④ 60. ① 61. 솔로몬 62. ②

63. 아론 자손의 제사장 계열은 총 몇인가?(24:4)
   ① 여덟   ② 열여섯   ③ 이십   ④ 이십사

   참조 : 아론의 아들들은 나답과 아비후와 엘르아살과 이다말이 있었지만, 나답과 아비후는 아버지보다 먼저 죽고, 엘르아살의 자손에게 열여섯 계열을, 이다말에게 여덟 계열을 배분하여 총 이십사 계열이다.

64. 다윗 때에 수금과 비파와 제금을 잡아 신령한 노래의 직무를 맡은 자손이 아닌 것은?(25:1)
   ① 아삽   ② 아비후   ③ 헤만   ④ 여두둔

65. 수금과 비파와 제금을 잡아 신령한 노래의 직무를 맡은 각 자손들은 몇 명씩 참여하였는가?(25:9~31)
   ① 십 명   ② 십이 명   ③ 이십 명   ④ 이십사 명

66. 다윗의 지휘 아래 여호와 찬송하기를 배워 익숙한 자의 총 수효는 몇 명인가?(25:7)
   ① 이백 팔십 팔 명   ② 삼백 팔십 팔 명
   ③ 사백 팔십 팔 명   ④ 오백 팔십 팔 명

   참조 : 아삽의 지휘 아래 4명의 아들들, 여두둔 지휘 아래 6명의 아들들, 헤만의 지휘 아래 14명의 아들들 총 24명이다. 이 아들들의 한명에 12명의 형제들이 뽑히고 그 총수를 합하면 288명이다.

67. 다윗 왕이 르우벤과 갓과 므낫세 반 지파를 주관하게 한 헤브론 자손의 한 사람은?(26:31)
   ① 그나냐   ② 하샤바   ③ 여리야   ④ 슬로못

---

63. ④ 64. ② 65. ④ 66. ① 67. ③

68. 왕을 섬기는 관원들의 한 반열은 몇 명으로 구성되었는가?(27:1)
    ① 이만 명　② 이만 이천 명　③ 이만 사천 명　④ 삼만 명

69. 다윗을 섬기는 사람들로 바르지 못한 것은?(27:32~34)
    ① 요나단 - 모사, 서기관　　　② 여히엘 - 왕자들의 수종자
    ③ 후새 - 왕의 벗　　　　　　④ 아히도벨 - 제사장

70. 다윗이 이스라엘을 다스린 기간은 몇 년인가?(29:27)
    ① 삼십 년　　② 사십 년　　③ 오십 년　　④ 육십 년

    참조 : 헤브론에서 7년 예루살렘에서 33년간 다스렸다.

71. 다윗의 행적을 처음부터 끝까지 다 기록한 사람이 아닌 것은?(29:29)
    ① 엘리사　　② 사무엘　　③ 나단　　④ 갓

72. 역대상은 모두 몇 장으로 기록되었는가?

---

68. ③　69. ④　70. ②　71. ①　72. 29장

역 대 하

:::
역대하 개요

1. 기록자
미상

2. 기록연대
B.C. 450~400년 사이(이 책은 전해 내려오던 자료들을 모아서 편집한 것이다)

3. 기록장소
기록장소는 어디인지 모른다(유다에서 기록했을 가능성이 있다).

4. 기록대상
바벨론 포로 생활에서 돌아온 유다의 남은 자들을 위해서 기록했다.

5. 핵심어 및 내용

> 역대하의 핵심어는 '성전'과 '개혁'이다. 하나님의 성전은 계속해서 강조되고 있다. 성전이 건축되고 봉헌되었으며 레위인들이 성전에서 봉사하고 예배를 드렸다. 그러나 이방인의 침략으로 성전은 파괴되었다. 하지만 고레스의 칙령에 의하여 성전 재건이 시작되었다. 또한 아사 왕, 여호사밧 왕, 요아스 왕, 히스기야 왕, 요시야 왕 등은 타락했던 유다왕국을 개혁하는 운동을 일으켰다.

각 장의 내용들

1장
　1. 기브온 산당에서 1천 번제를 드린 솔로몬(1~6)
　2. 지혜를 구해 지식, 부, 재물, 영광까지 받은 솔로몬(7~13)
　3. 기도응답으로 솔로몬에게 주신 부(14~17)
2장
　1. 성전 건축과 궁궐 건축을 위한 솔로몬의 결심(1)
　2. 성전 건축의 역군들(2)
　3. 두로 왕에게 도움 요청(3)
　4. 두로 왕에게 성전건축 이유를 말함(4~5)
　5. 성전 건축을 위해 교역을 제의함(6~10)
　6. 솔로몬을 돕기로 한 후람 왕(11~16)
　7. 성전 건축의 이방인 역군들(17~18)
3장
　1. 성전을 건축의 장소와 시작 한 때(1~2)
　2. 성전 크기와 장식(3~7)
　3. 지성소(8~14)
　4. 전 앞에 두 기둥 야긴과 보아스(15~17)
4장
　1. 놋 제단(1)
　2. 놋 바다(2~5)
　3. 물두멍(6)
　4. 후람이 놋으로 만든 그 밖의 기구들(7~18)
　5. 성전의 금 기구(19~22)
5장
　1. 금, 은 기구 봉헌(1)

2. 지성소로 옮겨진 언약궤(2~10)

3. 영광으로 가득 찬 성전(11~14)

6장

1. 백성을 축복하고 성전건축에 대해 선포하는 솔로몬(1~11)

2. 다윗에게 약속한 바를 확실하게 해 달라고 기도하는 솔로몬 (12~17)

3. 성전에서 기도할 때 들어 주실 것을 간구(18~42)

7장

1. 기도에 대한 응답으로 임한 하나님의 영광(1~3)

2. 솔로몬이 드린 제사(4~7)

3. 낙성식을 7일간 행함(8~10)

4. 하나님의 응답(11~16)

5. 언약을 상기시키신 하나님(17~22)

8장

1. 솔로몬의 왕국건축 20년(1)

2. 솔로몬이 건축한 성읍들(2~6)

3. 남아 있는 가나안 족속들을 역군으로 삼음(7~10)

4. 다윗의 궁에 거하지 못할 바로의 딸(11)

5. 모세의 명을 좇아 드린 제사(12~13)

6. 다윗의 명을 따라 성전봉사를 분담한 레위인(14~15)

7. 결점없이 필역된 여호와의 전(16)

8. 솔로몬 왕의 해상 무역(17~18)

9장

1. 솔로몬을 시험코자 온 스바 여왕(1~8)

2. 스바 여왕이 준 보물들(9~12)

3. 솔로몬의 재산과 지혜(13~28)

4. 솔로몬의 죽음(29~31)

10장
   1. 세겜에 모인 온 이스라엘(1)

   2. 온 이스라엘의 요구(2~4)

   3. 젊은 신하들의 뜻을 따른 르호보암(5~15)

   4. 다윗의 집을 배반한 이스라엘 10지파(16~19)

11장
   1. 스마야의 말을 듣고 이스라엘과 전쟁을 중단한 르호보암(1~4)

   2. 모든 성읍들을 견고케 한 르호보암(5~12)

   3. 하나님을 섬기지 않는 여로보암에게서 돌아 온 제사장들과 백성들(13~17)

   4. 르호보암의 아내와 아들들(18~23)

12장
   1. 율법을 버린 르호보암(1)

   2. 여호와를 버린 댓가로 애굽 왕 시삭의 침략을 받음(2~8)

   3. 애굽 왕 시삭의 예루살렘 침공(9~12)

   4. 악을 행한 르호보암(13~14)

   5. 르호보암의 죽음(15~16)

13장
   1. 40만 군대로 무장한 아비야(1~3)

   2. 여로보암을 설득해 싸우지 말자는 아비야(4~12)

   3. 여로보암을 이긴 아비야(13~20)

   4. 아비야의 가족(21~22)

14장
   1. 선과 정의를 행하여 우상을 훼파한 아사(1~7)

   2. 아사 왕의 군대(8)

   3. 침입한 구스를 이김(9~15)

15장
   1. 선지자 아사랴를 통해 아사에게 주신 약속(1~7)

2. 빼앗은 성읍들에서 가증한 것들을 제하고 제사한 아사(8~15)

3. 아세라 상을 만든 어머니 태후를 폐함(16~19)

16장

1. 유다를 치러 온 이스라엘 왕 바아사(1)

2. 아람 왕 벤하닷의 도움으로 이스라엘을 물리침(2~6)

3. 선견자 하나니를 옥에 가둔 아사(7~10)

4. 병이 들었으나 여호와께 구하지 않은 아사(11~12)

5. 아사의 죽음(13~14)

17장

1. 이스라엘을 방비하여 강하게 한 여호사밧(1~2)

2. 전심으로 여호와의 도를 행한 여호사밧(3~6)

3. 레위 사람과 제사장들이 성읍을 돌며 율법을 가르치게 함(3~9)

4. 여호사밧에게 예물을 바친 블레셋과 아라비아(10~11)

5. 강대한 여호사밧 군대(12~19)

18장

1. 여호사밧과 동맹한 아합(1~3)

2. 아합이 모은 거짓 선지자 400명(4~6)

3. 미가야에게 하나님의 뜻을 물으려는 여호사밧(7~8)

4. 거짓 선지자가 시드기야의 예언(9~11)

5. 참 선지자 미가야의 예언과 고난(12~27)

6. 변장하고 군중으로 들어간 아합이 죽음(28~34)

19장

1. 여호사밧을 책망하는 선지자 예후(1~3)

2. 성마다 재판관을 세워 송사를 담당하게 함(4~10)

3. 아마랴, 스바댜, 레위 사람들이 할 일(11)

20장

1. 모압의 암몬 자손의 침공(1~2)

2. 두려워 기도하는 여호사밧(3~13)

3. 야하시엘을 통해 응답하신 하나님(14~19)

4. 여호사밧의 승리(20~24)

5. 승리의 개선(25~30)

6. 산당을 폐하지 않아 백성들이 여호와께로 돌아오지 않음(31~34)

7. 이스라엘 왕 아하시야와 함께 배를 만듦(35~37)

21장

1. 여호람의 악정(1~7)

2. 여호람을 배반한 에돔과 립나(8~10)

3. 여호람에 대한 엘리야의 예언(11~15)

4. 블레셋과 아라비아로 여호람을 치게 하신 여호와(16~17)

5. 여호람의 종말(18~20)

22장

1. 모친 아달랴에게 꾀여 악을 행한 아하시야(1~6)

2. 예후에게 죽임 당한 아하시야(7~9)

3. 유다 집 왕의 씨를 진멸한 아달랴(10~12)

23장

1. 요아스를 왕으로 옹립한 여호야다(1~7)

2. 기름부음 받은 요아스(8~11)

3. 왕궁에서 아달랴를 죽임(12~15)

4. 언약을 세운 여호야다(16)

5. 우상을 제거한 백성들(17)

6. 제사 제도와 행정조직을 회복함(18~21)

24장

1. 요아스의 선정(1~3)

2. 성전수리를 위해 궤를 만듦(4~11)

3. 감독자들에게 돈을 맡겨 성전을 수리하게 함(12~14)

4. 여호야다의 죽음(15~16)

5. 방백들의 말을 듣고 타락한 요아스(17~19)

6. 하나님의 뜻을 전한 스가랴를 돌로 쳐 죽임(20~22)

7. 아람 군대의 침략(23~24)

8. 신하들에 의해서 죽은 요아스(25~27)

25장

1. 아마샤의 통치(1~4)

2. 하나님의 사람의 말을 듣고 이스라엘 군사를 돌려 보낸 아마샤(5~10)

3. 약속대로 소금골짜기에서 세일 자손을 물리침(11~12)

4. 이스라엘 군사의 유다 성읍 노략(13)

5. 아마샤 우상 숭배와 하나님의 사람의 경고(14~16)

6. 이스라엘 왕 요아스에게 패한 아마샤(17~23)

7. 라기스에서 반역한 자들에게 죽임 당한 아마샤(25~28)

26장

1. 웃시야의 통치(1~5)

2. 웃시야 왕국의 번영(6~15)

3. 교만해서 향단에 분향하려는 웃시야(16)

4. 제사장 아사랴의 만류(17~18)

5. 분향하는 웃시야에게 나병이 발함(19)

6. 나병으로 죽는 날까지 별궁에 거한 웃시야(20~23)

27장

1. 정직한 요담(1~2)

2. 하나님 앞에서 정직한 요담의 번영(3~6)

3. 요담의 죽음(7~9)

28장

1. 아하스의 우상숭배(1~4)

2. 아람과 이스라엘 왕에게 붙이신 여호와(5~7)

   3. 선지자 오뎃의 경고를 들은 이스라엘 군대(8~15)

   4. 에돔, 블레셋의 침입(16~21)

   5. 아하스의 우상숭배와 죽음(22~27)

29장

   1. 히스기야의 선정(1~11)

   2. 레위 자손을 통해 성전을 깨끗하게 함(12~19)

   3. 속죄제를 드림(20~24)

   4. 번제를 드리며 찬양과 경배를 함께 드림(25~28)

   5. 엎드려 경배하는 왕과 백성들(29~30)

   6. 백성들이 드린 제사(31~36)

30장

   1. 유월절을 위한 준비(1~12)

   2. 성대한 유월절(13~20)

   3. 7일 동안 지킨 무교절(21~22)

   4. 7일간 더 연장해서 지킴(23~27)

31장

   1. 우상을 제거(1)

   2. 성전의 의식을 회복시킴(2~4)

   3. 백성들이 드린 예물과 십일조(5~10)

   4. 예물과 십일조를 관리하는 사람들(11~19)

   5. 여호와 보시기에 진실한 히스기야(20~21)

32장

   1. 앗수르 왕 산헤립의 침입(1~8)

   2. 산헤립과 그 종들의 비방(9~19)

   3. 히스기야의 기도와 승리(20~23)

   4. 병나은 후 교만했던 히스기야가 뉘우침(24~26)

   5. 히스기야의 부와 영광(27~31)

　　6. 히스기야의 죽음(32~33)

33장

　　1. 므낫세의 우상숭배(1~9)

　　2. 사슬에 결박되어 바벨론으로 끌려간 후 회개한 므낫세(10~13)

　　3. 우상을 제거한 므낫세(14~17)

　　4. 호새의 사기에 기록된 므낫세의 사적(18~20)

　　5. 악을 행하다가 신하에게 죽임 당한 아몬(21~25)

34장

　　1. 정직한 왕 요시야(1~7)

　　2. 성전을 수리한 요시야(8~13)

　　3. 율법의 말씀을 듣고 회개하는 요시야(14~21)

　　4. 재앙을 연기하시는 여호와(22~28)

　　5. 여호와의 율법을 듣고 순종하는 백성들(29~33)

35장

　　1. 레위 사람들에게 직무를 행하라고 명함(1~6)

　　2. 유월절을 지킨 요시야(7~19)

　　3. 애굽 왕의 말을 듣지 않은 요시야(20~21)

　　4. 요시야의 죽음(22~27)

36장

　　1. 애굽으로 잡혀간 여호아하스(1~4)

　　2. 쇠사슬에 결박되어 바벨론으로 끌려간 여호야김(5~8)

　　3. 바벨론으로 잡혀간 여호야긴의 죽음(9~10)

　　4. 목이 곧은 유다의 마지막 왕 시드기야(11~14)

　　5. 하나님의 말씀을 멸시한 예루살렘의 멸망(15~21)

　　6. 예레미야의 예언을 응한 바사 왕 고레스의 조서(22~23)

13. 역대하

1. 솔로몬이 천 마리의 희생으로 번제를 드린 곳은?(1:3)
   ① 기브온 산당   ② 다윗 성   ③ 솔로몬 성   ④ 예루살렘

2. 기브온 산당의 놋제단은 옛적에 누가 지었는가?(1:5)
   ① 훌   ② 우리   ③ 브나야   ④ 브살렐

3. 하나님의 백성을 재판하기 위하여 지혜와 지식을 구한 왕은?(1:11)
   ① 사울   ② 다윗   ③ 솔로몬   ④ 히스기야

4. 예루살렘에서 은금을 돌 같이 흔하게 하고 백향목을 평지의 뽕나무 같이 많게 했던 왕은?(1:14~15)
   ① 사울   ② 다윗   ③ 솔로몬   ④ 히스기야

5. 솔로몬이 레바논에서 백향목과 잣나무와 백단목을 보내달라고 어느 나라 왕에게 요청하였나?(2:1~12)
   ① 시돈   ② 두로   ③ 에돔   ④ 암몬

   참조 : 왕은 후람(히람)이다.

6. 솔로몬이 모리아 산에서 여호와의 전 건축하기를 시작하였는데 그 곳은 이미 다윗이 정한 곳으로 어느 곳을 말하는 것인가?(3:1)

1.① 2.④ 3.③ 4.③ 5.② 6. 여부스 사람 오르난의 타작 마당

7. 솔로몬이 지은 성전 앞의 두 기둥은 <u>무엇</u>이라고 불렀는가?

참조 : 오른쪽은 '저가 세우리라' 는 뜻인 야긴, 왼쪽에는 '그에게 능력이 있다' 는 뜻인 보아스이다.

8. 솔로몬의 성전에 놓인 언약궤 안에는 <u>무엇</u> 외에는 아무것도 없었는가?(5:10)
   ① 만나를 담은 금 항아리　　② 아론의 싹난 지팡이
   ③ 두 돌판　　　　　　　　④ 메추라기 담은 금 항아리

9. 두 돌판은 이스라엘 자손이 애굽에서 나온 후 여호와께서 그들과 언약을 세울 때에 <u>누가</u> 호렙에서 넣은 것인가?(5:10)
   ① 아론　　② 모세　　③ 여호수아　　④ 갈렙

10. 솔로몬이 성전 봉헌 의식 중에 행한 기도 일곱 가지 내용 중 <u>아닌</u> 것은?(6:22~39)
   ① 맹세한 자의 범죄 여부 및 처벌 여부를 판단해 주실 것
   ② 백성이 범죄함으로 말미암아 전쟁에서 패했을 때 회개하면 구원해 주실 것
   ③ 성전에서 드린 이방인의 기도를 들으실 것
   ④ 이스라엘의 태평성대를 베푸실 것

---

7. 야긴, 보아스　8. ③　9. ②　10. ④

참조 : 솔로몬의 기도 일곱 가지

1	맹세한 자의 범죄 여부 및 처벌 여부를 판단해 주실 것(22~23)
2	백성이 범죄함으로 말미암아 전쟁에서 패했을 때 회개하면 구원해 주실 것(24~25)
3	백성의 범죄로 인해서 기근의 형벌을 내리셨을 때 회개하도록 가르치시고 용서와 자비를 주실 것(26~27)
4	기근과 온역과 전쟁이 백성의 죄악으로 임하였을 때 백성의 회개 기도를 들어 주실 것(28~31)
5	성전에서 드린 이방인의 기도를 들으실 것(32~33)
6	전쟁 수행 중에 하는 기도를 응답하셔서 승리하게 하실 것(34~35)
7	포로로 잡혀갔을 때 회개 기도를 응답하셔서 귀환의 은혜를 베푸실 것(34~35)

11. 솔로몬이 성전 낙성식을 <u>무슨</u> 절기 때에 행하였는가?(7:8~10)

　① 장막절　　② 무교절　　③ 수전절　　④ 부림절

12. 솔로몬이 여호와의 전과 자기의 궁궐을 <u>몇 년</u> 동안 건축하였는가?(8:1)

　① 십 년　　② 십오 년　　③ 이십 년　　④ 이십오 년

　　참조 : 솔로몬은 여호와의 전을 건축하는데 7년, 궁궐은 13년 동안 건축하였다.

13. 솔로몬이 건축한 성읍이 <u>아닌</u> 것은?(8:3~6)

　① 다드몰　　② 벧호른　　③ 바알랏　　④ 길르앗

14. 솔로몬의 명성을 듣고와서 어려운 질문으로 시험하고자 예루살렘에 찾아온 사람은 <u>누구</u>인가?(9:1)

---

11. ①　12. ③　13. ④　14. 스바 여왕

15. 솔로몬 때 세입금의 무게는 얼마인가?(9:13)
    ① 금 사백육십육 달란트　　　② 금 오백육십육 달란트
    ③ 금 육백육십육 달란트　　　④ 금 칠백육십육 달란트

16. 솔로몬 때에 활동했던 선지자 중 아닌 사람은?(9:29)
    ① 나단　　② 아히야　　③ 잇도　　④ 갓

17. 솔로몬이 예루살렘에서 온 이스라엘을 몇 년 동안 다스렸는가?(9:30)
    ① 십 년　　② 이십 년　　③ 삼십 년　　④ 사십 년

18. 솔로몬의 뒤를 이어 왕이 된 자는 누구인가?(9:31)
    ① 르호보암　　② 여로보암　　③ 아비야　　④ 아사

19. 느밧의 아들 여로보암이 전에 솔로몬 왕의 낯을 피하여 어디로 도망하여 있었는가?(10:2)
    ① 모압　　② 에돔　　③ 애굽　　④ 암몬

20. 르호보암이 백성의 고역과 메운 무거운 멍에를 가볍게 해달라는 백성의 요구를 듣지 않은 것을 전에 누가 여로보암에게 말한 것이 응한 것인가?(10:15)
    ① 엘리야　　② 엘리사　　③ 아히야　　④ 나단

    참조: 왕상 12:15, 24

---

15. ③　16. ④　17. ④　18. ①　19. ③　20. ③

21. 이스라엘 자손이 돌로 쳐죽인 르호보암 왕의 역꾼의 감독은 <u>누구</u>인
가?(10:18~19)
① 하도람   ② 브나야   ③ 스와   ④ 아히살

참조 : 그는 아도니람과 같은 사람이다(왕상 4:1~20).

22. 르호보암에게 속한 두 <u>족속</u>은?(11:3)
① 르우벤, 시므온   ② 유다, 베냐민
③ 시므온, 므낫세   ④ 에브라임, 단

23. 르호보암이 유다와 베냐민 족속의 용사를 <u>몇 명</u> 모았는가?(11:1)
① 십만 명   ② 십삼만 명   ③ 십오만 명   ④ 십팔만 명

24. 이스라엘 제사장들과 레위 사람들이 자기들의 마을들과 산업을 떠
나 르호보암에게 돌아온 이유 중 <u>아닌</u> 것은?(11:13~15)
① 여로보암과 그 아들들이 그들을 해임하였기 때문에
② 제사장의 직분을 행하지 못하게 하였기 때문에
③ 르호보암이 돌아올 것을 요구하였기 때문에
④ 여로보암이 만든 송아지 우상을 위하여 친히 제사장들을 세웠기
때문에

25. 르호보암에게 돌아온 제사장들과 레위 사람들이 유다 나라를 <u>몇 년</u>
동안 도와 솔로몬의 아들 르호보암을 강성하게 하였는가?(11:17)
① 이 년   ② 삼 년   ③ 사 년   ④ 오 년

---

21. ① 22. ② 23. ④ 24. ③ 25. ②

26. 르호보암 가족의 내용으로 틀린 것은?(11:21)
   ① 아내 - 열여덟 명　　　　　② 첩 - 일흔 명
   ③ 아들 - 스물여덟 명　　　　④ 딸 - 예순 명

27. 르호보암이 모든 처첩 중에 누구를 더 사랑하였는가?(11:21)
   ① 마아가　　② 마할랏　　③ 여리못　　④ 아비하일

28. 유다 왕 르호보암은 누구를 후계자로 세웠는가?(11:22)
   ① 아사　　② 여호사밧　　③ 아비야　　④ 여호람

29. 르호보암 왕 제 오년에 예루살렘을 치러 올라온 나라는?(12:2)
   ① 암몬　　　　② 애굽　　　③ 에돔　　　④ 모압

   참조 : 애굽 왕 시삭이 올라왔다.

30. 르호보암과 방백들에게 "너희가 나를 버렸으므로 나도 너희를 버려
   시삭의 손에 넘겼노라" 하신 여호와의 말씀을 전한 선지자는?(12:5)
   ① 엘리야　　　② 엘리사　　　③ 하나니　　　④ 스마야

31. 여호와께서 유다를 모두 멸하지 않으시고 조금 구원하신 이유
   는?(12:7~8)
   ① 여호와를 섬기는 것과 세상 나라들을 섬기는 것이 어떠한지 알게
   　 하기 위하여
   ② 여호와께 대한 순종을 요구하기 위하여
   ③ 유다의 죄를 깨닫게 하기 위하여
   ④ 르호보암이 백성을 잘 다스리게 하기 위하여

_____

26. ②　27. ①　28. ③　29. ②　30. ④　31. ①

성경문제집

32. 르호보암의 처음부터 끝까지의 행적은 <u>누구와 누구</u>의 족보 책에 기록 되었는가?(12:15)

참조 : 유다 왕들의 행적 기록 유무

대	왕	열왕기상하	역대하
1	르호보암	유다 왕 역대 지략에 기록됨.	스마야와 잇도의 족보 책에 기록됨.
2	아비야 (아비얌)	유다 왕 역대 지략에 기록됨.	잇도의 주석 책에 기록됨.
3	아사	유다 왕 역대 지략에 기록됨.	유다와 이스라엘 열왕기에 기록됨.
4	여호사밧	유다 왕 역대 지략에 기록됨.	예후의 글과 이스라엘 열왕기에 기록됨.
5	여호람	유다 왕 역대 지략에 기록됨.	—
6	아하시야	—	—
7	아달랴	—	—
8	요아스	유다 왕 역대 지략에 기록됨.	열왕기의 주석에 기록됨.
9	아마샤	유다 왕 역대 지략에 기록됨.	—
10	웃시야 (아사랴)	유다 왕 역대 지략에 기록됨.	이사야가 기록함.
11	요담	유다 왕 역대 지략에 기록됨.	이스라엘과 유다 열왕기에 기록됨.
12	아하스	유다 왕 역대 지략에 기록됨.	유다와 이스라엘 열왕기에 기록됨.
13	히스기야	유다 왕 역대 지략에 기록됨.	이사야의 묵시 책과 유다와 이스라엘 열왕기에 기록됨.
14	므낫세	유다 왕 역대 지략에 기록됨.	이스라엘 왕들의 행적과 호새의 사기에 기록됨.
15	아몬	유다 왕 역대 지략에 기록됨.	—
16	요시야	유다 왕 역대 지략에 기록됨.	이스라엘과 유다 열왕기에 기록됨.
17	여호아하스	—	—
18	여호야김	유다 왕 역대 지략에 기록됨.	이스라엘과 유다 열왕기에 기록됨.
19	여호야긴	—	—
20	시드기야	—	—

32. 스마야, 잇도

33. 유다 왕 르호보암과 항상 전쟁을 한 이스라엘 왕은?(12:15)
   ① 여로보암   ② 나답   ③ 바아사   ④ 엘라

34. 유다 왕 아비야가 이스라엘 왕 여로보암과 더불어 싸울 때에 <u>무슨</u> 언약으로 "이스라엘 나라를 영원히 다윗과 그의 자손에게 주신 것을 너희가 알 것 아니냐" 고 말하였는가?(13:5)

   참조 : 민수기 18:19

35. 아비야의 남은 사적과 그의 행위는 <u>누구</u>의 책에 기록되었는가? (13:22)
   ① 아히야   ② 잇도   ③ 스마야   ④ 열왕기

36. 유다 왕 아비야가 이스라엘 왕 여로보암과 싸워 이긴 <u>이유</u>는?(13:18)
   ① 이스라엘 왕 여로보암이 우상을 섬겼기 때문에
   ② 하나님 여호와를 의지하였기 때문에
   ③ 포위와 복병의 전술 때문에
   ④ 많은 병사들 때문에

37. 유다 왕 아사 때에 침입한 이방 <u>나라</u>는?(14:9)
   ① 에돔   ② 모압   ③ 구스   ④ 암몬

38. 아래와 같이 하나님 여호와께 부르짖은 유다 왕은?(14:11)
   "여호와여 힘이 강한 자와 약한 자 사이에는 주밖에 도와 줄 이가 없사오니 우리 하나님 여호와여 우리를 도우소서 우리가 주를 의지

---

33. ① 34. 소금 언약 35. ② 36. ② 37. ③ 38. 아사

하오며 주의 이름을 의탁하옵고 이 많은 무리를 치러 왔나이다 여호
와여 주는 우리 하나님이시오니 원하건대 사람이 주를 이기지 못하
게 하옵소서"

39. 아사 왕이 선지자 <u>누구</u>의 예언을 듣고 마음을 강하게 하고 종교개혁
    을 단행하였는가?(15:8)
    ① 하나니   ② 미가야   ③ 예후   ④ 오뎃

40. 유다 왕 아사의 종교개혁 중 <u>아닌</u> 것은?(15:8~17)
    ① 마음을 다하고 목숨을 다하여 조상들의 하나님 여호와를 찾기로
       언약하였다.
    ② 아세라의 가증한 목상을 찍고 빻아 불살랐다.
    ③ 바알의 제사장 맛단을 죽였다.
    ④ 어머니 미아가의 태후의 자리를 폐하였다.

41. 아사 왕 제삼십 육년에 유다를 치러 올라와서 라마를 건축하여 사람
    들을 왕래하지 못하게 하였던 이스라엘 왕은 <u>누구</u>인가?(16:1)
    ① 바아사   ② 엘라   ③ 시므리   ④ 오므리

42. 이스라엘 왕이 유다를 치러 올라오자 아사 왕은 <u>어느</u> 나라에게 도움
    을 요청하였는가?(16:2)
    ① 애굽   ② 바벨론   ③ 아람   ④ 암몬

43. 아사 왕의 말을 듣고 벤하닷이 이스라엘 성읍을 쳤더니 이스라엘 왕

─────────────────

39. ④ 40. ③ 41. ① 42. ③ 43. 게바, 미스바

바아사가 라마 건축하는 일을 포기하자 아사 왕은 그 돌과 재목을 운반하여다가 무엇을 건축하였는가?(16:6)

44. 아사 왕이 하나님 여호와를 의지하지 아니하고 아람 왕을 의지하여 이 후부터 전쟁이 있을 것이라고 말한 선견자는?(16:7~10)
① 하나니　② 아사랴　③ 갓　④ 미가야

45. 왕이 된 지 삼십구 년에 발이 병들어 매우 위독했으나 여호와께 구하지 아니하고 의원들에게 구한 유다 왕은?(16:12)
① 르호보암　② 아비야　③ 아사　④ 여호사밧

46. 레위 사람들과 제사장을 보내어 율법책을 가지고 모든 유다 성읍들로 두루 다니며 백성들을 가르치게 한 유다 왕은?(17:9)
① 여호사밧　② 여호람　③ 요아스　④ 히스기야

47. 유다 왕 여호사밧 때의 지휘관과 군사의 수효가 바르지 못한 것은?(17:14~19)
① 아드나 - 삼십만 명　② 여호하난 - 이십팔만 명
③ 아마시야 - 이십만 명　④ 엘리아다 - 십팔만 명

참조 : 엘리야다는 이십만 명, 여호사밧이 십팔만 명이다.

48. 유다 왕 여호사밧은 이스라엘의 어느 가문과 혼인함으로 인척관계가 되었는가?(18:1)
① 바아사　② 엘라　③ 아합　④ 예후

44. ①　45. ③　46. ①　47. ④　48. ③

49. 유다 왕 여호사밧과 이스라엘 왕 예후가 연합하여 길르앗 라못을 치려할 때 패할 것을 예언한 선지자는?(18:2~27)
   ① 하나니　　② 미가야　　③ 예후　　④ 오뎃

50. 여호와의 말을 전하는 미가야 선지자의 뺨을 치기도 했고 거짓말하는 영에 사로잡혀 거짓 예언을 한 선지자는?(18:23)

51. 유다 왕 여호사밧에게 "악한 자를 돕고 여호와를 미워하는 자들을 사랑하는 것이 옳으니이까 그러므로 여호와께로부터 진노하심이 왕에게 임하리이다"라고 책망한 선견자는?(19:2)
   ① 하나니　　② 미가야　　③ 시드기야　　④ 예후

52. 유다 온 나라의 견고한 성읍에 재판관을 세워 재판하는 것이 사람을 위하여 할 것인지 여호와를 위하여 할 것인지 잘 살피고 또 예루살렘에서 레위, 제사장, 족장들 중에서 사람을 세워 여호와께 속한 일과 예루살렘 주민의 모든 송사를 재판하게 한 왕은?(19:4~11)
   ① 여호사밧　　② 여호람　　③ 아하시야　　④ 요아스

53. 유다 왕 여호사밧 때의 대제사장은 누구인가?(19:11)

54. 유다 왕 여호사밧은 모압 자손과 암몬 자손들이 치러 왔을 때 어떻게 하였는가?(20:1~4)
   ① 두려워하여 협약을 맺었다.

---

49. ② 50. 시드기야 51. ④ 52. ① 53. 아마랴 54. ②

② 금식을 공포하고 여호와께 도우심을 간구하였다.

③ 이스라엘 왕에게 도움을 요청하였다.

④ 직접 맞서 싸워 승리하였다.

55. 유다 왕 여호사밧 때에 유다를 치러온 모압과 암몬 자손들로부터 승리할 것을 예언한 레위 사람의 이름은?(20:14)

56. 여호사밧과 백성들이 여호와의 도우심으로 암몬과 모압 자손과의 싸움에서 승리하고 모여서 여호와를 송축한 골짜기를 무엇이라고 불렀는가?(20:26)

57. 유다 왕 여호사밧이 아버지 아사의 길로 행하여 여호와 보시기에 정직하게 행하였으나 무엇만은 철거하지 않아 백성이 조상들의 하나님께로 돌아오지 않았는가?(20:32~33)

① 산당   ② 아세라 목상   ③ 주상   ④ 바알 상

58. 유다 왕 여호사밧이 나중에 이스라엘 왕 아하시야와 교제하였는데 두 왕이 서로 연합하여 배를 만든 곳은?(20:35~36)

① 다시스   ② 길르앗 라못   ③ 에시온게벨   ④ 브엘세바

59. 여호사밧이 만든 배를 여호와께서 파하여 다시스로 가지 못할 것을 엘리에셀이 예언하였는데 그 이유는 무엇인가?(20:37)

① 여호사밧이 산당을 철거하지 않았기 때문에

55. 야하시엘 56. 브라가 골짜기 57. ① 58. ③ 59. ④

② 여호와 하나님께 묻지 않았기 때문에

③ 아하시야를 의지하였기 때문에

④ 아하시야와 교제하였기 때문에

60. 유다 왕 여호람이 조상들의 하나님 여호와를 버렸음으로 나타난 결과는 무엇인가?(21:10)

① 중병에 걸려 죽음   ② 에돔과 립나가 배반함

③ 블레셋 사람의 침략   ④ 장자의 죽음

61. 유다 왕 여호람의 행적 중 아닌 것은?(21:11~20)

① 유다 여러 산에 산당을 세워 주민으로 음행하게 하고 미혹하게 하였다.

② 모든 아우들과 방백 몇 사람을 죽였다.

③ 일반 백성을 제사장으로 세웠다.

④ 선지자 엘리야로부터 큰 재앙으로 치실 것과 창자에 중병이 들어 죽을 것을 들었다.

62. 유다 왕 아하시야가 이스라엘 왕 요람(여호람)과 연합하여 길르앗 라못에서 상대하여 싸운 이방 나라는?(22:5~6)

① 애굽   ② 에돔   ③ 암몬   ④ 아람

참조 : 하사엘 왕과 싸웠다.

63. 유다 왕 아하시야를 죽인 자는 누구인가?(22:9)

① 하사엘   ② 예후   ③ 아합   ④ 아달랴

---

60. ② 61. ③ 62. ④ 63. ②

참조: 그는 아람 왕 하사엘에게 패하여 상처를 입은 이스라엘 왕 요람(여호람)과 유다 왕 아하시야를 죽였다(왕하 9:14~27).

64. 아하시야의 어머니로 유다에 유일한 여왕의 이름은?(22:10)

65. 아달랴 여왕이 유다 집의 왕국의 씨를 모두 진멸하였을 때 죽임을 면한 왕자는 누구인가?(22:11)
   ① 여호람　　② 요아스　　③ 아마샤　　④ 웃시야

66. 아달랴로부터 죽임을 당하지 않도록 왕자 요아스와 그의 유모를 침실에 숨겨준 제사장 여호야다의 아내는?(22:11)
   ① 여호사브앗　　② 여호람　　③ 미가야　　④ 시비아

   참조: 여호세바라고도 불렀다(왕하 11:2).

67. 요아스는 하나님의 전에 몇 년 동안 숨어 있었는가?(22:12)
   ① 삼 년　　② 사 년　　③ 오 년　　④ 육 년

68. 유다 왕들의 이름 중에 역대서와 열왕기서를 비교하여 같은 이름으로 짝지어지지 않은 것은?
   ① 아비야 - 아비얌　　② 아하시야(아사랴) - 여호아하스
   ③ 웃시야 - 아사랴　　④ 여호아하스 - 여호람

---

64. 아달랴　65. ②　66. ①　67. ④　68. ④

참조 : 각 왕들의 다른 이름들

유 다			이 스 라 엘		
대	왕	다른 이름	대	왕	다른 이름
2	아비얌	아비야(대하 13:1)	9	여호람	요람(왕하 8:16, 25, 28)
6	아하시야	여호아하스(대하 21:17)	10	아하시야	여호람(왕하 1:17)
10	아사랴	아사랴(대하 22:6)			
		웃시야(대하 26:1)			
17	여호아하스	살룸(렘 22:11)			
18	여호야김	엘리아김(대하 36:4)			
19	여호야긴	여고냐(대상 3:16)			
		여고니야(렘 27:20, 29:2)			
		고니야(에 2:6, 렘 22:24)			
20	시드기야	맛다니야(왕하 24:17)			

69. 아달랴를 왕위에서 내쫓고 요아스를 유다의 왕으로 세운 당시의 제
사장은 누구인가?(23:1~15)
① 여호사브앗　② 여호야다　③ 여호하난　④ 엘리사밧

70. 유다 여왕 아달랴 때에 제사장 여호야다가 죽인 바알 제사장은 누구
인가?(23:17)

71. 유다 왕 요아스가 왕위에 오를 때의 나이는?(24:1)
① 육 세　② 칠 세　③ 팔 세　④ 구 세

69. ② 70. 맛단 71. ②

72. 여호와의 전을 보수하는 일에 전념하였지만 대제사장 여호야다가
    죽자 아세라 목상과 우상을 섬긴 유다 왕은?(24:4~14)
    ① 요아스　　　② 아마샤　　　③ 웃시야　　　④ 요담

73. 유다 왕 요아스의 우상숭배를 책망한 것으로 돌에 맞아 죽임을 당한
    대제사장 여호야다의 아들은?(24:20~22)
    ① 하나니　　　② 스가랴　　　③ 예후　　　④ 미가야

참조: 유다 왕 요아스는 처음에 여호와의 전을 보수하는 일에 전념하였지만 대제사장 여호야다가 죽자 아세라 목상과 우상을 섬겼다. 그리고 이것을 책망한 스가랴를 돌로 쳐서 죽게 하였다. 요아스의 이 살인 사건을 예수님은 성전과 제단 사이에서 바라갸의 아들 사가랴의 의로운 피가 흘린 것이라고 인용하였다(마 23:35). 요아스는 이 죄로 아람 군대의 침략을 받고 자신의 신하들에 의해 침상에서 죽임을 당하였다.

74. 유다 왕 요아스 뒤를 이어 왕이 된 아마샤는 부왕을 죽인 신하들은
    죽였지만 그들의 자녀를 죽이지 않았다. 그 이유는?(25:3~4)
    ① 백성들의 간청 때문에
    ② 반란이 일어나기 때문에
    ③ 모세의 율법에 기록되었기 때문에
    ④ 에돔 왕의 요구 때문에

75. 유다 왕 아마샤가 에돔과 전쟁할 때에 은 백 달란트로 이스라엘 나
    라 큰 용사 몇 명을 고용하였는가?(25:6)
    ① 만 명　　　② 오만 명　　　③ 십만 명　　　④ 이십만 명

72. ① 73. ② 74. ③ 75. ③

76. 유다 왕 아마샤는 이스라엘 왕 <u>누구</u>와 전쟁하여 패하였는가?
   (25:21~22)
   ① 아합   ② 여호람   ③ 여호아하스   ④ 요아스

77. 유다 왕 웃시야 때에 하나님의 묵시를 밝히 알던 선지자는 <u>누구</u>인
   가?(26:5)
   ① 하나니   ② 미가야   ③ 예후   ④ 스가랴

78. 유다 왕 웃시야가 싸운 이방 나라 중 <u>아닌</u> 것은?(26:6~8)
   ① 블레셋   ② 아라비아   ③ 에돔   ④ 마온

79. 유다 왕 웃시야가 매우 강성하여 이름이 어디까지 퍼졌는가?(26:8)
   ① 에돔 변방   ② 애굽 변방   ③ 모압 변방   ④ 암몬 변방

80. 유다 왕 웃시야의 군사 중 <u>아닌</u> 것은?(26:11)
   ① 군사령관 브나야   ② 서기관 - 여이엘
   ③ 병영장 - 마아세야   ④ 지휘관 - 하나냐

   참조 : 솔로몬 왕의 군사다(왕상 4:4).

81. 유다 왕 중 나병이 걸려 죽은 왕과 그 <u>이유</u>는 무엇인가?(26:19~21)
   ① 여호람 왕으로 아합의 집과 같이 행한 죄
   ② 요아스 왕으로 산당을 제거하지 않은 죄
   ③ 히스기야 왕으로 제사장 직분을 행하지 못하게 한 죄
   ④ 웃시야 왕으로 마음이 교만하여 성전에서 분향하려 한 죄

---

76. ④ 77. ④ 78. ③ 79. ② 80. ① 81. ④

82. 유다 왕 웃시야의 남은 시종 행적은 누가 기록하였는가?(26:22)

    참조 : 아모스의 아들 선지자.

83. 유다 왕 요담이 이방나라 어느 자손의 왕과 싸워 조공을 받았는 가?(27:5)

    ① 에돔   ② 블레셋   ③ 암몬   ④ 모압

    참조 : 은 백 달란트와 밀 만 고르와 보리 만 고르를 제 이년과 제 삼년에도 받았다.

84. 다음은 유다의 어느 왕을 말하는 것인가?(28:2~3)
    • 이스라엘 왕들의 길로 행했다.
    • 바알들의 우상을 부어 만들었다.
    • 힌놈의 아들 골짜기에서 분향하였다.
    • 이방 사람들의 가증한 일을 본 받아 그의 자녀를 불살랐다.

    ① 요담   ② 아하스   ③ 므낫세   ④ 아몬

85. 이스라엘 자손이 유다의 포로 십이만 명을 끌고 사마리아로 돌아오 는 군대에게 너희에게는 하나님 여호와께 범죄 함이 없느냐며 돌려 줄 것과 여호와의 진노를 예언한 선지자는?(28:8~11)

86. 이스라엘과 아람이 연합하여 유다를 침략해 오자 유다 왕 아하스가 어느 이방나라에게 도와 줄 것을 구하였나?(28:16)
    ① 애굽   ② 바벨론   ③ 앗수르   ④ 블레셋

    참조 : 도움을 요청받은 나라의 왕 디글랏빌레셀은 아람의 다메섹을 함락시킨 후 도 리어 유다를 공격하였다.

---

82. 이사야 83. ③ 84. ② 85. 오뎃 86. ③

87. 다메섹 신들에게 제사하고 아람 왕들의 신들이 그들을 도왔으니 나
도 그 신에게 제사하여 나를 돕게 하리라하며 제사한 <u>유다 왕</u>
<u>은?</u>(28:23)
① 요담   ② 아하스   ③ 므낫세   ④ 아몬

88. 유다 왕 히스기야가 여호와의 전을 첫째 달 초하루에 성결하게 하기
를 시작하여 <u>며칠</u>에 마쳤는가?(29:17)
① 삼 일   ② 오 일   ③ 칠 일   ④ 십육 일

89. 여호와로부터 제금과 비파와 수금을 잡도록 명령 받은 두 <u>선지자</u>
<u>는?</u>(29:25)

90. 히스기야 왕 때 귀인들과 레위사람들에게 명령하여 <u>누구와 누구</u>의
시로 여호와를 찬송하게 하였는가?(29:30)

91. 유다 왕 히스기야 때에 성전의 더러운 것과 예루살렘에 제단과 향단
들을 모두 제거하여 <u>어디</u>에 던졌는가?(29:16, 30:14)

92. 유다 왕 히스기야가 유월절을 지킬 때에 자기를 깨끗하게 하지 아니
하고 먹어 규례를 어긴 자손 중 <u>아닌</u> 것은?(30:18)
① 에브라임   ② 므낫세   ③ 납달리   ④ 잇사갈

참조: 스불론 등 모두 4 자손이다.

---

87. ② 88. ④ 89. 갓, 나단 90. 다윗, 아삽 91. 기드론 시내 92. ③

93. 다음은 어느 왕 때를 말하는 것인가?(30:26)

"예루살렘에 큰 기쁨이 있었으니 이스라엘 왕 다윗의 아들 솔로몬 때로부터 이러한 기쁨이 예루살렘에 없었더라"

① 아사　　② 여호사밧　　③ 히스기야　　④ 요시야

94. 유다 왕 히스기야가 한 일이 아닌 것은?
① 성전을 깨끗하게 하고 유월절을 성대히 지켰다.
② 제사장들과 레위인들의 반열을 정하고 그에 따라 직임을 행하게 했다.
③ 모든 백성들의 십일조 제도를 회복하였다.
④ 모세가 전한 여호와의 율법 책을 발견하여 백성에게 가르쳤다.

참조 : ④는 요시야 왕 때의 일이다.(34:8-33)

95. 앗수르 왕이 침략하자 히스기야 왕은 어느 선지자와 함께 기도함으로 여호와께서 한 천사를 보내어 물리치셨는가?(32:20~21)

96. 유다 왕 히스기야의 모든 일에 형통하게 하신 하나님께서 히스기야 심중에 있는 것을 다 알고자하여 어느 방백들이 사신을 보내도록 허용 하셨나?(32:31)
① 바벨론　　② 앗수르　　③ 에돔　　④ 애굽

97. 다음은 어느 왕을 말하는 것인가?(33:1~9)
• 바알 제단을 쌓고 아세라 목상을 만들었다.

93. ③　94. ④　95. 이사야　96. ①　97. ④

- 하늘의 모든 일월성신을 경배하며 섬겼다.
- 힌놈의 아들 골짜기에서 그의 아들들을 불 가운데로 지나게 했다.
- 점, 사술, 요술을 행하며 신접한 자와 박수를 선임하였다.
- 자기가 만든 목상을 하나님의 전에 세웠다.
- 여호와께서 이스라엘 자손 앞에서 멸하신 나라보다 더 악을 행했다.

① 아마샤　　② 웃시야　　③ 아하스　　④ 므낫세

98. 자기 아들을 불 가운데로 지나가게 하여 제물을 바친 곳은?(33:6)
　① 힌놈의 아들 골짜기　　② 기드론 시내
　③ 소금 골짜기　　　　　④ 므깃도 골짜기

99. 유다 왕 므낫세의 모든 죄와 허물과 겸손하기 전에 산당을 세운 곳
　과 아세라 목상과 우상을 세운 곳들이 다 누구의 사기에 기록되었는
　가?(33:19)

100. 대제사장 힐기야가 성전에서 발견한 모세가 전한 율법 책을 서기
　관 사반에게 읽게 하고 그 말씀을 듣자 자기 옷을 찢었으며 그 말
　씀에 따라 개혁을 한 유다 왕은?(34:14~21)
　① 웃시야　　② 히스기야　　③ 요시야　　④ 여호아하스

101. 유다 왕 요시야가 이 발견한 책의 말씀에 대하여 여호와께 물으려
　고 대제사장 힐기야와 왕이 보낸 사람들이 찾아간 여선지자의 이름
　은?(34:21~22)

---

98. ① 99. 호새 100. ③ 101. 훌다

102. 다음은 유다의 어느 왕 때를 말하는 것인가?(35:18)
"선지자 사무엘 이후로 이스라엘 가운데서 유월절을 이같이 지키지 못하였고....."

① 웃시야   ② 히스기야   ③ 요시야   ④ 여호아하스

103. 유다 왕 요시야의 죽음을 유다와 예루살렘 사람들이 슬퍼하여 그를 위하여 애가를 지은 사람은?(35:25)

104. 애굽 왕 느고가 왕위를 폐하고 잡아간 유다의 왕은?(36:1~4)
① 여호아하스   ② 여호야김   ③ 여호야긴   ④ 시드기야

105. 애굽 왕 느고가 이름을 고쳐 유다와 예루살렘 왕으로 삼은 왕은?(36:4)
① 여호아하스   ② 여호야김   ③ 여호야긴   ④ 시드기야

106. 유다 왕들을 포로로 잡아간 나라이다. 바르지 못한 것은?(36:1~21)
① 여호아하스 - 애굽 왕 느고
② 여호야김 - 바벨론 왕 느부갓네살
③ 여호야긴 - 바벨론 왕 느부갓네살
④ 시드기야 - 앗수르 왕 에살핫돈

107. 유다 왕 시드기야 때의 선지자는 누구인가?(36:12)
① 하나니   ② 미가야   ③ 예레미야   ④ 오뎃

---

102. ③ 103. 예레미야 104. ① 105. ② 106. ④ 107. ③

108. 유다의 마지막 왕은 누구인가?(36:11)
　　① 여호아하스　　② 여호야김　　③ 여호야긴　　④ 시드기야

109. 유다 왕국은 어느 나라에게 멸망당했나?(36:18)
　　① 앗수르　　　② 애굽　　　③ 바벨론　　　④ 바사

110. 유다 백성이 바벨론 포로 생활을 몇 년간 하였는가?(36:21)
　　① 오십 년　　② 육십 년　　③ 칠십 년　　④ 팔십 년

111. 여호와께서 바사의 고레스 왕의 마음을 감동 시키신 것은 누구의
　　예언을 이루려 하신 것인가?(36:21)

112. 파괴된 유다 예루살렘 성전을 건축하도록 첫 공포와 조서를 내린
　　바사 왕은?(36:23)
　　① 아하수에로　　② 다리오　　③ 고레스　　④ 아닥사스다

113. 역대하는 모두 몇 장으로 기록되었는가?

---

108. ④　109. ③　110. ③　111. 예레미야　112. ③　113. 36장